akal ANVERSO

Diseño interior y cubierta: RAG

Reservados todos los derechos. De acuerdo a lo dispuesto en el art. 270 del Código Penal, podrán ser castigados con penas de multa y privación de libertad quienes sin la preceptiva autorización reproduzcan, plagien, distribuyan o comuniquen públicamente, en todo o en parte, una obra literaria, artística o científica, fijada en cualquier tipo de soporte.

Reimpresión, noviembre 2015

© Gregorio Morán, 1991, 2015

© Ediciones Akal, S. A., 2015
Sector Foresta, 1
28760 Tres Cantos
Madrid - España
Tel.: 918 061 996
Fax: 918 044 028
www.akal.com

ISBN: 978-84-460-4236-5
Depósito legal: M-32.342-2015

Impreso en España

GREGORIO MORÁN

EL PRECIO DE LA TRANSICIÓN

Edición corregida y actualizada

ARGENTINA / ESPAÑA / MÉXICO

A mis hijos Guillermo, David y Pablo, en la confianza de que entiendan algo de esa Transición que marcó sus vidas.

Y a todos aquellos que, sin cambiar de lugar, de pronto descubrieron que estaban solos.

Prólogo
Veinticinco años después

Aquel acontecimiento lo vi en la televisión y con toda seguridad en 1996. Yo contemplaba atónito a dos personajes que se sonreían a sí mismos. Estaba presenciando, sin esperarlo, una imagen divertida y plástica y hasta pedagógica de los efectos de la Transición en el momento en que la democracia parecía más consolidada.

Iberia, Líneas Aéreas. La empresa emblemática de España, la que pagaba el anuncio más caro de Televisión Española, el primero del año, apenas sonaban las doce campanadas que abrían el Año Nuevo. Pues bien, Iberia se presentaba al público por medio de la televisión, su medio favorito, y lo de menos es recordar por qué, lo importante era quiénes lo hacían. El presidente de la compañía, Xabier de Irala, y a su lado el consejero delegado, Ángel Mullor. Para quien como yo pertenecía a su misma generación, la nacida hacia 1947, costaba dar crédito a lo que veíamos, si es que hubo alguno de los pocos de antaño que aún tenía capacidad para recordar. Irala y Mullor dirigiendo la empresa símbolo de España en 1996.

Era la prueba de que la Transición había triunfado, pero no como creería una mente estrecha, por la simple razón de que un Irala y un Mullor dirigieran juntos el emblema de España, sino porque demostraba a las claras que los negocios estaban por encima de creencias y de pasados. Dudo mucho que la Transición hubiera sido un éxito para los españoles que hubieron de pagar su precio, pero tratándose de los Irala y los Mullor y decenas de ciudadanos como ellos, la Transición había sido una mina. Había mucho dinero por ganar y cualquier posibilidad para hacerlo estaba abierta. En este campo no había adversarios, sino socios.

Para la inmensa mayoría de españoles que está ayuna de estas cosas y sobre la que han exhibido los medios de comunicación un especial interés en no contarles nada que fuera fundamental pero sí todo lo que era accesorio, es necesario adentrarse en las por lo demás anodinas historias de Xabier de Irala y Ángel Mullor. Dos protagonistas secundarios a los que el foco de la historia económica española iluminó, para pasmo de algunos espectadores, y luego se fue apagando al tiempo que se hacían ricos, muy ricos, y sonreían a amigos y conocidos con esa gracia que da disfrutar de un buen patrimonio gracias a saber estar donde se debía estar y sobre todo junto a quien se debía estar.

Xabier de Irala nació en el seno de una familia que reunía dos condiciones poco comunes. Su padre, casado con una norteamericana, era el responsable de los Servicios Secretos de Estados Unidos con relación al Partido Nacionalista Vasco, secretario durante muchos años del primer lehendakari vasco en el exilio, José Antonio Aguirre, y luego durante los periodos más candentes de la Guerra Fría se ocupó de la contraguerrilla comunista en Filipinas y Vietnam, especialmente. Llegó a escribir un libro surrealista, sin pretenderlo, titulado *Uno se divide en dos. El arma revolucionaria de Mao Tse-Tung*[1]. No era solo un reaccionario, si no el símbolo de las operaciones especiales de los norteamericanos en España y, muy especialmente, en el mundo vasco.

Ángel Mullor pertenecía a una muy curiosa burguesía asentada de Madrid que llevaba a sus hijos a estudiar a la Escuola Italiana, un hermoso edificio junto a los Nuevos Ministerios de la avenida del Generalísimo (la actual Castellana), vecina a la plaza de San Juan de la Cruz, donde se veía en todo su esplen-

---

[1] Para mayores datos sobre Antón Irala, padre de Xabier Irala, basta consultar *Los españoles que dejaron de serlo. Euskadi 1937-1981,* Barcelona, 2003.

dor la estatua ecuestre del Caudillo. Militante del Partido Comunista de España sin otras responsabilidades notables que la de ser guardaespaldas –era persona de complexión alta y vigorosa– primero de Pilar Brabo, dirigente del Partido Comunista en la clandestinidad, y luego de Santiago Carrillo. Se le puede ver como jefe de seguridad del secretario general en la cinta grabada durante la rueda de prensa clandestina que dio el propio Carrillo en el Madrid de finales de 1976, un año después de la muerte de Franco.

La unión instrumental de estos representantes de dos mundos radicalmente diferentes identificados en un elemento que no había aparecido hasta ahora, y sobre el que habrá que volver aunque sea muy levemente: los negocios. El cemento –digámoslo así en homenaje a la «burbuja inmobiliaria» que tanta importancia adquiriría en el desfondamiento de las vigas de la democracia– que enganchó, pegó y creó lazos inimaginables en la Transición fueron los negocios. La frase atribuida al ministro socialista Solchaga –protector de Ángel Mullor– de que España era el país donde uno podía hacerse rico en menos tiempo fue una verdad incontrovertible que no necesitaba autor, sino evidencias. Lo que unió de verdad a los vencedores de la Transición no fue la Constitución de 1978 –sería ridículo hasta como hipótesis–, sino los negocios. Eso que dadas las características de los partidos políticos y de los empresarios autóctonos acabó en el insalvable pozo de la corrupción. Eso que podríamos denominar «la cuota del éxito».

La Transición de la dictadura a la democracia fue relativamente breve, apenas siete años (desde noviembre de 1975 hasta octubre de 1982); poco más que la duración de la Segunda República (cinco años y dos meses). Ahora bien, la Transición como periodo histórico, con su Constitución de 1978, lleva funcionando 40 años, para gozo y satisfacción de quienes la parieron, la amamantaron y la pusieron a trabajar, lo más pronto que consintió su edad, en una casa de lenocinio. Como esto que yo estoy haciendo es un prólogo a un libro ácido ya de por sí, no tendría mucho sentido añadir lo que le falta.

Cuando fue escrito, lo más importante era el mantenimiento de unas libertades de las que respondía la Constitución de 1978, pero la peculiar deriva de la economía española durante el periodo Boyer-Solchaga, es decir, la era socialista que abarca desde 1982 hasta 1996, convierte un problema prácticamente residual en los comienzos de la Transición en un tumor maligno que afecta a la sociedad entera. Y empaña de manera irreversible las comunidades autónomas. España se convierte en un país de corruptos donde los dos partidos dominantes, el Partido Socialista Obrero Español y el Partido Popular, se disputan la capacidad de esquilmarlo, dejando un lugar para que los aliados políticos periféricos, Convergència i Unió en Cataluña, y el Partido Nacionalista Vasco en menor medida, pudieran hacer lo mismo y con idéntica impunidad.

Será entonces, en ese periodo que llega hasta nuestros días, cuando los sucesivos relatos de este libro sobre los partidos políticos, la institución monárquica, la intelectualidad... cobren un valor especial al estar teñidos por dos fenómenos definitivos: la burbuja inmobiliaria y la estafa bancaria.

Aunque nunca tantos perdieron tanto, cabe añadir que nunca algunos ganaron tanto. Esto era ajeno a los primeros años de la Transición cuando se hablaba de los corderos que vendía a Egipto el yerno de Adolfo Suárez y cuando era sabido que el primer esquilmador del Estado, y de quien se pusiera a tiro, no era otra persona que el jefe de Estado. Cobrador intermediario: Prado y Colón de Carvajal, el manco. «De haber tenido las dos manos, no sé qué hubiera sido de nosotros», decía con sarcasmo uno de los habituales suscriptores de millones para comprar un yate real deportivo, por insuperable nombre *Bribón*, o el *Fortuna*, para pasear.

El rey era el primer operador fraudulento del país, como lo habían sido todos sus predecesores, pero en este caso como si se tratara de compensar los difíciles momentos del pasado y se creyera en la potestad de exigir doble factura a los ciudadanos: la impunidad que le concedía el Estado y la de su real gana. Y así siguió hasta que los suyos hubieron de cesarle porque ponía en peligro la supervivencia de la institución. La irresponsabilidad del monarca no fue solo política durante el periodo de la primera transición –23 de febrero de 1981–, sino económica. Se puede decir que él fue un ejemplo a seguir para todos los logreros. Y entonces se da la singularidad de que quienes han puesto en trance de extinción la Constitución de 1978 eran los que mayor partido le habían sacado. Es difícil construir una sociedad democrática cuando quienes han manejado el cotarro –ese puñado de hombres que decidieron el curso y las etapas de la Transición– saben que el primer «comisionista» es el monarca. Y que además, de todos ellos, es el único impune e inmune. Bastaría citar el *caso Mario Conde,* entre otros.

Cuando apareció por primera vez el libro que tienen en sus manos –*El precio de la Transición*[2]– a finales de 1991, siguió lo que con el tiempo sería una constante de autor: fue bien recibido por los lectores, pero en silencio. Por tanto no tuvo eco mediático, que se diría ahora, salvo alguna excepción divertida y significativa, siempre mayor en Barcelona que en Madrid. Hay que decirlo todo. Entonces Madrid era un lugar inhóspito para cualquier reflexión que no fuera la de un Partido Socialista encharcado hasta las cachas en el más difícil todavía de la corrupción partidaria, y muy pegadito a él, pero sin hacerle sombra, un Partido Popular, rebautizado por un señor con bigote de antiguo funcionario de provincias que empezaba a hacer sus primeras armas en el ejercicio del poder. Por primera vez en la historia de España, la derecha aprendía formas y modales y estilos, de la corrupción de la izquierda. Como era de esperar por tradición y tronío, no tardó mucho en ganarle la mano.

---

[2] Publicado por la editorial Planeta. En la presente edición he incluido notas al pie introducidas con asteriscos para marcar los fragmentos que fueron censurados y con la finalidad de ofrecer el texto en su versión original.

Un modesto amanuense socialista, asturiano, residente en Alemania, profesor de menor cuantía, Luis Meana, llegó a escribir que el libro era «casi, casi pornografía política», pero en general los medios académicos que años después, con el fenómeno Podemos lo considerarían una referencia obligada, se mantuvieron en el silencio claustral que les caracteriza. Sorprende la cantidad de libros académicos, hay alguno que ronda lo cómico como el de un profesor catalán que dedica tropecientas páginas a lo que no tiene ni idea pero que se empeña en hacer trascendencia de politólogo. La Transición fue para la casta académica un epifenómeno del que se aprovecharon hasta que descubrieron que iba a ser su derrota definitiva. ¡Oh felices profesores que desdeñaron el referéndum de la Constitución de 1978 porque ellos iban mucho más lejos! Conozco alguno que se preparó a toda prisa, pasaporte de los niños incluido, para escapar del país, asustado por el intento de golpe de Tejero y Miláns. Nuestra izquierda, durante la Transición y luego, quería seguridad. Como sus padres. Las audacias solo en el campo de la teoría.

Entre las reacciones al libro recuerdo la dignidad del hispanobritánico Charles Powell, con una crítica dura y elegante, el único que alivió el sudoroso olor a lacayo de la dehesa académica hispana[3]. Ahora sé que los jóvenes y no tan jóvenes *enragés* de hoy –podemitas incluidos– consideraban *El precio de la Transición* como referencia. Solo Charles Powell puso una nota de civilización al relato de un par de energúmenos capitalinos, José María Toquero, en *ABC,* y Antonio Papell, en el desaparecido *Informaciones,* que apuntaba a la idea de que gente como yo debería ser expulsada de España para que ellos pudieran vivir tranquilos.

Pero es curioso, y podría ser incluso significativo, que fuera Barcelona y no Madrid donde el libro tuvo notable acogida

---

[3] Charles Powell, «La virulenta crítica de un desengaño», *El País,* 21 de marzo de 1992.

con entusiastas artículos de Màrius Carol, Joan Barril, Antoni Batista y Oriol Malló, e incluso una lección magistral del malogrado profesor Alberto Cardín[4], prácticamente en las últimas, porque murió de sida apenas un mes más tarde. Un artículo interesante, el de Cardín, en el que saca a relucir desde el cineasta Almodóvar hasta el Tercer Concilio de Toledo, pero que tiene a bien perdonar al autor en el último párrafo.

¡Qué tiempos! Entonces, el primer político en ejercicio que hizo una operación dentro de toda sospecha fue el Rey, que le pidió un montón de dinero, así por las buenas y en carta privada y de su puño y letra, al entonces Sha de Persia, para contener a los comunistas. Está contado con pelos y señales en *Adolfo Suárez. Ambición y destino*[5]. Esa benevolencia hacía prever que todos los que pudieran acabarían haciendo lo mismo. Empezando por el gobierno absoluto de los socialistas y el relativo de los conservadores: cuando se cambien las tornas seguirá igual.

Hacia la década de los ochenta esos temas constituían tabúes. Algo así como darle armas al enemigo. ¿Y quién era el enemigo? Tardamos en saberlo, porque éramos ingenuos e inexpertos. El enemigo, éramos nosotros, el común, los que contemplaban el espectáculo sin entender nada. Los medios de comunicación fueron los cómplices y beneficiarios de una democracia, condicionada por la Transición, que da sus últimas boqueadas cuando ya no queda nada que robar ni nada que subvencionar. Estamos en ello.

Es curioso que hombre tan imbricado en las elites económicas y políticas españolas como Antonio Garrigues Walker, un derrotado político permanente y un exitoso letrado de bufete cosmopolita, dijera en marzo de 1975 –retengan la fecha porque el Caudillo no había muerto y el mundo amenazaba cambiar de base bajo la condición de «los nada de hoy todo han de

---

[4] Alberto Cardín, *El Mundo*, 22 de diciembre de 1991.
[5] *Adolfo Suárez. Ambición y destino,* Barcelona, 2009.

ser»–. Y él tuvo el talento y la perspicacia de decir en fecha tan señalada: «Ninguno de nosotros, los que figuramos en la escena política, tendrá futuro después de Franco...»[6].

Hombre tan bien informado se equivocó y, sin embargo, tenía razón. Esa es la esencia de la transición política española. Y además el sentido de este libro. Nunca en mi vida traté, saludé o charlé con Antonio Garrigues Walker, no así con alguno de sus hermanos. Incluso probablemente él haya olvidado aquella intervención, pero nadie supo expresar de tal modo la previsible derrota de un futuro. Y eso, enunciado por alguien que sabía, no por un trepa académico que aún preparaba su tesis doctoral.

Los amigos enseñan muy poco; los necesitamos porque nos refuerzan. Son los adversarios quienes constituyen la universidad de nuestra vida.

Gregorio Morán
Barcelona, 2015

---

[6] *La Vanguardia,* 16 de marzo de 1975.

Introducción

Han pasado más de cuarenta años desde la muerte de Franco y la transición de la dictadura a la democracia sigue rodeada de tabúes. Una especie de historia angélica sobrevuela este periodo. Unos dirigentes abnegados, un rey consecuente, unas instituciones preñadas de patriotismo, una ciudadanía responsable... De no ser porque algún oficial temerario tuvo algo más que tentaciones golpistas, nos encontraríamos con la paradoja de que por primera vez en la historia de España, y del mundo, la política se despegó de maquiavelismos y se convirtió en scráfica. Todo el mundo fue bueno, incluso sin quererlo, y algunos a sabiendas.

Han pasado ya cuarenta años de la muerte de Franco y la crónica de la transición que se fue tejiendo poco a poco como una superposición de lugares comunes, de tópicos que recubrieran una realidad escabrosa, ahora, de tanto repetirlos, parecen lo único real. La historia se convirtió en fantasía porque los magos así lo decidieron. Quizá eso explique por qué los protagonistas de muy diverso rango y los historiadores de muy variado pelo coincidan en lo fundamental y tan solo se diferencien en lo accesorio. Otra aportación singularísima a la historia de la humanidad: los que hacen la historia y los que la escriben parecen los mismos. Como si hubiéramos vuelto a los tiempos de Julio César, aunque sin ambición de estilo. Lo que no obsta para que una buena parte de historiadores, analistas y ciudadanos contemplemos, ansiosos primero y aburridos luego, el goteo permanente de memorias políticas. Complementarias en el mejor de los casos, cuando no redundantes; siempre inmodestas.

Manuel Fraga, Rodolfo Martín Villa, Alfonso Osorio, Josep Melià, José María de Areilza, José Utrera Molina, José Manuel Otero Novas, Leopoldo Calvo Sotelo, Enrique Tierno Galván, Josep Tarradellas, Salvador Sánchez-Terán, Fernando Álvarez de Miranda sin contar los aparecidos al filo del cambio de siglo; e incluso algunos que repitieron experiencia, como es el caso de dos protagonistas distanciados en todo lo que no fuera la derrota –Santiago Carrillo y Laureano López Rodó–. Las diferencias de apreciación en los textos harían las delicias de un psicólogo, pero dudo que tengan el mismo interés para los historiadores.

Cabe temer, conforme van las cosas, que cuando se acaben las primeras figuras se proseguirá en un descenso hacia la miseria histórica. Se puede prever la aparición de ángulos inéditos del proceso político expuestos a partir de algún mayordomo palaciego –de la Zarzuela o la Moncloa, a escoger–, una secretaria de líder político o un chef de cocina reputado con establecimiento en la capital. Y a lo mejor serán más interesantes*.

La paradoja más significativa de estos años de democracia es que todos dicen considerar como plenamente consolidado el nuevo sistema y sin embargo nadie osa aún traspasar el marco de «las verdades reveladas» sobre la Transición.

Lo que tuvo de manipulación ese proceso queda patente cuando lo enfrentamos a la prueba de la verdad. Durante años decir la verdad sobre la Transición era considerado desestabilizador de la democracia, y dar por bueno el engaño se consideraba como facilitar el asentamiento del nuevo sistema.

Un ejemplo. Cuando en 1979 se publicó la primera y única biografía del entonces presidente Adolfo Suárez**, la reacción de los más reputados comentaristas fue implacable, con escasas excepciones. La izquierda oficial del momento, el Partido Comunista, puso en boca de su secretario general el juicio que

---

* Escrito este párrafo en 1991, lo confirmaría la realidad.
** *Adolfo Suárez. Historia de una ambición*, op. cit.

le merecía cualquier retrato del pasado, «pornografía política». Los que podían denominarse entonces sectores y medios de comunicación progresistas reaccionaron con desdén, cuando no con animosidad, hacia cualquiera que tuviera la osadía de distanciarse de la edulcorada y falaz versión «institucional».

Según este esquema, solo la extrema derecha, o los nostálgicos del pasado, podían tener interés en poner sobre el tapete quién era el presidente designado por el rey y confirmado luego en las urnas por los españoles. No había que hacerle el juego a la reacción. Amplios sectores de opinión aceptaban implícitamente la idea de que no eran tiempos para afrontar la verdad sino para ocultarla. Más significativo es que nadie aspiró a ponerle plazo a este procedimiento; nos enfrascamos tanto en mentir y en aceptar la falsedad que al final devino la única realidad.

La estabilidad del sistema democrático estaba vinculada, por tanto, a una serie de falsedades consensuadas. O lo que es lo mismo, una clase política de doble procedencia –de la dictadura y de la oposición ilegal– interpretaba que solo ellos podían darle estabilidad al nuevo régimen, porque la sociedad no había sido la que formalmente forzara el cambio y no había más remedio que construirle un mundo político paradisíaco. Toda para la sociedad, pero sin ella. Al final la ciudadanía no podría menos que agradecerles tantos desvelos. ¿Para qué decirles las crueles verdades? No todo el mundo está preparado para afrontar el temerario «sangre, sudor y lágrimas» de Winston Churchill. En España la medida de la política siempre fue conservadora y la dio sarcásticamente el señor Cánovas del Castillo a don Manuel Alonso Martínez, cuando se discutía el artículo primero de la Constitución de 1876: «Son españoles, los que no pueden ser otra cosa».

Como ningún demócrata consecuente podía reconocer que había luchado para «aquello», el envoltorio de mentiras en las que se recubrió el sistema se traducían en la consideración de que la sociedad no era fuente de estabilidad, sino un cuerpo susceptible de desestabilización. La Transición se convirtió en un tratado de cómo escamotear la política a la sociedad. Adoptó muy diferentes formas, desde las más vulgares a las más sofisticadas.

No sería exacto decir que resulta alarmante la ausencia de trabajos analíticos sobre el proceso de transición, porque haberlos los hay, aunque no tengan precisamente rigor o lleguen a la conclusión de aquello que desde el principio querían demostrar –la clarividencia del monarca y el patriotismo de la clase política–. O se hacen análisis desde la hagiografía, algo solo pensable gracias a nuestra tradición tridentina, escolástica y reaccionaria, que consiste en recomponer la vida del santo –Juan Carlos de Borbón, Torcuato Fernández Miranda, Adolfo Suárez, el conde de Barcelona...– dándole a cada gesto y decisión una dimensión histórica; haciendo coherente la historia desde el momento en que fue canonizado hasta su más tierna infancia. Entre otras cosas, porque si el santo ya tiene peana es por algo, y dar lustre a ese algo es la aspiración de los historiadores y cronistas de la Transición.

Cada vez hay más datos. No hay temporada que alguno de los protagonistas o sus ayudantes no nos sorprendan con una pincelada nueva que añadir al fresco histórico. Pero apenas si es el esbozo, como si hubiera un temor a enfrentarnos al efecto que podría causarnos contemplar a los tres elementos retratados: franquismo, oposición y sociedad. O lo que es lo mismo, ese periodo agonizante de la dictadura denominado «tardofranquismo», esas fuerzas democráticas que cuanto más se unen menos fuerza tienen, y esa sociedad que pasa por diversos estadios hasta que confía su suerte a unos muchachos bisoños pero emprendedores, en octubre de 1982.

Abundan los trabajos justificativos de la Transición, cuando no plenamente exegéticos. Manuales desbordantes de metáforas y de subterfugios ideológicos, redactados en general por catedráticos con ambiciones políticas –también, en general, frustradas– y a los que en alguna ocasión me será obligado recurrir como inevitables referentes. Porque, si bien bastaría el argumento personal y contemplar sus biografías, han ido más allá. De escribirlo acabaron por creérselo y actuaron conforme al manual que ellos mismos habían pergeñado. Sedimentaron una determinada cultura de la transición que me temo acabará siendo algo tan obvio cuanto incongruente. Como «la generación del 98» que nunca existió, «los poetas del 27» que se inventaron en la década de los cincuenta, o «la ruptura de la *inteligencia* falangista con el franquismo en 1945» que siguió en el poder hasta 1956.

Clase política y sociedad, analistas e historiadores, se atienen todos a la máxima germánica, «si ha salido bien, todo ha estado bien». El rey Juan Carlos; un compendio de voluntad y coherencia democrática. La clase política franquista; un grupo pleno de emotividad dividido entre unos nostálgicos con dignidad trasnochada y unos avezados profesionales ansiosos de una oportunidad democrática. La izquierda; abnegada, como siempre, dispuesta a anteponer el bien común a los intereses partidarios. Primero un Carrillo patriota, luego un González responsable. Los trabajadores; bien, gracias. Ya se sabe que en España, los obreros han sido, de suyo, gente modesta de ambiciones.

Todos, en fin, conscientes de que el momento exigía supeditar las aspiraciones legítimas de los protagonistas al inmarcesible bienestar de la patria. Un paisaje tan solo roto por algún interés parcial, localista, a redropelo de la historia, procedente de vascos y catalanes, que amenazó con viejas rencillas, pero que fue asimilado cuando no obviado por la dimensión de auténticos estadistas surgidos de la bruma. Tarradellas en Cataluña y Ajuriaguerra en el País Vasco, dos descubrimientos septuagenarios, lamentablemente muy diferentes, porque uno supo imponerse, mientras que el otro fue arrollado por sus jóvenes lobos.

Europa entera, contemplando el excelso panorama, para pasmo de soviéticos y norteamericanos, que observaban cómo se superaban viejas fronteras en este país antaño inmisericorde. España daba una lección al mundo, como escribieron a lo largo y ancho del planeta. La transición española como modelo para superar las dictaduras del Oeste primero y del Este luego.

La segunda lección en lo que va de siglo. Aunque la anterior fuera de mal gusto recordarla porque venía a abrir heridas no del todo cicatrizadas: la reacción de la ciudadanía, en 1936, frente a la ascensión del entonces denominado fascismo. La Guerra Civil y la Transición son las dos aportaciones de España a la historia del siglo XX. Incluso las dos únicas sintonías auténticas con su tiempo, porque en ambas se da una confluencia atípica de aspiraciones entre la sociedad española y la europea.

La curiosidad de este hecho, su importancia no resaltada, es que ambas aportaciones se contraponen, quizá atendiendo a la caracterización paradójica de nuestra personalidad histórica en la que había insistido Unamuno. Incluso más, porque la segunda experiencia desvaloriza a la primera. Si la Transición política se valora como modelo, entonces la Guerra Civil no es más que una barbarie cainita, una derivación malsana de las tendencias sociales del país que coexistían a duras penas desde finales del siglo XVIII.

La una, lección de valor y de insolencia, de comprensión de un futuro barbárico –el fascismo– que había que tratar de impedir. Aunque pareciera imposible, intentaba mostrar el camino para desbaratar una victoria más de la reacción en nuestra historia; aun a costa del cainismo y de dejar la sociedad abierta en canal. La otra, lección de templanza y capacidad integradora, de sutilezas en una clase política y económica caracterizada secularmente por la brutalidad y el cerrilismo, salvas sean las contadas excepciones.

Se trataba de explicar este milagro tras aquella tragedia, aunque el asunto fuera más allá, porque de alguna manera la segunda lección, la Transición, no solo subsumía a la primera, sino que le quitaba toda su virtualidad. El milagro de la Transición echaba al infierno de lo maldito lo que pudiera tener de magnificencia el fervor democrático y antifascista de julio de 1936. La imagen del frentepopulismo, de su ambición liberadora y de su vulgaridad, de su tragedia y sus errores, incluso de sus crímenes, debía cubrirse de silencio, igualándolo todo para construir este nuevo y beatífico edificio de la Transición y el consenso.

La Transición como modelo venía a dejar obsoleta cualquier referencia a la Guerra Civil en su sentido genuino, el de la primera batalla europea de la democracia contra el totalitarismo. Quizá sin auténtica conciencia de ello, se avanzaba un argumento posmoderno al evaluar la Transición política como el final de las ideas fuertes y el triunfo del presente, de lo inmediato. Como el burgués de Molière que hablaba en prosa sin saberlo, nuestra clase política de la Transición fue posmoderna antes de que llegaran algunos ideólogos a explicárselo. Lo que podría haberse convertido en un elemento de reflexión, apenas si quedó en un trágala.

La fragilidad de los ideólogos –fueran de partido o de academia–, la inexistencia de culturas políticas mínimamente enraizadas en la militancia, convirtió ese proceso, por demás apasionante, en un juego de espejos y de engaños, en los que unos individuos sustituían a partidos, los partidos a clases sociales, y todos trataban de engañar a todos en aras de salvar no se sabe qué esencias, que al final se reducían a ambiciones personales. La Transición, según el modelo concebido por algunos de sus protagonistas, se redujo al final a un albañal, y no era ni lo uno ni lo otro, sino un ejercicio de improvisación que exigía gente de mayor empeño práctico y teórico para explicarlo a los gentiles. Algunos profetas lo tuvieron claro desde el comienzo, y se apuntaron a todas las variantes del éxito, inasequibles al desaliento, porque el que dudaba quedaba apeado de la cochambrosa locomotora de la historia.

En el proceso de «justificación de condicionantes políticos» en que se transformó la ideología de los partidos, no podía irse muy lejos. La Transición iniciaba su andadura teórica como modelo, y aspiraba a convertirse en un valor emblemático. A partir de ella, de su comprensión según el sesgo dominante, el siglo XX español podía ser analizado de otra manera: la Restauración canovista en su periodo de agotamiento, Alfonso XIII, la dictadura de Primo de Rivera, la República, la Guerra Civil y, por supuesto, el régimen de Franco.

No es que se superaran las versiones maniqueas que culpaban, ora a la derecha tradicionalista ora a la izquierda radical, de la ausencia de estabilidad política y consenso democrático, sino que se improvisaba un maniqueísmo *sui generis* según el cual todos los males de nuestra historia los había causado la ausencia de consenso, la inmadurez de nuestros políticos, la irresponsabilidad de nuestro pueblo. Un rey de 37 años, con la experiencia de un subalterno –Torcuato Fernández Miranda, convertido en renegado albacea de la dictadura– y un puñado de políticos de pasados innombrables –por vergonzosos– como Suárez, Carrillo o Fraga –o por inexistentes–, como González, Arzalluz o Roca... daban lecciones políticas de altura a los mitos del pasado: Maura y Cambó, Prieto y Negrín, Gil Robles y Giménez Fernández...

Contemplada con la simplicidad que acostumbran a mostrar sus protagonistas, uno no deja de admirarse cómo fue posible que políticos tan comunes, gentes tan inexpertas y mediocres dieran frutos tan magníficos, de validez pretendidamente universal. Una vez más parecía que individuos sin grandeza escribían una página por encima de sus propias limitaciones. Convertida en paradigma de la política la Transición corría el riesgo de perpetuarse bajo esta fórmula. Grande fue la misión y pequeños sus hombres, solo su Majestad supo estar en todo momento a la altura de su misión histórica. Como si lo mejor de nuestra historia se hubiera encarnado en él.

Si se ha llegado a este punto es porque la consolidación del sistema democrático se ha hecho de tal modo que los miedos, los temores, las cautelas, fueron dejando un sedimento que al final se convirtió en costra. Amparados en presuntos peligros desestabilizadores ocurre que la comodidad intelectual, los intereses adquiridos de personas o grupos, han impedido echar luz sobre ese proceso de transición. De una dictadura a una monarquía parlamentaria.

Es posible que buena parte del malestar intelectual que se detecta en España esté incubado en el nudo gordiano elaborado durante la Transición. Es significativa la obsesión por la ética como motivo de reflexión y no como modelo de conducta, o la ruptura del eje cultural entre izquierda y derecha que había sido una constante de nuestra historia y no de las menos fructíferas.

La construcción de ese nudo gordiano no podría achacarse a tal o cual personalidad política o institucional, ni tan siquiera a una charada de los «dioses» extranjeros, por utilizar el legendario motivo griego. Fueron los intereses autóctonos los que sirvieron de cañamazo. Desde 1976 hubo tantas fintas y lazos que al final no podían desatarse sin afectar a los protagonistas.

El debate sobre la Transición fue monopolizado por ellos como garantía de que el nudo gordiano sería considerado como una aportación y no como una rémora. El tejido de intereses, legítimo, se convirtió en ilegítimo a causa del secretismo, el ocultamiento y la mentira. Cualquier osado que se atreviera a acercarse a ese nudo, saltando sobre las anécdotas, para intentar desenmarañar la trama, corría el riesgo de la descalificación total. Y sería acusado de aquello que tiene a gala y que le permite el distanciamiento: no ser un protagonista de la Transición.

Quien no había estado en los sucesivos conciliábulos, aunque fuera a título de convidado de piedra, se arriesgaba a ser reprendido por falta de información confidencial. O lo que es más cruel, por ingenuidad. Una de las más curiosas leyendas, en las que se mezcla la vanidad y la majadería, es la consideración que tienen los protagonistas de sí mismos, y no digamos sus ayudantes, de que todo el proceso fue un derroche de sutileza, astucia y habilidad.

Los datos fundamentales sobre la Transición están ya desvelados. El puzle puede recomponerse pieza a pieza. Quizá ha llegado el momento de evaluar el costo de esa operación política, la primera en su género que tiene un éxito no efímero en España. Nuestra principal experiencia en tránsitos procede del paso de regímenes abiertos –sería demasiado decir liberales– a regímenes autoritarios. Con una característica fundamental: su duración. Fernando VII, Primo de Rivera y no digamos Franco, se mantuvieron ejerciendo el poder de manera absoluta demasiado tiempo. Lo que contrasta con la brevedad de los periodos democráticos, cuyo carácter frágil quedó patente con las dos repúblicas. La primera menos de un año y la segunda cinco, hasta el estallido de la Guerra Civil. En general no se resalta lo suficiente que la dictadura primorriverista duró más que la Segunda República.

Los periodos más radicalmente liberales de nuestra historia siempre han venido con un grado considerable de consenso, e invariablemente en procesos pacíficos. Se podría decir que las dictaduras impuestas con un costo y una violencia considerable, agotadas, acaban haciendo la libertad inevitable. De aquí es fácil llegar a la cruel conclusión de que toda la sangre vertida en la lucha por la libertad no ha sido suficiente para cambiar los regímenes, sino que al final las mismas clases que la barrenaron acaban imponiéndola. No es que la regalen, pero sí la otorgan.

Aunar consenso social amplio y democracia es una experiencia no tan inédita entre nosotros, aunque los ejemplos fueran tan breves que resultan cuestionables. El consenso social de apoyo al nuevo régimen durante las dos repúblicas duró apenas unos meses; conforme iniciaban las tareas de gobierno, la derecha se volvía belicosa y la situación, inestable. Ahora estamos ante un caso muy diferente, porque el sistema democrático apenas carece de enemigos y la interpenetración económica y política europea convierte en virtualmente imposible un cambio a corto plazo.

Pero esta indudable posición de superioridad histórica nos ha llevado a la paradoja de negar la historia para convertirla en leyenda, cuando por eso mismo deberíamos sentirnos más obligados a estudiar y a desvelar el proceso. Si la política es sobre todo tomar decisiones y evaluar riesgos, no hay ninguna razón para pensar que el complejo proceso de transición no haya dejado su huella y no haya producido elementos perturbadores que estamos sufriendo ya y que, en mayor medida, habrán de pagarse en el futuro. Ese es el precio de la Transición. Que algunos tengan sobradas razones para considerar benigno ese costo no niega que, para la ciudadanía, el deterioro de la función de la clase política haya llegado a un punto que hubiera parecido una aberración a quienes salían de la miseria de una dictadura a la dignidad de una democracia.

¿Qué fue la Transición? ¿Tan solo un tránsito de un régimen corrupto, que se caía a pedazos, a una monarquía parlamentaria, donde la piedra angular es más el propio monarca que el Parlamento? Si esto fuera así, como pretenden los cronistas, habría que precisar que o bien al viejo régimen debían quedarle muchos y suculentos pedazos, para que tratara de reducir el proceso de deterioro sin esperar al estrepitoso final, o bien las fuerzas democráticas carecían de capacidad política para arruinar las maniobras de supervivencia de ese viejo régimen. Lo cierto es que el franquismo no se desmoronó, ni fue derribado, y que los planteamientos políticos del conjunto de las fuerzas democráticas hubieron de ser rápidamente adaptados para afrontar el año 1977 y las primeras elecciones.

El asunto no es banal y está unido indisolublemente a otras cuestiones más vidriosas. Si la Transición se inició a la muerte del dictador o hubo un deslizamiento a partir de la «providencial» muerte de Carrero Blanco y del trabajo de una denominada «generación del príncipe». Difícil de casar ambas teorías, porque a menos de considerar a Franco como colaborador involuntario de las operaciones de transición a la democracia —una audacia que alguno parece sugerir–, él tenía los recursos informativos, humanos y ejecutivos como para, de haberse temido algo similar a lo que ocurriría luego, barrer al príncipe y a sus supuestos «secuaces» liberales, e imponer a don Alfonso de Borbón, como le sugirió parte de su entorno. Con el aditamento, nada desdeñable, de aprovechar a este otro Borbón para perpetuarse bajo la forma familiar, cosa a la que era tan inclinado. Reinaría el marido de su nieta; heredaría su bisnieto.

Hay una curiosa pregunta de carácter metodológico que nadie parece tentado a hacerse. ¿Franco hubiera podido nombrar en 1974-1975 a Alfonso de Borbón como su sucesor? A lo que cabría responder que no, porque Franco era un político responsable. Luego, solo el hecho de que Franco fuera un político tan reaccionario como cauto es la única garantía que tenía Juan Carlos para reinar algún día en vez de su primo Alfonso. En otras palabras, hubiera podido imponerlo, pero no lo hizo porque era prudente. Sin embargo, hay abundantes pruebas de que Franco en ocasiones no fue prudente, ni razonable, lo que magnifica aún más la decisión de que Juan Carlos fuera su sucesor.

Ahora bien, también se podría jugar con esa hipótesis y plantear otra pregunta, derivada de la anterior. ¿Cabe alguna duda de que en el caso de que Franco hubiera nombrado a Alfonso de Borbón como su sucesor, lo hubieran aceptado el Ejército, el Movimiento y demás instituciones? Ninguna. Independiente de lo que pensaran en su fuero interno, históricamente desdeñable, todos hubieran alabado la clarividencia del Caudillo. De igual modo que la designación de Adolfo Suárez como presidente del Gobierno funcionó a la perfección, institucionalmente hablando, porque estaba en la más propia dialéctica franquista. Cualquier otro candidato, incluido Fraga Iribarne –conviene recordarlo–, no hubiera obtenido el consenso del viejo régimen que obtuvo el antiguo ministro secretario general del Movimiento. Era más de ellos que cualquier otro, y tanto Suárez –con el rey–, como la eventualidad de Alfonso de Borbón –con Franco–, garantizaban la endogamia que caracteriza a los regímenes totalitarios.

Este aparente meandro en el discurso de esta presentación solo trata de introducir alguna duda sobre la descripción habitual respecto a los albores de la Transición. Bastante tenía el príncipe Juan Carlos con no ser desbancado para pensar encima en otro futuro que no fuera su corona. Ningún Borbón, dicho sea de paso, pensó nunca en el futuro hasta que se le echó encima. Las condiciones de su formación, sobre las que volveremos en el libro, tampoco consentían excepciones.

La necesidad de adecentar el proceso de transición haciendo a los hombres buenos, a los dirigentes sagaces, y a las instituciones honestas, obliga a suplantar actitudes y a convertir a ciertos protagonistas en sabedores del final. Auténticos augures y profetas de un pueblo tan escéptico como el nuestro. Lamentablemente se conoce poco en España la escuela de un historiador soviético, M. N. Pokrovski, quien consideraba que la historia debe enfocarse desde la perspectiva de las necesidades políticas del momento. «La historia es la proyección de la política hacia el pasado.»

Pero aunque Pokrovski sea poco conocido, sus enfoques de la historia se vulgarizaron en España de manera sistemática. La ausencia de una reconstrucción valorada de la Transición ha permitido la pervivencia de ciertos pruritos sobre lo que es o no es un líder político. Acostumbrados a reflexionar en condiciones de clandestinidad –y en la noche política todos los gatos lo de menos es que sean pardos, sino que carecen de volumen, solo tienen ojos–, en España durante décadas y hasta hoy mismo, existía una confusión de amplias consecuencias en torno al término «capacidad política». Se entendía con demasiada frecuencia como «capacidad de comprensión», de entendimiento, y no como «capacidad de poder», de ejercer políticamente, por tanto, de influir, mandar y ejecutar.

Este equívoco dificulta el análisis de la personalidad política de las figuras de la Transición. Lo que creían ser y lo que desempeñaron. No fue una astuta partida de esgrima entre contendientes tan avezados en el florete como Adolfo Suárez,

Santiago Carrillo, Josep Tarradellas, Martín Villa, Torcuato Fernández Miranda... sino una pelea entre «capacidad política» y «voluntad de poder». Una lucha también entre la capacidad real y la capacidad simulada, entre la realidad y el farol. No se necesita apelar a Clausewitz para entender que dentro de la estrategia de una batalla no solo cuenta la fuerza, sino tanto más la apariencia y su influencia sobre el adversario.

Caben dudas sobre su inicio pero su final hay que circunscribirlo a octubre de 1982, cuando un grupo político cuya participación fue más importante por omisión que por acción, obtuvo la mayoría absoluta para gobernar. Si tomamos el término clausura con toda la relatividad con que debe aplicarse a los procesos históricos, el triunfo electoral del Partido Socialista Obrero Español clausuraba la transición de la dictadura a la democracia. La cuestión de dónde situar el comienzo del proceso no es una discusión bizantina, sino un debate sobre proyectos políticos. No es una discusión formal, sino de contenidos, que obliga a un estudio de las estrategias políticas de los diversos grupos, de la oposición y de los aledaños del viejo régimen.

Si dicho proceso empezó tras el asesinato de Carrero Blanco (en diciembre de 1973), como quieren creer algunos, estaríamos ante una parte de la clase política franquista tan inteligente como ignota, tan previsora como cobarde, puesto que el ciclo vital del dictador se consumó y ¡y en qué condiciones! Si se inició mientras Herrero Tejedor ocupaba brevemente la Secretaría General del Movimiento (de marzo a junio de 1975), estaríamos ante un precedente «suarista» con Franco vivo. Algo inaudito, que obligaría a considerar buena parte del régimen franquista como emboscado buscador de una vía «segura» a la democracia.

Si el proceso de transición se inaugura tras la muerte de Franco es claro que el protagonismo corresponde al rey y a sus asesores, independiente de que la estrategia no resultara en los mismos ritmos –o, como gustaban de decir entonces, *«timing»*– que ellos previeron. El análisis de esos diversos ritmos podría ayudarnos a entender la complejidad del nudo gordiano inventado por la leyenda. Un rey comprometido por juramentos que debe obviar para sobrevivir, un presidente del Gobierno comprometido a su vez con sus partidarios a los que debe burlar para salir adelante, una oposición que debe distraer a su militancia para que el efecto de choque entre sus planteamientos y sus realidades no les haga retirarse con estruendo.

La confluencia de la oposición democrática con el rey y sus asesores marcó el discurrir de esa transición desde el referéndum para la reforma (en diciembre de 1976). Deberíamos analizar si esa coincidencia exigió de cada una de las partes unas renuncias, unas traiciones, o tan solo unas adaptaciones. De haberse dado una confluencia anterior y de haberse tratado de un acercamiento de estrategias la participación ciudadana hubiera sido manifiesta. La primera condición del proceso de transición desde enero de 1977 se reduce a que el secreto y la abstención ciudadana son las mejores fórmulas para neutralizar al adversario inmovilista. Porque no se trataba de vencerlo, sino de burlarlo.

El desinterés de los protagonistas por aclarar el periodo que media entre la muerte de Franco y las primeras elecciones democráticas de junio de 1977, constituye una especie de agujero negro de la democracia. Los hechos, aunque dispersos, son conocidos, pero ha habido buen cuidado de no interpretarlos. Si al final todo salió bien, es que todo fue bien.

La fragilidad del sistema durante aquellos años podría ser una prueba de que las cosas no iban tan bien, pues se exigía, como condición para proseguir, el no poder hablar de ellas. Y no se trataba de la obvia astucia del guerrero que oculta a sus enemigos los pasos que va a dar, sino más bien la del militar que se ve obligado a silenciar sus batallas para no exacerbar al adversario. Un maligno juego entre generales majaderos frente a reputados cínicos.

En aras de no agudizar la inseguridad, hubo que admitir una falacia tan burda como la de que en aquella pelea política no había vencedores ni vencidos, sino que todos, hermanados ante el altar de la patria, se ofrecían ufanos para arrinconar a los irreductibles del viejo régimen. De la Secretaría General del Movimiento y del Partido Comunista, líderes responsables sellaban un pacto de honor, no exento de características sicilianas, para un futuro común y un pasado inexistente. ¿Quién podía negarse si cada uno tenía lo que el otro deseaba? Unos personajes temerosos de su crédito, conscientes del riesgo de una opinión pública enterada, decidían avalarse mutuamente.

Esto es posiblemente lo que trasparentó esa exultante sensación de victoria, común a todos ellos. Los hechos confirmarían posteriormente que la imagen legendaria no evitaba las excepciones: sobre el campo acabarían quedando las víctimas de la Transición. Unas autoinmoladas, aunque con conciencia de triunfadores, pero todas irremisiblemente derrotadas.

Para un historiador, periodista o político, un análisis de la Transición es un lujo. Permite conjugar fuerzas sociales y personalidades, coyunturas históricas y concepciones ideológicas, formaciones culturales y sensibilidades populares. Un periodo tan breve es, no obstante, un laboratorio. Ahí aprendimos lo que era y lo que no era hacer política, lo que era y lo que no era analizar elementos políticos. Somos tanto o más hijos de la Transición que herederos sufrientes del franquismo.

En algunos aspectos, la Transición fue premonitoria de acontecimientos que luego impresionarían la vida europea, como la liquidación de los partidos comunistas, la frivolización de la vida cultural presionada por los *media,* el enquistamiento de una clase política, en nuestro caso formada y forjada en un tiempo récord –o la crisis del papel de «intelectual» en sus relaciones con el poder.

Bastaría no obstante que consideráramos el destino de los tres principales protagonistas de la Transición para detectar algo anómalo en ese proceso. Es evidente que los tres –Fernández Miranda, Suárez y Carrillo– la instrumentalizaron en su beneficio, pero no lograron sobrevivir a ella. Los enterró.

A ellos, que se consideraban los más curtidos corredores de fondo en las más duras condiciones políticas de Europa.

Torcuato Fernández Miranda, preceptor y consejero áulico prácticamente desde que Juan Carlos de Borbón llegó a España; seleccionado personalmente por Franco para instruir al príncipe cual si fuera el mismísimo Saavedra Fajardo. Ministro y vicepresidente del gobierno con Carrero Blanco, presidente de las últimas Cortes de la dictadura, cerebro y ejecutor de la primera etapa del tránsito. Entraría tras las primeras elecciones democráticas en un ostracismo absoluto, a su pesar, puesto que pretendió encabezar la oposición conservadora al suarismo, esa misma ficción que él había ayudado a crear. Lo cuenta Manuel Fraga Iribarne en sus memorias con una sobriedad que lo hace tan plausible como patético. Huérfano de partido y partidarios, se encerró en un mutismo de esfinge, mientras cocía con delectación su soledad y su frustración. Contemplaba lo ocurrido desde el mismo prisma que Gregorio Marañón describió en su *Tiberio*, un libro subtitulado *Historia de un resentimiento*. Cuando falleció, en junio de 1980, no era más que un referente del pasado; llevaba muerto desde junio de 1977.

Adolfo Suárez, el hombre símbolo de la Transición, logró pilotar aquel mar de los sargazos que eran los movimientos políticos entre un régimen que fenecía y otro que apuntaba. Con un equipo mínimo, Carmen Díez de Rivera, para la izquierda y Eduardo Navarro, para el tardofranquismo; nada más, aunque echara mano de quien se pusiera a tiro. Un magistral prestidigitador que cuando necesitaba un partido lo inventaba, cuando la situación exigía una nueva vía la pintaba, cuando arriesgaba despeñarse descolgaba la escalera sobre las espaldas de alguien.

Había pasado en un tiempo récord de las sombras de la clase política del viejo régimen a prototipo de la renovación y la modernidad. Hay quien señala, sin pizca de sentido del humor, que el progresismo a la antigua usanza terminó con Adolfo Suárez, sin saber si se refiere a si lo acabó él o si acabó con él. El Partido Comunista le blanqueó el edificio y le otorgó un prestigio; lo consideró un hombre de palabra, cosa que no le había ocurrido desde que empezara su renqueante carrera política como gobernador de Segovia en 1968.

Cuando la gente se enteró de que existía fue un día de junio de 1976; el rey y Fernández Miranda le otorgaron la presidencia del Gobierno. Cuando esa misma gente empezó a considerarle como un bien inmueble, frágil pero con futuro, inició su decadencia, más rápida y fulminante aún que su ascensión. En cuatro años y medio, ante la perplejidad general, se derrumbaba. Luego inventó un partido, el Centro Democrático y Social, como si se tratara de demostrar al mundo que siempre había sido un creador y no un ejecutante. Le salió un espanto, que obligó a sus exégetas a revisar el conjunto de su figura.

Ningún hombre fue tan inquietante, temido y valorado, como Santiago Carrillo. Había sobrevivido a todo; guerras civiles y mundiales, exilios, conspiraciones, purgas, enfermedades, fracasos… Una vida sin un solo éxito, pero llevada con una audacia de mimado por los dioses. Desde la más tierna adolescencia se había dedicado a la política, o más concretamente había nacido, crecido y vivido hablando siempre de política, que quizá no sea lo mismo. Gozaba del dudoso prestigio que concede la veteranía, la clandestinidad y la distancia. Cuando volvió clandestinamente a España en 1976, todas las fuerzas políticas de derecha, izquierda y centro, coincidían al menos en una cosa: sin contar con él y con el partido que controlaba férreamente no era posible alumbrar fórmulas estables. Su descenso a los infiernos del ostracismo político duró también menos de cinco años.

Se convirtió en un patético personaje, perpetuo narrador de historias triunfales en las que ejercía de protagonista, caricato de la política española; divertido y falaz, alquilando su mordacidad como el único encanto que sobrevivió a su fracaso. Al final él, máximo responsable de que la izquierda se comportara de manera errática durante toda la Transición, se acercaría al Partido Socialista. Seguía la misma senda de los elefantes que los sucesivos disidentes del Partido Comunista a los que había liquidado implacablemente. Si le hubieran dejado, hubiera reconstruido en el seno de la organización socialista su antigua dirección comunista del periodo suarista. Con apenas variantes. Lo único que sus nuevos socios tuvieron claro es que no debían darle otra oportunidad para que los enterrase ahora a ellos.

Habría que hilar muy fino para saber si estos tres protagonistas egregios de la Transición dilapidaron su patrimonio. Se trataría de dilucidar primero si lo tenían y, si es así, si lo despilfarraron o lo pignoraron. Lo dudo. Gastaron lo que tenían cuando creyeron necesitarlo, sin más pensar ni mayor cálculo. Con frecuencia, en política, las fortunas no se acumulan, se apuestan.

La muerte política de estas tres figuras dejó el camino expedito a la consideración de que el rey Juan Carlos era el único y excelso protagonista, aquel que por principio había estado a la altura de las circunstancias. Afirmación que exige un análisis, pero que como mínimo puede ya reputarse de inexacta. El monarca fue durante la Transición y hasta el intento de golpe de Estado del 23 de febrero de 1981, un mandarín tras la cortina: oír, refunfuñar y esperar. Dejando obrar a los sucesivos rasputines* de su entorno: *alimentando su ambición en unos casos,* Alfonso Armada; *limitándola en otros,* Fernández Miranda; *cultivándola siempre,* Sabino Fernández Campo**. Si se necesitara una prueba para confirmar la carencia de análisis sobre la Transición, bastaría con referirnos a la figura de Juan Carlos de Borbón. Fuera de loas y ditirambos no hay más que vacío, como si se tratara de un querubín, ascendido del limbo del franquismo al cielo de la democracia. Inconta-

---

* En la edición publicada en 1991 se cambió «rasputines» por «mentores».
** Las partes en cursiva de la última frase fueron eliminadas del libro en su primera edición.

minado, por encima de las miserias de los hombres. En él no hay etapas, ni decisiones, ni maniobras, ni dudas, ni mucho menos equivocaciones y reticencias. Todo es uno y perfecto. Como un dios.

Aquí más de uno ha suplantado los pinceles del Tiziano y, como en aquel cuadro de *La Gloria,* quiere representar a Carlos V siendo recibido en el cielo nada menos que por el Espíritu Santo y a su hijo Felipe contemplando la escena. Habría que buscar en las monarquías absolutas para encontrar un retrato tan exegético, acrítico y falaz como el que historiadores y analistas han construido sobre la figura importantísima de Juan Carlos I de Borbón. Citar el caso de Fernando VII, el Deseado, podría interpretarse tendenciosamente. Si en ocasión tan memorable como el intento de golpe del 23 de febrero apareció cual *deus ex machina* y consiguió muy a duras penas controlar la situación es porque su figura representaba muchas cosas en esa Transición que nos empecinamos en no desentrañar

Autoliquidados los tres protagonistas políticos, elevada a los altares la figura del monarca, solo quedaba que los vencedores de las últimas batallas, los que recogieron la antorcha tras el desfallecimiento de sus predecesores, se propusieran escribir la historia y se convirtieran de hecho en los prodigiosos analistas y los perspicaces estrategas de la Transición.

En 1989, durante unas conferencias en la universidad de verano de El Escorial (Madrid), el número dos del Partido Socialista y entonces vicepresidente del Gobierno, Alfonso Guerra, afirmó que ellos habían previsto cada una de las fases de la transición a la democracia, desde el Congreso de Suresnes (1974) hasta la victoria electoral de 1982. Estaba abierta otra veta en el enmascaramiento y la confusión de ese periodo histórico. El último vencedor siempre es el que más razón tiene. Varios seminarios multidisciplinares organizados por el Partido Socialista han insistido aún más en esa vía.

Creo que es el momento de iniciar un análisis de la transición política sin que sea una operación de desestabilización ni de enmascaramiento. Es el intento de este libro que empezó a elaborarse en mayo de 1990 con la convicción de que conforme pasase el tiempo sería más difícil y más inútil escribirlo. Un empeño de más de un año, pero una reflexión de quince, lo que convierte al texto en alambique donde se han ido destilando muchas cosas. Me temo que para algunos resulte impenetrable y para otros familiar. Echar una mirada distinta sobre ese proceso tiene también su costo y su castigo. Tratar de evaluar qué queda de la Transición es como remover los posos de unos caldos embodegados que nadie quiere beber. Porque estoy tentado en creer que ese periodo ejerció unas funciones similares al secante; absorbió fuerzas, estrategias y entusiasmos. Quedaron en el papel.

Convendría, por tanto, echarle una mirada y saber hasta qué punto cuando hablamos de ello nos referimos al río de tinta o al papel secante. O más claramente, hablamos del movimiento social que exigía la democracia o nos referimos al procedimiento que se siguió para darle cauce. Abrumados por los testimonios de los protagonistas tenderíamos a creer que estamos ante una obra magistral de ingeniería política y, sin embargo, yo tengo para mí, que hay más de botica, de mixtura y alambiques antiguos, en esta obra maestra de nuestro siglo XX.

El dilema no es estrictamente actual sino de mayor alcance. Se da la particularidad de que nuestra clase política, prácticamente sin excepciones, se siente orgullosa de nuestra Transición. Sin embargo, considera paradójicamente perjudicial explicarla para que todos podamos compartir ese legítimo orgullo. Esto plantea un problema generacional evidente, que los años no harán más que resaltar. La imposibilidad de construir una pedagogía democrática a partir de una transición opaca.

No es fácil explicar lo ocurrido como si se tratara de un modelo para las nuevas generaciones. La función pedagógica de la victoria de la democracia sobre la dictadura queda enturbiada, cuando no oculta, por el hecho de que la Transición debe enfocarse como una derrota. Una derrota de todo aquello que era, para muchos antifranquistas, objetivos ineludibles del futuro: la libertad sin oligarquías que la limiten, la transformación social y la política como actividad abierta de la ciudadanía. Eso que no debe interpretarse de otra manera que como el patrimonio de la izquierda dilapidado durante ese periodo. Eso sin lo cual no sería fácil entender la victoria del Partido Socialista en octubre de 1982. «Por el cambio.» No es mala cosa que pudiéramos legar a nuestros hijos toda una concepción pedagógica de la derrota; porque siempre se ha insistido en que las victorias ensoberbecen mientras que las derrotas educan.

La legitimidad social del proceso de transición ha venido, por la costumbre, por el hábito, dejando en penumbra el procedimiento, el enjuague y los sucesivos artificios. Fue una prueba para villanos, y por eso nos hurtaron la contemplación del espectáculo.

La democracia en España ha sido históricamente un bien tan escaso que por muy mediocre, vulgar y chumacero que haya sido el procedimiento para su fabricación, la ciudadanía no puede menos que interpretarlo como un lujo. La mayor desfachatez de la clase política de nuestra transición es que nos cobró un precio considerable, casi cabría decir abusivo, dando la impresión de que nos hacía un favor. Y la mixtificación ha continuado así durante años sin que nos atreviéramos a evaluar el costo.

1. Tal como éramos

Como la historia la escriben siempre los que ganan, parece hoy un lugar común afirmar que en 1975, vísperas de la muerte de Franco, los designios de Juan Carlos de Borbón, entonces conocido como El príncipe –nada que ver, por supuesto, con Maquiavelo–, tenían una evidente inclinación hacia la democracia. Haciendo balance podría decirse que por cada afirmación, en el ámbito privado, de intenciones democráticas, hay para contrastar una docena abundante de declaraciones públicas de continuismo.

Es por fidelidad al único punto incontrovertible de la historia –las fechas– por lo que hay que reconocer lo evidente: la Transición empezó el mismo día que Franco ya no pudo resucitar. El mismo día que se le fue el mando y la vida. No cabe otro punto de partida si queremos ser coherentes con la trayectoria de aquel régimen. Lo contrario obligaría a considerar al General como el primer promotor de la Transición, cosa no fácil de hacer sin forzar la biografía política del personaje. Otro asunto es el legítimo derecho de cada cual a capitalizar el proceso o a justificar sus vericuetos políticos. Hay protagonistas que se remontan a 1956 para atisbar la Transición. Incluso antes.

La larga agonía del otoño de 1975, cuando el Caudillo empieza el proceso interminable que le llevará al «coma irreversible», tampoco puede ser considerado como el inicio de la Transición. Incluso entonces, nada permitía augurar que el proceso fuera hacia la democracia y no volviera al pasado. Las opciones, progreso o barbarie, apertura o cierre, estaban en la naturaleza del régimen, pero tan desdibujadas y amalgamadas que adquirían un tono desvaído; el que correspondía a Franco y a ese periodo que irónicamente se ha venido en llamar «tardofranquismo».

Las características del régimen no consentían gestos autónomos. Ni tan siquiera ambiguos. Cuando el teniente general Manuel Díez Alegría, entonces jefe del Alto Estado Mayor, hizo un viaje a Rumanía no suficientemente explicado al Generalísimo, fue destituido fulminantemente. Nadie que conociera a Díez Alegría y las coordenadas intelectuales y políticas en las que se movía un jefe del Ejército, sería capaz de imaginarse a este hombre enhebrando contactos con fuerzas antifranquistas en el extranjero, y menos aún con Santiago Carrillo y el Partido Comunista. Sin embargo el rumor funcionó y, en beneficio de la duda, quedó cesado.

Esto había ocurrido en junio de 1974. Casualmente cuando Franco detectaba los primeros síntomas de la tromboflebitis que obligarían a una intervención. Vísperas por tanto de que el príncipe Juan Carlos fuera jefe de Estado «interino» durante 45 días. Pensar que este mismo príncipe, un año más tarde, vísperas de nuevo del momento en el que al fin podría iniciar su mandato, se lo jugaría casi todo a una apuesta a ciegas, con una gestión o un comentario desafortunados, ronda lo inimaginable. Estaba acostumbrado a su papel de mitad testigo mitad convidado de piedra. Su única consigna política se reducía a esperar, esperar y esperar. El tiempo, que siempre había jugado a favor de Franco, ahora era el único fiel aliado de su sucesor.

No digo que las intenciones más liberales y los planes más reformistas, no estuvieran en la mente del príncipe y de sus allegados. No hace falta ser un genio para pensar que el futuro, aunque solo fuera por exclusión, lo encarnaba él y que debía afrontarlo de alguna manera. La transición estaba, en el mejor de los casos, dibujada a grandes rasgos en la cabeza de los protagonistas en espera del momento, y ese momento no llegó hasta la mañana del 20 de noviembre de 1975. Con Franco muerto. Cualquier precipitación, cualquier error, le hubiera podido costar caro. Para ser fieles con la verdad deberíamos admitir que la transición a la democracia estaba en la cabeza del príncipe en la misma medida que sus deseos de supervivencia como jefe de Estado.

Cuando Franco advirtió, «todo está atado y bien atado», no solo hacía una declaración de intenciones, sino que se reafirmaba en la vía escogida: volver a la monarquía, pero saltándose la línea dinástica. Aseguraba que el «delfín» era su heredero, no el de su padre. Contra las eventuales veleidades borboneadoras del príncipe, que él había conocido en el padre y en el abuelo, contaba con toda la maraña institucional del Movimiento. Lo que su vanidad le hubiera impedido considerar es que valían una higa en la medida que habían nacido para la servidumbre y el privilegio.

Si hubiera tenido alguna prueba de las supuestas intenciones del príncipe, no es hacer historia ficción decir que le hubiera sustituido. Disponía hasta de un candidato tan acorde con sus necesidades como su propio nieto político, Alfonso de Borbón, recién casado con su nieta. Lamentablemente esta unión tuvo lugar en 1972, tres años después de decidirse por Juan Carlos, presionado por el círculo de sus consejeros políticos; muy en especial, Carrero Blanco y los hombres del Opus Dei. La muerte en atentado del almirante Carrero, que muchos ignorantes y algún avispado, consideran como el principio de la Transición, fue una catástrofe para las aspiraciones de Juan Carlos de Borbón. Había sido su principal valedor y su desaparición marcó el inicio del periodo más difícil entre El Pardo –sede del dictador y de su entorno– y la Zarzuela –residencia del angustiado príncipe–. Hasta el último instante no tuvo nada claro que su victoria estuviera asegurada. Temas como el trato protocolario que habría de darse a la familia de su primo Alfonso estuvieron entre los momentos más tensos en las relaciones entre el dictador, ya anciano, y su presunto sucesor. Tenía miedo a ser desplazado y era consciente de que podían hacerlo.

En todo lo demás fue un súbdito ejemplar; fiel y cumplidor. Vísperas de la enfermedad terminal del dictador, Juan Carlos no se despegará del Caudillo, atento a las acechanzas de última hora. El 16 de agosto de 1975 se acerca al Pazo de Meirás –residencia veraniega de Franco– y representa papeles poco respetables*. Acompaña, por ejemplo, al Generalísimo durante horas, de hoyo en hoyo, mientras el anciano juega al golf sin reparar en él. A su lado, no se sabe si como *caddie* o como enfermera. Son imágenes que parecen retratos sacados de otros tiempos, pero suceden a falta de tres meses para que se convierta en rey.

Las desconfianzas del denominado «círculo de El Pardo» hacia Juan Carlos y su mujer fructificaron tras el descubrimiento de la feliz coincidencia de los intereses familiares de los Franco con cierta legitimidad dinástica representada por Alfonso de Borbón. ¿Qué dictador puede sustraerse a la tentación de que su bisnieto pueda reinar? Hasta entonces tan solo había hacia los príncipes ese educado desprecio que se concede a quien se va a dejar la herencia. El perspicaz exministro de Información defenestrado por la camarilla de El Pardo, Pío Cabanillas, pedía públicamente el 10 de junio de aquel año capital de 1975, que Juan Carlos fuera coronado en vida de Franco. ¿Acaso alguien podría afirmar que si Franco se hubiera decidido por Alfonso, en detrimento de su primo Juan Carlos, no habría hallado también el aplauso mayoritario de las instituciones del régimen? Posiblemente lo pongan en duda hoy aquellos que entonces se distinguieron por el más escrupuloso vasallaje.

El último año de la dictadura, exactamente los once meses de 1975 con los que acaba el régimen del general Franco, fueron convulsos. El sistema resistía dando manotazos a diestro y siniestro. La oposición democrática unida le disputaba al

---

* La editorial, en la edición de 1991, cambió «poco respetables» por «insólitos».

régimen sus plataformas internacionales; las universidades fueron cerradas; Hassan II de Marruecos iniciaba su exitosa ofensiva sobre el Sahara español; el Ejército y la sociedad sufrían el impacto de las primeras detenciones de un grupo de oficiales democráticos, la Unión Militar Democrática; se declaraba el estado de excepción en Guipúzcoa y Vizcaya; no había semana sin una publicación sancionada o clausurada; los conflictos con la iglesia bordeaban la crisis de Estado y, ante la radicalización de algunos grupos políticos que se inclinaban hacia el terrorismo indiscriminado –ETA y FRAP–, el sistema respondía a la brava, con procesos políticos que terminarían con el fusilamiento de cinco militantes. Por si esto fuera poco habían de pasar dos crisis gubernamentales provocadas por la dimisión del ministro de Trabajo, Licinio de la Fuente, y por la muerte en accidente de Herrero Tejedor, ministro secretario del Movimiento Nacional.

En este panorama, el príncipe Juan Carlos estaba pillado en el engranaje, contando tan solo los días y las horas que le faltaban para ser designado rey. Atento a si la acumulación de acontecimientos no iba a dar al traste con la continuidad y hasta con su misma figura. Su padre, don Juan, disputaba no solo la legitimidad, que tenía con todo derecho, sino hasta la viabilidad de la fórmula. Fuera de la inercia de un régimen en descomposición, el hijo no podía oponer a su padre nada tangible. Políticos termómetro, como José María de Areilza, que entonces tenía un pie en el padre, otro en el hijo y las dos manos sosteniendo el cirio de Manuel Fraga Iribarne, se expresaban de esta guisa: «El conde de Barcelona es sin discusión el jefe de la Casa Real Española y el depositario de la legalidad dinástica. El príncipe de España tiene la legitimidad legal, por decirlo así». Necesitaba testimoniar que con él se iniciaría una nueva etapa, pero para ello debía contar con cierto margen de maniobra. Cuando se terminaba 1975 el príncipe necesitaba tiempo y Franco lo consumía todo. La interminable agonía del dictador permitía recordarle que nada en el franquismo se había conseguido a humo de pajas, que había de tragarse las heces hasta la última gota.

Los dos periodos en los que Juan Carlos ejerció de jefe de Estado provisional, o «interino» como se decía entonces, ruborizarían a cualquier gobernante*, y por eso los cronistas han tratado de pasar sobre ellos como sobre ascuas. El primero, consistió en 45 días, durante el verano de 1974, a causa de la ya citada tromboflebitis del Caudillo. Habría de presidir dos consejos de ministros, ambos en las mansiones del dictador, el primero en su residencia habitual, El Pardo, y el otro en la casona veraniega del Pazo de Meirás.

La primera experiencia va del 19 de julio al 2 de septiembre de 1974. Aunque a fuer de exactos, la sustitución la inició el príncipe un día antes, en fecha tan señalada como el 18 de julio, aniversario del levantamiento de 1936, presidiendo la recepción habitual en los jardines de La Granja. La interinidad terminó cuando Franco recuperó inopinadamente el poder, inquieto al parecer por ciertas conversaciones telefónicas registradas entre el príncipe y don Juan. Una hipótesis elaborada, como tantas otras, en democracia, como prueba del entendimiento conspirativo entre padre e hijo, del que no hay pruebas, salvo en contrario. El final de la experiencia podía haber sido provocado por eso, o por cualquier otro motivo; en el fondo se trataba de algo tan simple como que mientras él viviera no estaba dispuesto a ceder el mando. Dicho con su expresión teológica: «mientras Dios me dé aliento seguiré rigiendo los destinos de España». Y así fue exactamente.

Ante el país la figura del príncipe Juan Carlos durante esta interinidad no pudo ser más inocua, gris y malquista. Un Franco en un grado de senilidad penoso –le faltaban meses para cumplir 82 años– le concedía a un joven de 36 el derecho a sentarse en su sitio durante dos ocasiones. Ni su aspecto, ni su

---

* En la edición del texto de 1991, «ruborizarían a cualquier gobernante» aparecía como «cuestionarían a cualquier gobernante».

voz, ni sus modales hicieron otra cosa que confirmar su imagen de títere* de la que se jactaban sus supuestos partidarios en el Movimiento Nacional y a la que denunciaban sus adversarios de la oposición democrática.

El segundo periodo de interinidad se inició el 31 de octubre de 1975, cuando Franco llevaba ya quince días peleando con la muerte. Esta vez el príncipe se resistió cuanto pudo a asumir «las funciones» de jefe de Estado mientras la trasmisión fuera susceptible de ser reversible. Pero como dos días antes el General había sido desahuciado y el conflicto del Sahara no consentía un vacío en la cúpula, aceptó. Fue a las 9 de la noche de aquel último día del mes de octubre. Un aspirante a monarca asumía los poderes de un dictador moribundo gracias a un documento firmado por el propio presidente del Gobierno, Carlos Arias Navarro. Lo que ni él ni nadie sabía es que aún quedaban 20 días para consumarse el final del franquismo.

Presidió otro consejo de ministros, pero esta vez en su casa, en el palacio de la Zarzuela. La situación no permitía esperas. La ofensiva de Hassan II sobre el Sahara le obligaría a visitar la zona. «Deseamos proteger los legítimos derechos de la población civil saharaui, ya que nuestra misión en el mundo y nuestra historia nos lo exigen.» El día 6 de noviembre se iniciaría «la marcha verde» de los marroquíes sobre el territorio colonial español, con el nada oculto apoyo de Estados Unidos. En pocos días hubo que firmar un acuerdo que no era otra cosa que la rendición ante Hassan y el abandono de las grandes palabras. Que aquellos moros se las arreglaran como pudieran. Estaba mediado el mes de noviembre y Franco no se moría. La crónica de esas jornadas algún día deberá ser escrita para pasmo de las generaciones venideras.

Para Juan Carlos de Borbón esos dos periodos en los que ejerció de jefe de Estado «interino» estuvieron quizá entre los momentos menos felices de una biografía como la suya, plaga-

---

* En la primera edición se leía «artificio» en lugar de «títere».

da de páginas amargas. No bastaba con decir que cumplía con su deber, cuando su misión consistía en asistir de cuerpo presente y albacea a los momentos más miserables de un régimen que se desangraba encharcándolo todo. Cumplía con el deber que dictaba su ambición*.

A la altura de 1975 aún había notables diferencias entre el deber y la ambición. Ambos podían ser legítimos, pero no intercambiables. Para Franco, deber y ambición consistían en mantener el timón mientras le quedara un hálito de vida. En Juan Carlos de Borbón deber y ambición no iban juntos, pero marchaban en paralelo, puesto que su padre, don Juan, exhibía entonces la legitimidad de sus derechos. Unas declaraciones de este, en febrero, provocarán el secuestro del diario monárquico *ABC* y unos meses después se le llegará a prohibir incluso pisar tierra española. Deber y ambición solo marchan juntos después de la batalla. Es la victoria, el triunfo, el éxito, quienes los maridan. Mientras no se ha vencido, la aspiración de triunfar convierte en apenas una argucia toda referencia al deber.

Respecto al «deber» de Juan Carlos, gran parte de la sociedad española, empezando por su propio padre, tenía dudas. Respecto a la ambición, era tan legítima como manifiesta, pero nadie aguanta impávido el papel de ariete frente a la legitimidad dinástica. Solo quedaba esperar, consciente de que la ambición es un principio dinámico, mientras el deber tiende a la inmovilidad.

Por esas paradojas que Franco gustaba de apostillar con vulgares refranes del tipo «no hay mal que por bien no venga», el príncipe Juan Carlos se ganó durante el periodo de «interinidad» en la Jefatura de Estado, el doble y contradictorio título de «continuador de la obra del Caudillo» y «marioneta de la siniestra dictadura». Apenas por un mes se había librado de respaldar el fusilamiento de los cinco antifranquistas con los que Franco se despediría de sus súbditos y del mundo. Sería

---

* Esta última frase fue retirada en la edición de 1991.

una impostura* afirmar hoy que el príncipe nunca lo hubiera firmado. Su táctica se reducía a ser servil** como un heredero, cauto como un prestamista y paciente como un monje.

Había que estar muy convencido de la fortaleza del sistema o de los auténticos designios del príncipe –aún sin estrenar– para creer que este hombre, metido hasta el cuello en aquel fangal, iba a conseguir salir de él y ayudar a los demás a hacerlo también. Su hazaña emparentaba con la del barón de Münchhausen que decía haber logrado salir del pozo tirándose de los cabellos. Uno de los delfines de la clase política, a la sazón secretario general técnico de la Presidencia del Gobierno, Fernando Suárez González[1] había descrito la situación de Juan Carlos, en febrero de 1975, con estas palabras: «Al futuro rey de España se le puede pedir reformas, amplitud de incorporaciones y reconciliación, lo que no se le puede pedir sin ofender a su gallardía, a su patriotismo y a su lealtad es que ampare ninguna suerte de liquidación ni la brusca mutación de este régimen por otro».

No se sabe si eran desvergonzados chantajistas o clarividentes súbditos. El miedo de los sectores dominantes había empezado a agravarse de manera alarmante desde los acontecimientos portugueses de abril del año anterior. La caída de Caetano, heredero de Salazar, en la Revolución de los claveles. El momento podía ser descrito como una variante de la clásica contradicción que algunos han definido como situación revolucionaria. Aunque no tuviera nada de revolucionaria, lo cual dice muy poco de la teoría llamada clásica.

Si según este esquema revolucionario «clásico», unos no podían gobernar como lo hacían hasta ahora, mientras que

---

* En la primera edición aparecía «temerario» en lugar de «una impostura».
** Le editorial cambió «servil» por «dócil».
[1] Fernando era el único Suárez González de la época con aparente porvenir político. Adolfo Suárez González, futuro presidente del Gobierno, llevaba entonces casi dos años en la presidencia de la Empresa Nacional de Turismo (Entursa).

los otros no estaban dispuestos a ser gobernados como entonces, en esta ocasión se trataba de que unos no tenían mucho tiempo para seguir mandando como lo hacían, mientras los otros cada vez se les hacía más insoportable la manera en que eran gobernados. En vulgar: ni unos podían seguir, ni los otros se lo iban a poner fácil. Ahora bien, nadie dudaba de que el deterioro aún consentía prolongarse, porque nunca hay una situación tan lamentable que no soporte un empeoramiento o una demora.

La agonía del dictador duró algo más de un mes y exhibió ante quien quisiera verlo lo que quedaba de un régimen. Fue un espectáculo para recrearse, en el que no faltaban ninguno de los elementos que antaño se consideraron motivo de mofa y escarnio; hasta las reliquias, como el brazo de santa Teresa y el manto empedrado de la Virgen del Pilar, formaron parte de la escenografía. De existir, hubieran traído un pelo del caballo de Santiago. Tan solo hubiera aumentado el jolgorio clandestino de los que esperaban el cadáver. Pero políticamente no pasó nada.

Políticamente la agonía de Franco debería de haber sido, para quienes luchábamos contra la dictadura, el elemento de reflexión sobre la inevitabilidad de la reforma a corto plazo o de la pelea a largo plazo si se aspiraba a un régimen diferente. La sociedad, por acción o por omisión, contemplaba impertérrita el combate por la supervivencia, la búsqueda del milagro de un hombre que había tratado siempre a Dios como cómplice. Y hasta se apiadó de él. Las ceremonias, siempre demoradas, de descorches y fiestas –en la más estricta intimidad– no podían ocultar el sentimiento general de piedad hacia aquel pergamino entubado. Pero aún no estaba en discusión más que la continuidad.

Hubo que esperar a que la naturaleza venciera para que pudiéramos plantearnos la reanudación de nuestra pelea política. Existió una especie de agujero negro en la actividad antifranquista durante la agonía del dictador. Hay un mes de espera. La muerte no venía y la situación se hacía penosísima; por expectante, no por peligrosa.

Franco –lo que quedaba de él y lo que representaba, que no eran la misma cosa aunque lo parecieran– entró en la curva final de su vida con características muy similares a sus comienzos. Tan solo variantes adaptadas al contexto del mundo en la década de los setenta, tan diferente al de los años cuarenta. Había que hacer un verdadero esfuerzo para no calificar aquel espectáculo de 1975 como una dictadura fascista atemperada por la desorganización, la vejez y la corrupción. El Estado hacía uso de la violencia como si fuera el principal delincuente del país; los tribunales de justicia, a sus niveles más altos y, con escasas excepciones, se cuarteaban ante el peso de la prevaricación y el cohecho, la devoción y la cobardía. Ninguna imagen más estremecedora de la columna vertebral que sostenía al régimen que la manifestación del 1 de octubre de 1975 en la plaza de Oriente.

El sábado, 27 de septiembre, habían sido fusilados cinco militantes antifranquistas –dos pertenecientes a ETA y otros tres al FRAP–. Franco y el Gobierno habían desoído las voces de España y del mundo solicitando clemencia. No solo los gobiernos, desde el México de Luis Echeverría a la Suecia de Olof Palme, sino también el Papa. Ni tan siquiera un escritor como José María Pemán pudo sustraerse a la demanda de indulto. Los defensores de la aplicación de las sentencias estaban atrincherados en la prensa oficial, dirigida entonces por Emilio Romero y concentrada en el diario *Arriba*. El periodista Fernando Ónega, desde su sección «El Péndulo», afirmaba que el «Consejo de Guerra es la forma judicial de entrar en el terreno de la subversión». Pedro Rodríguez hacía sarcasmos sobre los oponentes clandestinos bajo el lema genérico de «La Colmena». Carlos E. Rodríguez se extasiaba ante la «libertad» que había traído «el régimen nacido el 18 de julio» y Alejo García atacaba a los obispos contestatarios. Entonces, escribir era un acto de servicio.

La reacción mundial ante la quíntuple ejecución concitó a los medios gubernamentales a tratar de cerrar filas con una manifestación de adhesión al Caudillo. Como se había hecho en otras ocasiones. La fecha idónea fue el día primero de octubre, trigésimo noveno aniversario de la proclamación de Franco como jefe de Estado. El franquismo pasó lista y así se pudo ver al católico *Ya* recordando «la campaña antiespañola de 1909» contra el ajusticiamiento de Ferrer Guardia o al publicista y catedrático de Historia, Ricardo de la Cierva, afirmando que «una potencia supranacional» estaba detrás de la financiación de esa ofensiva exterior contra el régimen. El monárquico *ABC* consideraba los fusilamientos «una lección, no un trauma», porque «ha habido justicia, (y) ha habido clemencia». El tono de los defensores del régimen ante aquella vicisitud alcanzaba un estilo encanallado que ejemplificaba el periodista Pedro Rodríguez: «Las prostitutas de Lyon solicitan al santo padre la inmediata excomunión del jefe de Estado español. Hasta el momento se ignora si las prestigiosas prostitutas de Lyon han redactado el telegrama en nombre propio o en el de sus numerosos hijos instalados ya en altos puestos políticos de la Europa del milagro»[2].

El 1 de octubre millares de españoles vitorearon a su Caudillo por haber sido fiel a sí mismo frente a las presiones interiores y exteriores: cinco fusilados. Nadie mejor que el propio diario *Arriba* resumió el significado de la concentración, con una foto del dictador sobre un fondo multitudinario y texto sin firma de Fernando Ónega:

> Este europeo de 83 años, sereno, emocionante, emocionado, abrazado al aire de su pueblo, es el único hombre en el mundo, el único líder capaz al solo conjuro de su nombre y su nobleza, de reunir, apiñados, a un millón de seres humanos a cualquier hora, en cualquier lugar de España. Franco y el pueblo español rompieron juntos, ayer, otra vez el cerco internacional.

---

[2] *Arriba,* 1 de octubre de 1975.

Vísperas del final de una era, querían convencerse de que lo suyo seguiría.

Cruel tarea sería recuperar la moviola y los periódicos y reconstruir fielmente la jornada; los apoyos, las solidaridades, la seguridad en el miedo... Si no forzáramos un tanto la cronología, podríamos asegurar que el periodo agónico del dictador se inició con aquella salida al balcón de la plaza de Oriente. Los príncipes Juan Carlos y Sofía, a su lado, *tratando de ocupar un hueco entre tanto leal para confirmar que no era franquista quien quería, sino quien podía**. En la visita al príncipe Juan Carlos de la Hermandad de Alféreces Provisionales, a finales de octubre, con Franco ya moribundo, dirá el marqués de la Florida, su presidente: «Durante la manifestación del 1 de octubre en la plaza de Oriente, el pueblo de Madrid unió vuestro nombre al del Caudillo».

1975 es un año que muchos, y por muy diversas razones, hubieran querido borrar de sus vidas, y a fe que algunos casi lo consiguieron. La inquietante pregunta que nadie se atrevió a hacer no es «¿qué hacía usted el día que murió Franco?», sino «¿dónde estaba usted el 1 de octubre mientras una parte de España asistía de cuerpo presente?». Un interrogante previo al inevitable «¿qué hizo usted durante la agonía del dictador?». El momento para describirnos tal como éramos.

Desde el 17 de octubre, que se hacía pública, aunque no oficialmente, la enfermedad de Franco, hasta el 20 de noviembre de su fallecimiento, el país entró en un periodo extraño, nada estudiado. Lo que muchos temían y bastantes esperaban había llegado al fin. Situémonos pues en el debate del otoño de 1975, vísperas de la agonía del dictador. Los contendientes se preparaban para el asalto, organizándose en lo que, en términos militares, se denominaría una guerra de posiciones. Unos preparados para asaltar y los otros para ser asaltados.

---

* La parte en cursiva de la última frase desapareció en la edición de 1991.

Así al menos ha querido mostrarse hasta ahora. Sin embargo, no fue así, y aún es el día que los contendientes no han tenido la dignidad política de explicarlo. O lo que es lo mismo, los «estados mayores» políticos aprestados para la hora de la verdad, para la gran batalla, no dieron ni batalla ni explicaciones. Había llegado el momento no de una escaramuza, sino la coyuntura esperada para confirmar todas y cada una de las cosas que se venían diciendo desde hacía décadas.

Llegaba la hora de la verdad del franquismo, con el dictador consumido, las camarillas envilecidas y el heredero maniatado. Había llegado la hora de la verdad para la oposición democrática, con el ansiado organismo unitario ya aprobado, el ánimo en su momento más alto y la sensación de que una victoria podía al fin resarcir de tan larga marcha y de tantos fracasos expiados.

La figura estelar del régimen en su año crepuscular va a ser la de Manuel Fraga Iribarne. Esto no quiere decir ni que el régimen estuviera representado en Fraga ni que Fraga tuviera la ingenua pretensión de representar al régimen. El asunto es más complejo. Sin sombra de duda cabe afirmar que de haberse hecho una consulta entre la clase política del sistema, incluso aquellos que lo apoyaban no sin ciertas críticas y preocupaciones, sobre quién era el político llamado a desempeñar el liderazgo del posfranquismo, ese hombre no hubiera podido ser otro que Manuel Fraga.

Sin ser el paradigma del político franquista –mediocridad, discreción y disciplina– Fraga fue un político inconcebible fuera de los esquemas en los que se formó la clase dirigente del régimen. Es su espécimen más elaborado, en sus formas el más genuinamente autoritario, pero también el más capaz y, sobre todo, el más profesional en un gremio demasiado dado a la improvisación y el seguidismo. En 1975 se configura como la piedra angular sobre la que se van a sustentar las esperanzas de gran parte de esa clase política formada durante la dictadura y ansiosa de seguir siendo clase política.

Es verdad que existía una tan ruidosa como capitidisminuida costra ultrarreaccionaria constituida en guardadora de las esencias del régimen. Girón de Velasco, Rodríguez de Valcárcel... personajes cuya única esperanza de supervivencia estaba en el mantenimiento estricto del franquismo, es decir, de sus prerrogativas. Odiaban con rigor y coherencia las urnas, porque cualquier cosa que se le pareciera les llevaría al ostracismo. Mientras Franco tuviera la posibilidad de firmar, aunque fuera ayudado, ellos conservarían una parte de su patrimonio político. Los pasados unen bastante más que las ambiciones de futuro.

Carlos Arias Navarro, entonces presidente del Gobierno, podríamos decir que estaba más cercano a ese círculo por razones de formación y actividad, si no fuera por su carácter pusilánime y su incompetencia política notoria. No era un político, sino un asistente de Franco y su familia, concepción muy militar por otra parte. Esta categoría no ha sido suficientemente estudiada a la hora de describir la denominada «clase política» de la dictadura. Contrastaba, su auténtica personalidad, con el natural arisco y duro de quien está acostumbrado a mandar en situación de subalterno. Si hubiera que encontrarle una materia que le definiera, no creo que otra le encajara mejor que el corcho. En su doble uso; tapón y flotador.

Manuel Fraga había sido colocado por el régimen en un lugar providencial para poder ejercer sus dotes de gran aglutinador del posfranquismo; a menudo se olvida que en la preceptiva terna que se presentó a Franco para que nombrara a Carrero Blanco presidente del Gobierno, iba Fraga. En 1973 se le designó embajador de España en Londres, con la doble intención de apartarle de los círculos conspirativos y de mantenerlo en situación de disponible en un observatorio privilegiado.

Sin exageración se puede afirmar que 1975 fue su año. Si en un principio habría de disputar el liderazgo de las familias del régimen a hombres como Silva Muñoz, López Rodó –entonces embajador en Viena– o el más distante José María de Areilza, en muy poco tiempo se constituyó en primera figura. El propio Areilza se convertiría rápidamente al fraguismo, en el mes de enero, al expresar públicamente «con Fraga yo iría a muchas partes, por no decir a cualquier sitio». Lo que entonces se denominaba «generación del príncipe», que un año y medio más tarde tan importante papel habrían de desempeñar, estaba en situación de espera forzosa. Conspiraban, pero no contaban aún en la batalla que se planteaba.

Ya en enero, Fraga consiguió que se le sumaran –además de Areilza– Pío Cabanillas y Fernández Ordóñez, entre otros. Cada viaje entre Londres y Madrid se traducía en recibimientos que le presentaban como la personificación del futuro. Hombres que habrían de desempeñar un notorio papel en la conformación de la opinión pública durante la Transición, como el periodista Juan Luis Cebrián, le saludaban como el Winston Churchill que iba a ganar todas las batallas que se avecinaban. Nada parecía oscurecer su papel estelar. Más que un embajador, parecía un comisionado de la derecha española para hacerse cargo de la situación, con el aditamento de su condición de altísimo funcionario del Estado, con sede en Gran Bretaña, lo que le daba al mismo tiempo el aura de obrar en connivencia con el régimen. Una aventura con todos los riesgos pagados. No hay figura política de cierto relieve entonces que no se entreviste con Fraga, desde el presidente del Gobierno franquista Arias hasta el irreductible opositor a la dictadura Jordi Pujol.

En el verano de ese infausto año de 1975 consigue agrupar a lo más granado de la clase política del régimen y sus aledaños en un esbozo de partido. No está dispuesto a jugar a las «asociaciones», el sucedáneo que consiente el régimen, y crea Fedisa, una sociedad de estudios. El nombre es tan singular como la situación, Federación de Estudios Independientes. Apenas enmascarada en sociedad anónima, sus objetivos, públicamente definidos, son un programa político. Tan evidente que en el segundo punto de su primera reunión señalan que debe estudiarse con «carácter urgente» temas como la «sucesión en la Jefatura de Estado» y la «ley electoral». Amén de Fraga y Areilza, ahí están Leopoldo Calvo Sotelo, Pío Cabanillas, Juan José Rosón, José Luis Álvarez, Marcelino Oreja, Gabriel Cisneros, Alfonso Osorio... hombres que habrán de desempeñar papeles importantes en los años por venir. Para facilitar la comprensión de las cosas he de advertir que no está Adolfo Suárez.

Nadie duda del liderazgo fraguista. Incluso se publica su biografía política redactada por uno de sus fieles, Manuel Milián Mestre, cuya presentación en Madrid es la apoteosis del líder. De su euforia basta con trasladar un par de párrafos pronunciados el día 27 de agosto, en La Coruña, lugar que por vecindad con el Pazo de Meirás, donde veranea Franco, la convertía durante la canícula en la capital política de España:

> Me dijo una vez Ava Gardner, que en esta vida lo que la tenía más nerviosa era verse a sí misma en el cine. Ya se imaginan que algo aún más serio me ocurre a mí en estos momentos. De un modo u otro, la vida pública tiene algo de representación de determinados papeles y, por ello, justamente la representación es la idea clave en política como en teatro. Augusto, fundador del Imperio romano, lo vio así y cuando murió, dejando en pie unas instituciones que habrían de durar siglos, preguntó a los circundantes, en el lecho de muerte, qué tal lo había hecho, y al recibir un murmullo de aprobación, terminó su carrera y su vida con las mismas palabras que los autores que representaban a Plauto y a Terencio, agradecían los aplausos: *«Plaudite, cives»* («Aplaudid, ciudadanos»).

Con este imperial espíritu es obvio que no le quedaba más que esperar. En el tramo final de la agonía de Franco, volverá a España y se sentará, en la confianza de que el primer convocado al día siguiente de la muerte del Caudillo sería él. Vísperas del desenlace, el 14 de noviembre, definirá su posición.

El rey de España tiene, aquí y ahora, una gran oportunidad y también una gran responsabilidad histórica. Es la de hacer compatible la continuidad necesaria con las reformas inevitables (...). A esa monarquía me apunto, sin reservas.

Carlos Arias Navarro le nombrará, en el primer gobierno posfranquista, vicepresidente del Gobierno y ministro del Interior (entonces Gobernación), junto a Areilza, Antonio Garrigues Díaz-Cañabate, Osorio, Martín Villa y un amable y sonriente funcionario del Movimiento Nacional, excedente de Radiotelevisión española, Adolfo Suárez; al que nunca prestará la más mínima importancia.

La derecha española, tradicional y moderna, se metió en el mes de la agonía de Franco con la conciencia de que había llegado el momento de la verdad. Una no disimulada angustia recubierta de falsa seguridad, como si todo fuera a terminar en la pompa de unos funerales y la circunstancia de unas vacantes que ellos se encargarían de ir cubriendo. Aunque el régimen iba a caer en sus manos, según la consagrada expresión de Franco, como una manzana madura, todos advertían que de tan madura tenía visos de podrida. Su política en aquel momento se reducía a tener el corazón en un vilo y la apariencia resuelta. Con la mojama de Franco resistiéndose una vez más a la naturaleza, a morir, la mejor política era no hacer política.

La izquierda y las modestas derechas democráticas se encontraban separadas en dos bloques. A la derecha democrática, por su carácter periférico más que central, les ha venido siempre mejor el plural, «derechas democráticas». En la Junta Democrática estaba el Partido Comunista, los socialistas de Tierno Galván y bastantes independientes de pelajes muy diversos. En la Plataforma de Convergencia Democrática se aglutinaban el Partido Socialista, los democristianos y un par de grupos maoístas. En septiembre firmarían su primer comunicado conjunto en el que llamaban a la preparación de una Acción Democrática Nacional para acabar con la dictadura y abrir la vía a la democracia. Unos días después, ya no se trataba de preparar una acción, sino de convocarla y, aunque no ponían fecha, daba la impresión de que la inminencia de esta planearía sobre las próximas semanas, a la espera tan solo de un acontecimiento.

El último día de octubre, con Franco ya en coma, se lograría por fin la tan ansiada unidad de todas las fuerzas antifranquistas. La Junta Democrática y la Plataforma de Convergencia Democrática se unían para constituir la Alternativa Democrática, un organismo en el que nombre y aspiraciones parecían coincidir. Comunistas, socialistas, democristianos, nacionalistas vascos y hasta izquierdistas estalinistas y maoístas se unían bajo un programa mínimo.

El espíritu de la izquierda antes de iniciarse la agonía del dictador estaba impregnado de entusiasmo. El Partido Comunista, la máxima fuerza organizada de la clandestinidad, imprimía carácter e influía de manera importante en el conjunto de la oposición. Santiago Carrillo, su secretario general, se había consagrado como la figura política más brillante y con más prometedor futuro de los enemigos del régimen. No precisamente por su edad o su prestigio, sino porque su habilidad consistía en que al referirse al término «futuro» hubiera que hacer referencia al del propio Carrillo. Con lo cual «futuro» y «Carrillo» se convirtieron en elementos contiguos. A juzgar por los temores que su persona inspiraba se diría que todos habían de habérselas con él para el planteamiento del inmediato posfranquismo. Consciente de ello, había preparado al partido para los momentos que se avecinaban. Un ejército no muy numeroso, como es lógico en condiciones de ilegalidad, pero activísimo y prestigioso. El Partido Comunista había celebrado uno a modo de congreso –su Segunda Conferencia– en el norte de Francia, durante el verano de 1975, en el que se habían concretado las necesidades y se había engrasado la maquinaria.

Se incorporaron a la dirección figuras procedentes del izquierdismo catalanista como Jordi Solé Tura, entonces debelador implacable de revisionismos y reformismos teóricos, y católicos militantes como Alfonso Carlos Comín. Ambos pertenecientes al grupo de amplio espectro y escasa militancia denominado Bandera Roja. También se cooptaron a la cúpula comunista personalidades como Ramón Tamames, profesor de Economía y todoterreno inmune al desaliento en cualquier iniciativa que emprendiera –literaria, montañera, política o comercial–. Incluso un hijo de Largo Caballero; todo un símbolo. En septiembre, dos meses más tarde, también en Francia, Carrillo convocaba a los más representativos entre los dirigentes comunistas del movimiento obrero para abordar las inmediatas tareas que estaban sobre el tapete y era necesario afrontar sin dilación.

> Tenemos –dijo el secretario general del Partido Comunista– que limpiar algunas telarañas que todavía empañan nuestra visión, como son las afirmaciones del tipo de que la clase obrera no se movilizará por objetivos políticos. ¡Camaradas, esta apreciación no es acertada! La clase obrera se movilizará en definitiva y fundamentalmente hoy por objetivos políticos.

Las dos principales tareas encomendadas al movimiento obrero para el momento en que la crisis de la dictadura tocara fondo consistían en «ocupar los sindicatos verticales» y «asaltar las cárceles para liberar a los presos políticos». La inminencia de esa circunstancia estaba en la mente de todos pero muy especialmente en la del secretario general. Que Junta y Plataforma coincidieran en la virtualidad de la Acción Democrática Nacional, aun antes de que se unieran en un solo organismo, dice bien a las claras que el espíritu de la oposición en su conjunto consideraba que las condiciones para una huelga general clásica estaban dadas. Para evitar dudas, el propio Santiago Carrillo había escrito en el diario del Partido, *Mundo Obrero*: «La Huelga Nacional, tal como la concebimos los comunistas, corresponde a la "acción democrática nacional"».

Los socialistas iban aún más lejos. Desde que en enero de 1975 habían afirmado con énfasis que «el Partido Comunista subordina su actuación a los intereses de la burguesía», sus posiciones se caracterizaban por un izquierdismo verbalista muchísimo más rudimentario aún que el voluntarismo comunista. Los intentos del profesor Luis García San Miguel por una aproximación a fórmulas socialdemócratas y al reformismo, tuvieron respuestas oficiales descalificadoras e insultantes en *El Socialista*. El eurocomunismo del Partido Comunista era desdeñado por su blandura y su carencia de radicalidad marxista. Con el paso del tiempo, y ya en democracia, el asunto adquiriría ribetes de transformismo, puesto que el Partido Socialista se volvería más carrillista que el propio Carrillo al revisar lo ocurrido en ese año de 1975 y los siguientes.

El principal teórico, por exclusión, del socialismo anterior a la victoria electoral de 1982, José María Maravall, escribiría:

> La presión popular «desde abajo» fue elemento crucial en el proceso de transición. Esta presión, sobre todo la procedente del movimiento obrero, fue factor esencial, en primer lugar, de la crisis del franquismo; en segundo lugar, de la inviabilidad de toda política de «democracia limitada y otorgada»; en tercer lugar, de la disposición de la «derecha civilizada» a negociar la ruptura y a llevar su reforma hasta la ruptura; en cuarto lugar, de la iniciativa de que dispuso la izquierda hasta las elecciones de 1977[3].

Años más tarde, el entonces vicesecretario del Partido Socialista y vicepresidente del Gobierno, Alfonso Guerra, pontificaría con la conciencia de quien sabe que no existen ni las memorias ni las hemerotecas:

---

[3] *Sistema,* mayo de 1980.

Es curioso señalar que hay una primera fase en la que al modelo de reforma limitada y otorgada de Fraga se contrapone la estrategia del Partido Comunista, cuyo análisis mecanicista, voluntarista, efectuado desde el exterior, ignoraba los condicionamientos de la situación española abocando a la oposición a una presión sin horizontes claros[4].

Abdón Mateos dio un paso más al afirmar, en un congreso de historiadores, que los socialistas fueron quienes «forzaron la presencia de los comunistas en las alianzas de la oposición»[5].

En resumen, para el Partido Socialista la izquierda tuvo la iniciativa de la transición gracias a la lucha del movimiento obrero, principalmente. Al margen de la perplejidad que pueda causar un análisis de este tipo, lo que confirma es que las posiciones de la izquierda abarcaban desde el voluntarismo del Partido Comunista hasta el delirio, pero no del realismo hasta el Partido Comunista. Los comunistas se definían entonces, con relación a los otros grupos de izquierda, como una especie de reserva de pretendida racionalidad, de moderación y derechismo, de «revisionismo y traición», según la expresión de buena parte de quienes en la década de los ochenta se incorporarían al Partido Socialista desde un inmediato pasado ultraizquierdista[6].

Franco acababa de iniciar su agonía cuando Junta y Plataforma se unieron en la Alternativa Democrática, auténtico estado mayor de la inminente Acción Democrática Nacional. Santiago Carrillo afirmaba rotundo en los primeros días de noviembre, con un Caudillo entubado, «ahora es cuando hay

---

[4] Prólogo a *La transición española* de Raúl Morodo, 1984.

[5] Congreso sobre «La oposición al régimen de Franco», UNED, vol. I, p. 217.

[6] Dos publicistas, Ludolfo Paramio y Jorge Martínez Reverte, escribían en 1979 un artículo cuyo título exime de mayores comentarios: «Sin imaginación y sin principios. La izquierda durante el periodo constituyente», *Zona Abierta*, n.º 18.

que ir al asalto del sistema de dictadura. No son frases»[7]. Las jornadas previas a la enfermedad irreversible del dictador se vivieron pensando lo que iba a ocurrir al día siguiente de su muerte. Los días siguientes a su muerte se vivieron pensando sobre lo que había significado para el sistema y para la sociedad la agonía del dictador.

Desde la perspectiva de las fuerzas democráticas murió Franco y no sucedió nada[8]. Pero en la medida que los sucesos estaban predeterminados por unas pautas que no se cumplían, todo lo que sucediera era desdeñable y no susceptible de corregir dichas pautas. Sin percatarse, la diferencia entre política ficción y realidad, entre teoría de los momentos revolucionarios y movimientos sociales, estaba en el orden del día. O lo que es lo mismo, había llegado el momento de aparcar la retórica y ocuparse de política. Era la primera vez en casi cuarenta años que esto ocurría, y no era su culpa. Lo habían condicionado las circunstancias en las que se habían formado como clase política opositora. Unas circunstancias tan peculiares como las de España y el exilio entre 1939 y 1975. Un larguísimo periodo que, políticamente hablando, se parecía más a una incineradora que a una universidad, más a un quemadero que a un campo de cultivo. Habían sobrevivido los más tenaces, los más correosos; lo que nunca ha sido sinónimo de los más capaces.

---

[7] *Mundo Obrero,* 4 de noviembre de 1975.

[8] A uno de los líderes más notorios de Comisiones Obreras y el Partido Comunista, Julián Ariza, se debe esta impagable descripción inmodesta: «A mí me pilló la muerte de Franco de turno de mañana, en la Michelin. Hasta ese momento estábamos persuadidos de que aquella era la señal para la acción democrática nacional. Entonces, yo llego a la fábrica en el turno de mañana, en el autobús, a las cinco de la madrugada, redacto un panfleto e inmediatamente me voy al taller, reúno a la gente, les digo que "adelante" y me veo a todo el mundo acojonado, tratando de hablar del partido de fútbol del día anterior y diciendo "no seas loco que aquí se puede armar la de Dios". Esto para mí fue un encontronazo con la realidad...», *Sindicalisme i canvi social a Espanya,* IV, Barcelona, 1991, p. 135. Cabe añadir, conociendo su trayectoria posterior, que el encontronazo no le afectó para nada.

Se puede decir que la lentitud con la que Franco murió fue la última crueldad del dictador para con sus enemigos. Con un final rápido, fulminante, sorpresivo, hubiera sido fácil hacerle una finta a la verdad histórica y apelar a las dificultades incalculables de la improvisación y la clandestinidad. Razones que hubieran impedido supuestamente una respuesta como la prevista por los «estados mayores». Pero aquella muerte larga, patética, valleinclanesca, ponía a los contendientes ante su propia realidad y sus propias falacias. La esquizofrénica situación de los estrategas políticos de la izquierda –comunista, socialista o izquierdista– quedaría oculta por una manifestación infantil; esa que convierte en argumento de los niños el poder desenmascarar a otro mentiroso con tan solo decirle «¡y tú, más!». Nadie se atreve a reprochárselo al otro, por temor a que le señalen con el dedo su propia inanidad.

El país entero vivió la agonía del dictador dentro de variables muy parecidas. Algunos pensando en lo inevitable y tratando de encontrar una adaptación al nuevo tiempo que se avecinaba. Otros satisfechos de que aquella inmensa losa sobre la historia de España se retirara al fin. Como si se tratara de un muro que había bloqueado nuestras vidas. La mayoría estaba expectante ante el futuro incierto.

Pero como la muerte no llegaba, se vivía una increíble sucesión de «partes médicos» emitidos por el «equipo habitual» con pronósticos «graves», «muy graves», «con mejoría dentro de la gravedad», «gravísimos», en una gradación exasperante. Entonces, hasta la agonía se fue haciendo costumbre. Le abrían y le cerraban, le taponaban, le entubaban, le quitaban un día un riñón, otro el estómago. Más de treinta eminencias médicas haciendo durante un mes un papel que Hipócrates no hubiera recomendado a sus discípulos. Hasta llegaron a hibernarle como una lechuga. Todavía el 12 de noviembre, uno de los ilustres galenos del «equipo habitual» manifestaba, «tenemos fundadas esperanzas de que la vida del Generalísimo pueda salvarse». Ningún profesional osó apelar al código hipocrático para despedir al farsante que decía sobre aquel dictador disecado en vida, «es evidente que la historia clínica del Generalísimo tendrá que ampliar muchos textos de Medicina y muchos axiomas médicos».

Más que un hospital parecía el Consejo Nacional del Movimiento. Ni el sistema ni la oposición estaban preparados para aquella prueba y sucumbieron. Nadie haría nada hasta que Franco falleciera. El país entero se sentó a esperar. José María de Areilza denominó entonces a este periodo «la tregua», y se animó tanto con las perspectivas que abría que diseñó un plan. «La tregua (que presenciamos y en la que nos hallamos) se volverá armisticio, el armisticio traerá el diálogo y el diálogo desembocará en la paz civil que puede durar hasta el siglo que viene»[9].

Cuando el camino hacia la muerte parecía irreversible tan solo algunos notables del régimen se mostraron preocupados por una malhadada casualidad. En todo el tejido sucesorio, sinuoso y estrambótico, que se había montado el franquismo, no había figuras ejecutivas, ni con poderes absolutos, fuera del Caudillo. Pero había una, cuya capacidad para enredar o desenredar eran vitales. Se trataba del presidente de las Cortes, quien en virtud de este privilegio ocuparía también la Presidencia del Consejo del Reino y del Consejo de Regencia. El cargo lo desempeñaba, desde 1969, Alejandro Rodríguez de Valcárcel, un atildado funcionario del Movimiento, de bigote perifrástico, camisa vieja falangista. Había sido nombrado presidente un 26 de noviembre y debía cesar o ser ratificado como máxima dilación el 26 de noviembre de 1975. Cada día que Franco aguantaba, aunque fuera en vida vegetativa, se acercaba a la fecha en la que podía confirmarle, siempre y cuando fuera incluido en la terna preceptiva elaborada por el Consejo del Reino. Exactamente lo mismo pensaba el príncipe Juan Carlos, jefe de Estado «interino», quien lo primero que haría al morir el Caudillo, sería sustituirle por su mentor Torcuato Fernández Miranda.

---

[9] *La Vanguardia,* 15 de noviembre de 1975.

Franco murió, al fin, el 20 de noviembre, cuando acababa de terminar la «Fiesta de la Banderita», organizada por la Cruz Roja bajo el lema «Hagamos que el sol salga para todos», e inmediatamente después de que las Cortes aprobaran un Plan de Aprovechamiento de los Residuos Sólidos. Ya es jugar con el destino y con los símbolos ir a morir en el aniversario del fusilamiento de José Antonio Primo de Rivera. El fundador de la Falange, la variante española del fascismo europeo, y Franco, no tenían prácticamente nada en común. Uno era un señorito de pan y mantel y el otro un militar provinciano de la clase media baja. Pero se había hecho de José Antonio y de su grupo un recurso para llenar el vacío ideológico que un régimen militar jamás puede llenar apelando a sí mismo. La personalidad política del joven Primo de Rivera y sus pretensiones teóricas no existieron más que bajo la forma vulgar y burocrática que el Generalísimo les había concedido. Treinta y nueve años distanciaban ambas muertes pero uno y otro abrían y cerraban el ciclo del régimen. Un 20 de noviembre de 1936 la República fusilaba en Alicante al líder fascista y otro 20 de noviembre moría el usufructuario de su cadáver.

Tenía un valor emblemático morir en la cama. Sociológica y políticamente debe ser estimado lo que significa el que un dictador muera en su lecho. Los grandes ejemplos de nuestra época se ejemplifican en Stalin, Salazar, Mao y Franco. Longevos y poderosos hasta los últimos instantes de su vida. Cuando un dictador fallece de muerte natural, y anciano, consigue de algún modo atemperar los juicios sobre su personalidad política. La persistencia en el poder, en vez de deteriorarle a los ojos de los analistas, le fortalece. Adquieren incluso una estatura política, aunque solo sea por su constancia en la crueldad y en la eliminación de los obstáculos que se oponían a su poder absoluto. Como si se tratara de una herencia de Maquiavelo en el subconsciente de historiadores y publicistas. Como si la cándida teoría de «el crimen nunca gana» tuviera una excepción en los líderes políticos, y además hubiera que honrarles por ello. Si se da el nombre de síndrome de Estocolmo a la complicidad que se crea entre secuestrado y secuestrador frente a la policía, podría decirse que muchos historiadores se sienten afectados por una variante del síndrome en sus análisis sobre los dictadores; al tratar de analizarlos acaban por entender sus motivaciones y justificar sus actos.

Cuando un dictador fallece de muerte natural y longevo demuestra algo tan evidente como que sus enemigos no han contado con la fuerza suficiente para derribarle. Es decir, está en condiciones de instrumentalizar el hecho de que ellos no han conseguido el apoyo necesario, mientras que él se asienta sobre una sólida base. Por más que la historia esté llena de pruebas de lo contrario, la persistencia de un dictador en su cargo les sirve para demostrar que el número de sus defensores es arrolladoramente superior al de sus adversarios. Basta que sea una dictadura para que todo fiel súbdito sea por principio, además de un leal servidor, un partidario.

La ancianidad de un dictador parece atenuar el carácter de la propia dictadura. Por un atavismo cultural, un dictador anciano es siempre una figura a la cual deben respeto incluso sus enemigos. Escuchar, por ejemplo, la opinión de hombres que sirvieron a Franco, como el embajador José María de Areilza o el ministro Joaquín Ruiz Jiménez, es sintomático. Cuando estos políticos, antes y ahora, han tenido que exponer sus consideraciones en público sobre el Generalísimo, no han evitado ejercicios de ponderación y graves muestras de respeto. Cuando lo hacen en privado no se privan de acusarle con una severidad rayana en la caricatura.

El modelo de este tipo de dictadores y de sus comentaristas lo constituyó quizá Stalin. Su muerte en 1953 fue una conmoción internacional; no hubo lira que no tocara en su honor, ni obrero honrado que no vertiera una lágrima, ni adversario que en público no admitiera su respeto por quien sin exageración cabe designar como uno de los principales criminales de la historia. Pueblo zafio y refinados intelectuales se inclinaron hasta la beatería ante aquel sórdido individuo. Fueron necesarios varios años para que se pudiera contemplar al tiempo al líder político y al tirano; únicos e inseparables.

La paradoja de esta equívoca relación entre ancianidad, dictadura y benevolencia, se agrava por la particularidad de que siempre coincide este último periodo con un incremento del prestigio y con el mayor grado de corrupción y brutalidad. La decadencia final de los dictadores no solo se manifiesta en sus personas, sino en la crueldad del sistema, en su arbitrariedad, en su impunidad, y contradictoriamente en el gran crédito que consiguen. Los últimos meses de Stalin coincidieron con la paranoia represiva simbolizada en el caso de «las batas blancas» del Kremlin, pero también con la cima de su liderazgo. El final de Salazar fueron las guerras coloniales en África, la policía política haciendo del asesinato norma, pero también el momento de mayor apoyo de la OTAN y de Estados Unidos a su modo de gobernar. El final de Mao Tse-Tung es la barbarie represiva de la Revolución cultural, pero al tiempo el ascenso de su prestigio como poeta, teórico y líder de la intelectualidad más exquisita de Occidente.

Los últimos once meses de Franco fueron los más represivos desde 1969, en cantidad y cualidad, si es que pueden medirse y cualificarse las violencias de un Estado y de sus aparatos. Todo dictador que envejece en el cargo aumenta su personalidad de líder y diluye sus responsabilidades en el sistema que engendró. A su muerte vive un periodo de exaltación, tan paroxístico como efímero, hasta que sus sucesores, sus sicarios de ayer, inician la operación de convertirle en chivo expiatorio de sus compartidas miserias. Lleva su tiempo y requiere la colaboración interesada de una sociedad cómplice.

En su momento habrá que volver a Franco en el proceso de enterramiento y ocultación de la memoria histórica, pero quizá convendría recordar ahora el carácter constante de su estilo de gobernar. Ejerció de dictador omnímodo hasta el último minuto y, sin embargo, tuvo el halo de una ancianidad benevolente, tan solo rota por la presión de sus ambiciosos secuaces. Como si se tratara de un viejo indefenso frente a unos partidarios tortuosos. Hacerle esclavo de lo que era dueño. En 1936 inició una guerra con la certeza de que una contienda civil es tanto más eficaz cuanto más larga. En 1939 firmaba las sentencias de muerte con la convicción de estar ayudando a Dios y a la santa iglesia a eliminar apóstatas. En 1946 hizo que ejecutaran a Cristino García aun sabiendo que provocaría una crisis diplomática con Francia y demás aliados. En 1963 insistió en la fórmula fusilando a Julián Grimau. En 1975 mantuvo la ejecución de cinco jóvenes porque era el procedimiento que garantizaba el cierre de filas del sistema.

Cuando un dictador muere en el poder y en su cama está demostrando que la sociedad civil lo aprueba por omisión. Una omisión que el propio régimen se encargará de traducir en adhesión incondicional. El tejido de responsabilidades de una dictadura es complejo y múltiple entre amos y siervos, entre jefes y súbditos. Entre los primeros en reconocerse víctimas de un sistema están quienes ejercen de verdugos. A partir de ahí ya todo es posible.

El significado político más obvio del fallecimiento del dictador por la edad se reduce a que sus adversarios han fracasado. El caso español se convierte en doblemente llamativo porque la oposición vivió alimentada, durante más de tres décadas, por la fe en la inminente caída del régimen. Cuando Franco murió en la cama, el hecho no sirvió más que para reafirmarla en sus creencias. Seguía teniendo razón y la validez de sus análisis eran absolutos, como siempre. Es obvio señalar que la fragilidad analítica de la oposición de izquierda sobre la dictadura habrá de ser un elemento clave para entender el desgaste y la quiebra que sufrirá durante la transición.

Otoño de 1975 ofrecerá la posibilidad de enfrentar dos discursos que trataban de ocultar el auténtico equilibrio político, aquel que se producía por la coincidencia del agotamiento del sistema franquista y la debilidad de la oposición para derribarlo. Las jornadas que rodean la muerte de Franco incluso podrían llevarnos más allá; la oposición no está en condiciones de incidir en el desmoronamiento del franquismo por temor a que los coletazos del sistema pudieran agudizar su aislamiento y devolverla a las catacumbas, o a algún sitio peor. El temor a provocar al adversario fue una constante durante todo el periodo agónico del dictador, que se prolongaría a través de la Transición. En el fondo revelaba una realidad bien distinta de la que se formulaba, junto a ese inseguro equilibrio del que hablábamos antes, y la evidencia de que el régimen aún contaba con los elementos capitales del Estado. En definitiva, todo esto presumía que la hegemonía de la Transición no iba a estar obviamente en el conglomerado de fuerzas agrupado bajo el título de Alternativa Democrática. Ni siquiera iba a ser compartido, porque las hegemonías solo se comparten mientras se disputan. La hegemonía de la Transición obviamente no la llevó la izquierda. Lo que esta hizo fue avalarla.

Este panorama de equilibrio expectante, de reconocimiento implícito de la propia debilidad, no se correspondía con la situación en Cataluña y en el País Vasco. El desfase político entre los procesos catalán y vasco y el resto de España fue patente en aquel otoño de 1975. El hecho iba a tener consecuencias en las otras fases de la Transición. Por entonces la denominada ruptura con el régimen había conquistado no solo la sociedad civil catalana y vasca, sino en muchos aspectos la propia calle. El aislamiento de las instituciones del régimen allí era tan marcado que entorpecía la comprensión del conjunto de la situación política española. A la larga esto pesará como un fardo para quienes dirijan el proceso y les obligará a complicadas maniobras; exitosas en el caso catalán y más frustrantes en el vasco.

La convicción de que nada decisivo se podía hacer mientras no pasaran varios días con el cadáver de Franco bajo una losa, fue una evidencia. Oposición democrática y alevines del régimen, jefe de Estado «interino» incluido, se quedaron mirando, a ver qué es lo que hacía uno o no hacía el otro. Las escasas gestiones de entonces se realizan a un nivel de tan poca entidad que nadie podía sentirse implicado. Se olvida a menudo que la única gestión comprometida, enfocada a neutralizar los riesgos que produciría el fallecimiento del dictador, es la que lleva a cabo Nicolás Franco Pascual de Pobil, por cuenta del príncipe. Una visita a Santiago Carrillo, en París, para plantearle la conveniencia de no convocar una huelga general a la muerte del Caudillo.

Pero esto había sido en 1974. Ahora, pasado un año, no se sabe qué hubiera sido más aberrante, si pensar que alguien estaba en condiciones de hacer algo semejante o imaginar que, de haberlo podido hacer, hubieran desistido por sugerencia real. Aunque algo hubo de este tipo de enredos y malentendidos en el proceso de la transición, entonces nadie se hubiera atrevido ni tan siquiera a mentarlo. Luego, pasado el tiempo, por parte de los más desvergonzados líderes de la oposición, sí se dio el juego de «tú me debes un favor por no haber hecho una cosa… que tampoco hubieras podido hacer si hubieras querido».

El evidente agotamiento del sistema y la no menos evidente, aunque más enmascarada, debilidad de la oposición para agudizarlo, no digamos derribarlo, colocaban a la izquierda en una situación difícil. Más aún cuando se negaba a plasmar esto en una estrategia política. Al contrario, la izquierda –moderada o radical– coincidía en la validez de todas sus tesis de principio. Solo que adaptadas ahora a que la muerte de Franco sería al mismo tiempo el fin del sistema y el comienzo de la victoria. Siguiendo textos, actitudes y declaraciones, tendríamos una vez más la sensación de hallarnos ante quien no puede reconocer que miente, o que se equivoca, amparándose en la supuesta moral de combate de sus seguidores. Para evitarles la decepción, escogían dilatar la espera y la mentira.

En honor a la verdad hay que señalar que también se daba un cierto equilibrio entre adversarios, en cuanto a sus evaluaciones contradictorias. Mientras la izquierda minusvaloraba al sistema y sus posibilidades de salida, los hombres que iban a asumir el «día después» del régimen sobrevaloraban la fuerza real de la oposición. El juego impedía vislumbrar en ocasiones la diferencia entre retórica y política. Había quien pensaba que si las fuerzas de la Alternativa Democrática no iban más lejos y estimaban que no había llegado el momento de «ir al asalto del sistema», como acababa de advertir Carrillo, quizá no fuera por ausencia de fuerza, sino por exceso de inteligencia. No por una cuestión meramente táctica, sino por una concepción estratégica; porque calcularan que el momento no había llegado aún, que la ocasión se plantearía en los meses posteriores a la muerte del dictador, cuando el nuevo rey mostrara a la ciudadanía su desnudez. O que, en un ejercicio de responsabilidad –como se explicaría años más tarde– la oposición consideraría que convenía esperar hasta comprobar si Juan Carlos de Borbón cumplía o no como promotor del tránsito a la democracia.

De este modo, por talento político o por responsabilidad patriótica, se justificaba lo que no era más que subterfugios ante un hecho tozudo: no había ninguna otra posibilidad que la de esperar mientras se hallaban fórmulas que justificaran la espera. Ya que no se podía hostigar al enemigo, al menos confundirle. Ambos eran esclavos de sus propias mentiras. La izquierda tradicional, sobre la debilidad congénita de la dictadura y su ausencia de base social. Los herederos del franquismo, de su mitología sobre la fuerza de un comunismo omnipresente. La diferencia consistía, en términos militares, que quien sobrevalora a un adversario antes de la batalla tiene más ventajas que quien lo infravalora.

La izquierda asistía a la muerte de Franco convencida de que los esquemas aplicados en la lucha contra el franquismo seguían siendo correctos, aun cuando el dictador se muriera en la cama. Como si el tiempo jugara a su favor y el sistema acabara cayéndose como un castillo de naipes ante la ausencia del dictador. Su falsa conciencia de superioridad era tan llamativa que se puede decir sin exagerar que entró soberbia y mal armada en el proceso de transición.

Aunque no le servía casi ninguno de los esquemas que venía manteniendo con impermeable tozudez, los ratificó, quizá por la misma razón que insistía sobre ellos en los últimos diez años, cuando fue palpable que se habían quedado obsoletos. Por una mezcla de pereza mental y oculto complejo de que se descubriera su indigencia política. Al menos, pensaban, que así confundían al adversario dándole una impresión de fuerza y reciedumbre. Lo que ocurre es que había llegado el momento de la verdad y carecían de lo fundamental para impedir el proceso del continuismo. Seguían voceando la lucha frontal y no estaban en condiciones de hacerlo. Eran además incapaces de admitir en aquellos momentos su escasa viabilidad.

Pero en política el asunto comportaba dos aspectos diferentes. Uno, poder hacerlo aunque fracasara. Otro, no hacerlo aunque se pudiera, por estar condenado al fracaso. Optar por la primera tenía el riesgo de bordear la aventura, destrozando el trabajo de muchos años. Adaptarse a la segunda opción, era tanto como colocarse en camino de hallar una vía de confrontación más fecunda y más pragmática. Lo incomprensible fue que ante la duda prefirieron no tomar postura, porque se empezó por no reconocer la existencia de una duda.

La agonía y muerte de Franco no hicieron cambiar un ápice a la izquierda de sus posiciones de principio, muy similares desde hacía veinte años. De ahí que convenga afirmar ahora que la presunta polémica que luego se volvió obsesión, entre reforma o ruptura, era una discusión tan inane como aquella otra de la década de los sesenta entre la vía pacífica y la violenta para el derribo de la dictadura.

El periodo que abarca la agonía, muerte y solemne entierro de Franco, mostraba que el debate entre reforma o ruptura era una discusión inútil, políticamente hablando, desde el momento que no había ninguna base para imponer una ruptura. Ni socialmente había condiciones para tratar de forzarla sin un costo desmesurado. Solo nuestra falsa conciencia podía inventar un debate masturbatorio sobre las posibilidades de hacer real lo que nuestro deseo exigía como posible compensación a tantos años de lucha. Era legítimo, aunque inmaduro. Planteando una ficticia discusión entre reforma o ruptura, se ocultaba la única forma de entrar a valorar el proceso de transición: las condiciones de la reforma. Las condiciones en las que negociábamos nuestra derrota, en el entendimiento de que la batalla se demoraba o se hacía innecesaria.

Aquellos meses de tensión fueron acogidos desde la izquierda con expectación, y en política, como en la vida, «expectar» es «esperar»; un ejercicio tan útil como contemplativo. ¿Cuál es su similitud con el debate sobre la violencia de la década de los sesenta? Que podría considerarse como la segunda parte de este. Entonces la violencia en España no tenía ninguna virtualidad política, pero respondía perfectamente a la frustración de unos activistas. Demasiados años de pelea desigual, en condiciones dificilísimas por la represión, aislados, con un ritmo que exigía efectos inminentes, que agotaba a los protagonistas, llenaba las cárceles y acentuaba la soledad, multiplicando los desarreglos personales. Contemplar la posibilidad de una lucha armada frente a la dictadura, por más imposible y contraproducente que fuera, permitía –al menos teóricamente– una vía para acelerar aquel agotador proceso; además servía de coartada para la inactividad, en espera de las denominadas «condiciones objetivas» para la violencia.

Por eso hay que entender que aquel hallazgo terminológico del profesor de Derecho Político Raúl Morodo, usufructuado por Santiago Carrillo en 1976, la «ruptura pactada», fue sobre todo un intento más de encubrir la vía política emprendida. Se prefirió acogerse a una falacia semántica, un remedo del procedimiento del adversario, tan querido también por otro profesor de Derecho Político, Torcuato Fernández Miranda: adaptar un término a la política como manera de sortear la realidad. Se acogían a una expresión como si fuera un talismán. Habrá que volver sobre ello, pero ese invento verbal trataba de hallar una coherencia a un discurso, incluso a una práctica política y a una estrategia. Tenía muy poco que ver con lo que se había estado haciendo y diciendo en la vida política española antes y después de la agonía y muerte del General Franco.

2. La constitución en reino de desmemoriados

La igualdad ante la ley es una convención social de la democracia, por más que todos estén al tanto de las dificultades que impiden plasmarla en la práctica. La Transición española introdujo una igualdad operativa más real que las propias convenciones sociales: la igualdad ante el pasado.

Desde los primeros días de diciembre de 1975 se inicia un proceso de desmemorización colectiva. No de olvido, sino de algo más preciso y voluntario, la capacidad de volverse desmemoriado. Franco ha muerto. ¡Viva el rey! Si sus promotores pretendían que fuera el monarca de todos los españoles no cabía otra posibilidad que iniciar el encubrimiento del pasado; primera etapa, antes del borrón y cuenta nueva. Si el recuerdo se confunde, el pasado se va haciendo borroso, ambiguo, irreconocible. Detrás de Juan Carlos de Borbón, primero en fila india, luego en montón atropellado, se fue colocando la mayoría del país. Quienes debían, fueron conscientes de que la memoria era un elemento que dificultaba el camino hacia una democracia estable.

Primero se limitó el olvido a lo más sangrante y lejano, luego a los tiempos intermedios, y por fin a lo inmediato. Pronto nos dimos cuenta que la historia, para nosotros, había empezado el día que cayó la losa de tonelada y media en la basílica de El Valle de los Caídos. Enterrado Franco, empezaba a contar nuestra vida. Por decreto no publicado en el *Boletín Oficial,* pero trasmitido socialmente, se saldó el pasado. La transición a la democracia iba a ser el nacimiento del mundo. Jornada tras jornada, iría apareciendo el universo democrático hasta que la obra se diera por concluida y el mundo, nuestro mundo, se pudiera considerar si no perfecto, al menos acabado. Si el tatarabuelo, Fernando VII, había dicho en memorable ocasión «marchemos todos y yo el primero por la senda de la constitución», los partidarios de su tataranieto actualizaban el lema, añadiendo «y apartémonos todos de la funesta manía de recordar». Solo recuerdos de infancia y de familia, y no todo el mundo. Lo social e histórico, lo que hay de personal en todo drama colectivo y lo que hay de colectivo en todo drama personal, descartados. Sin protagonistas, no hay tragedia.

Los pasados son intransferibles. Constituyen la trayectoria vital de cada uno, su biografía, lo único auténtico e imborrable, porque lo demás son reflexiones, frustraciones, sueños y ambiciones; lo que pudo haber sido y no fue. Cuando se entra en la residencia sin retorno de la madurez se actúa en función de que aquello que es la vida de cada uno está encauzado, y esa experiencia personal no es más que pasado.

El proceso de la transición a la democracia no obligaba a extirpar la experiencia personal. Solo era una sugerencia de obligado cumplimiento si se aspiraba a ser socialmente reconocido. Convenía clandestinizarla; no servirse de ella más que en lo privado, en el círculo de lo íntimo. Nunca en público y con exhibición, so pena de romper el consenso social, intelectual y político. Apelar a la memoria histórica, desde el momento en que no había colectivo memorizador, podía considerarse una muestra de ambiciones desestabilizadoras o asociales, inquietantes para el precario equilibrio de una democracia frágil.

Los demócratas más consecuentes no eran otros que los desmemoriados más rigurosos, mientras que quienes no advirtieran ese proceso podían quedar marginados por supuestas aspiraciones revanchistas. Para conjurar el peligro de algunos comportamientos esquizofrénicos se facilitó un amplio margen de actuación donde poder diferenciar «lo público» –entendido por lo político, es decir, lo socialmente responsable– y «lo privado» –concebido como el círculo de colegas, parientes y demás asimilados al pasado común–. Con el tiempo se irían atenuando esas necesidades y se limitaría la duplicidad hasta hacer de «lo privado» algo añorante y nostálgico, residual. Primaría de tal modo «lo público» que no hubo inquietud ante el incremento de la esquizofrenia social.

Si la igualdad se establecía sobre la obligatoria inexistencia de pasado, ¿acaso era porque sus pasados fueran tan siniestros que constituyeran una especie de mal absoluto? ¿Un a modo de pecado original, tan propio de nuestra cultura? No, necesariamente. El asunto era más singular. Los pasados políticos –los determinantes en una situación como la que se empezaba a vivir– introducían unas contradicciones tan evidentes entre la clase política que iniciaba la Transición, que cuestionaban el modo en que iban a realizarla. No se puede hacer una labor de sanidad pública, como es pasar de una dictadura a una democracia, con individuos de probada incoherencia cuando no de escasa catadura moral. Una asunción de pasados, valorada y crítica, autocrítica incluso, destrozaba las presuntas ambiciones del conjunto de fuerzas que desde la derecha a la izquierda estaban convocadas para asegurarse el futuro.

Nada ni nadie garantizaba que lo asumido por las generaciones llamadas a realizar la transición como una consecuencia de las circunstancias históricas, no fuera revisado con otro criterio más estricto por las siguientes, echando al traste con el futuro que ellos creían encarnar. Porque conviene precisarlo; el pasado se aspiraba a borrar, pero ninguno tenía la más mínima duda de que el futuro, en parte o en todo, era suyo. Quizá como dilapidadores de pasado que habían sido sentían una irresistible ambición de futuro. La historia empezaba con ellos y creían tener mucha historia que escribir. Me estoy refiriendo a todos, prácticamente sin excepción, desde el rey hasta la clase política de la primera Transición: Fernández Miranda, Suárez, Carrillo, Cabanillas, Fraga, Areilza, Tarradellas, Martín Villa, Osorio, Tierno Galván, Ruiz Jiménez… Talludos profesionales, se daban por renacidos con el mundo inaugurado en diciembre de 1975.

No cabe ahora entrar en la valoración de lo que de positivo o vicioso tenía el procedimiento, sino en radiografiar de algún modo lo ocurrido. La ingenua convención de la igualdad ante la ley fue sustituida por la retorcida presunción de que todos los pasados eran igualmente perjudiciales y por tanto convenía instalarlos en el armario de los cadáveres. Lo llamativo es que algunas generaciones que asumieron la Transición no tenían por qué sentirse atadas a unas transacciones que las colocaba en pie de igualdad con otras; con aquellas cuya primordial tarea patriótica hubiera sido sencillamente limitarse a un retiro tras décadas de fracasos y vergüenzas.

Podría decirse que ciertos intereses vinculados a una generación que había hecho la guerra en ambos lados, que había construido una posguerra implacable, que había elaborado unas estrategias políticas irremediablemente conducentes a la catástrofe o la inanidad, esa misma generación conseguía instaurar la igualdad de los desmemoriados. La garantía de que a pesar de un pasado que no podía contemplarse en un espejo, nadie podría mostrárselo cuando pretendieran capitanear el futuro.

No todas las generaciones que habían vivido y sufrido durante la dictadura tenían las mismas responsabilidades ni las mismas aspiraciones. Incluso dando por sentado lo confuso de aplicar el término generaciones a lo que era un periodo histórico de casi medio siglo, lo cierto es que todas aceptaron ser tratadas por el mismo rasero. Les quedaba el derecho al recuerdo pero no a la memoria colectiva. El efecto no podía ser el mismo para quienes no se castraban más que de sus miserias, entrando así en una especie de nirvana de la madurez, y los otros que enterraban lo único que había dado sentido a sus vidas, incluso los que voluntariamente, y no impelidos por las circunstancias, habían optado por la libertad frente al adocenamiento colectivo y el miedo impuestos por el franquismo. El sociólogo Maurice Halbwachs, que escribió antes de morir en un campo de concentración nazi dos libros capitales sobre la memoria, llegó a expresar en una frase esa situación: «Un hombre que se acuerda de lo que los demás no recuerdan, se parece a quien ve lo que otros no ven». O no quieren ver[1].

Echando un velo sobre el pasado de Adolfo Suárez se velaba también el de Santiago Carrillo. Si a Dolores Ibárruri se la valoraba como la vieja dama de negro, coriácea resistente, capaz al tiempo de adaptarse a Stalin, a Kruschev, a Brézhnev e incluso a Gorbachov o Berlinguer, con mucha más razón Juan Carlos de Borbón no era más que el joven voluntarioso y firme en la idea de que, al fin, sus sufrimientos y vejaciones en los círculos del Caudillo serían nada comparados con la misión que se había encomendado de facilitar la democracia a los sufridos españoles. Se podrían enhebrar paralelos innumerables.

Todos parecían declarar implícitamente que habían nacido a la vida política en 1977, algunos, incluso como licencia histórica tenían el derecho, el privilegio más bien, de remontarse hasta 1976 en un ejercicio inaudito de tergiversación. En la década de los ochenta, Adolfo Suárez, ya dimitido de presidente del Gobierno, confirmará lo dicho al escribir su propia historia: «En el referéndum de diciembre de 1976, la izquierda llevó a cabo una activa campaña legal –sin cortapisa alguna– a favor del no o de la abstención»[2]. Nadie mejor que él, entonces presidente, para saber que en diciembre de 1976, desde todos los medios públicos y privados no hubo prácticamente más que propaganda institucional, que la policía detenía a la izquierda, al centro y hasta a la derecha democrática, entre otras cosas porque nadie estaba legalizado más que el Movimiento Nacional. Los detenidos se contaron por centenares y se trató de un referéndum con características plenamente fran-

---

[1] El profesor Halbwachs hace una diferencia entre «memoria histórica» y «memoria colectiva» en su libro póstumo *La memoria colectiva* (París, 1950) absolutamente pertinente. No tratándose precisamente de un texto académico se me disculpará la libertad que me tomo en la utilización de ambos términos como sinónimos.

[2] *Historia de la transición,* 2.ª parte, *Diario 16,* p. 446.

quistas. Lo cual no obsta para añadir que el sentimiento mayoritario de la población era favorable a la reforma planteada en la consulta. Pero una cosa es que ganaran y otra que fuera en igualdad de condiciones. Históricamente no es lo mismo, entre otras cosas porque no es verdad.

Esta es otra de las características de la Transición. En vez de reconstruir la historia, se permite todo tipo de manipulaciones para hacerla «coherente», de un trazo. Siguiendo el principio de que si ha salido bien, por qué no vamos a decir que todo se hizo bien. En el fondo late la obsesión por la limpieza de sangre; no basta con ser creyente cristiano, sino que además hay que anunciar que lo fuimos siempre, desde nuestros antepasados. Lo que no pueda ser reescrito para uniformizar la transición pertenece al limbo. El sociólogo Víctor Pérez Díaz ha señalado, que conforme se producía el «esfuerzo constitucional» de los pactos y acuerdos se daba «un esfuerzo cultural paralelo, en parte consciente y en parte inconsciente, en olvidar algunos fragmentos de nuestra historia... El pasado franquista ha sido no tanto denunciado cuanto silenciado»[3].

Se ha insistido durante este siglo en el papel que la memoria ha desempeñado en la historia de los pueblos, quizá porque en general el olvido ha sido la principal fuente de barbarie. Caso insólito, el proceso iniciado en 1977 no apelaba al pasado; ni al próximo ni al remoto. Se limitaba, en un reconocimiento implícito de su fragilidad, al presente inmediato; el pasado era un tenebroso todo. Es cierto que nuestro ayer lo forma una colección poco recurrible de insanias y crueldad, pero también cabe apelar a ejemplos luminosos y causas dignísimas. Azaña, durante la Segunda República, gustaba de ir hacia los «doceañistas» de Cádiz, incluso a los comuneros castellanos que tan bien había estudiado. Franco, en el otro extremo, admiraba el Imperio con mayúsculas y la dictadura con minúsculas de don Miguel Primo de Rivera.

---

[3] *El País,* 23 de junio de 1990. Más ampliamente en *Claves* 13.

Todos, por pura necesidad de alimentar algo tan imprescindible como la memoria colectiva de las sociedades, apelaban a una tradición, a un pasado. La Transición española, no. Ni quería, ni podía. El pensador Julián Marías, un arrebatado de la primera parte de la Transición que lo hizo senador por designación real, escribió: «No hubo en 1976 ni reforma, ni ruptura, hubo algo nuevo, inesperado, imprevisible (...). De tal originalidad que de momento no encuentro ningún ejemplo análogo en circunstancias parecidas en la época contemporánea». Su exaltación es tal que añade concluyente, «(es) la primera contribución española (a la política) desde las Cortes de Cádiz».

En un rasgo que algunos considerarían muy hispano, como resultaba muy difícil precisar qué tradiciones podrían reunificarse entre los pasados en liza, se decidió suprimirlos. Todo borrado, menos los borradores. El procedimiento alcanzó aspectos alarmantes. Julián Marías, que pretendía ser el puente orteguiano entre dos etapas, la denominada Escuela de Madrid del periodo republicano y el difícil mundo de los liberal-conservadores de posguerra, cuando se propuso definir la Transición en frío, destacó algo que podría sumirnos en la perplejidad. «El acierto capital de la nueva etapa de España fue la monarquía. En primer lugar, porque era la única forma de superar la Guerra Civil, de llegar a una instancia superior ajena a ella, sin vinculación a ninguno de los beligerantes»[4]. Cabe deducir, según Marías, que la monarquía de Alfonso XIII –muerto en la Roma beligerante de Mussolini en 1941– se mantuvo ajena a la guerra y sin vinculación con ninguno de los contendientes. Para echar por tierra esta tergiversación bastarían las declaraciones del propio rey exiliado, los intentos del heredero por entrar en combate, la ubicación inequívoca de los monárquicos en el bando franquista, su victimario y su influencia. Y para colmo la designación de Juan Carlos como sucesor del Caudillo. Marías pretendía aportar un elemento más a la tarea

---

[4] *Cuenta y razón,* diciembre de 1988.

de la desmemorización: convertir a la monarquía en huérfana de pasado. Lo cual, tratándose de una institución que bebe en la tradición y la herencia, es una misión suprema de algunos intelectuales: lograr confundir lo evidente.

Fue Dostoyevski quien en *Los hermanos Karamazov* literaturizó el dilema que conmocionaba a algunos espíritus de su época: para quien Dios no existe, todo está permitido. La maldad del ser humano le obligaba a crear a Dios como garante de la humanidad, recurso inevitable frente al mal. Esto había sido escrito en 1878-1880, poco antes de que Nietzsche descubriera su Zaratustra. Un siglo después la desoladora experiencia nos obliga a plantear una formulación más conforme con nuestro tiempo: si el pasado no existe, todo está permitido.

Convertir a la clase política española, curtida en cien escaramuzas, en seres virginales podrá ser un intento vano desde el punto de vista histórico, pero limita la capacidad crítica del individuo; porque lo contrario del espíritu crítico quizá sea algo tan simple como la ingenuidad. La Transición pretendió y consiguió hacer de la inmensa mayoría de los ciudadanos unos infantes, ingenuos creyentes en la inteligente madurez de los líderes. Cuando percibimos la impostura ya era demasiado tarde. Incluso muchos se sintieron en paz consigo mismos por haberlo creído y encontrarse con que el resultado no fuera tan decepcionante. Cada uno es su obra y su experiencia. Pero que la propia clase política decidiera su genialidad a costa de la ciudadanía, incluso con el agravante de pretender consagrarse a ella, introducía una inclinación torticera en la vida política. «Si nosotros, que lo sabemos todo de nosotros, optamos por no saber nada de nadie, ninguno tendrá derecho a inmiscuirse en nuestros asuntos.» Desde ese momento todo era posible, desde la gran estafa a la gran excepción.

En el fondo, reconocían que el pasado político no era presentable cuando se lanzaron como primera medida a borrarlo. Se produjo una superposición de planos; la etapa que se iniciaría en base a los consensos políticos –es decir, acuerdos al margen de la publicidad y en función de los intereses de los dirigentes– iría arrastrando y ocultando los consensos históricos. ¿Merecía la pena cancelar la historia? ¿Aportaba algo ocultar el pasado y darlo por enterrado? La naturaleza de la operación tenía un doble ángulo. De una parte, no permitía a los ciudadanos contemplar en perspectiva la capacidad profesional de la propia clase política y muy especialmente de sus líderes. De modo que sus equivocaciones, aciertos, renuncias o traiciones permanecían todas en el limbo de lo musitado, carecía de verificación. De otra, solo quedaba en pie un genérico «político experimentado» que lo mismo quería decir cosido que zurcido.

Si contemplamos con alguna distancia las figuras señeras de la transición es inevitable referirnos una vez más a Torcuato Fernández Miranda, Adolfo Suárez y Santiago Carrillo. Conocer sus biografías detalladas nos hubiera llevado a calibrarlos de otro modo a como fue obligado hacerlo durante la Transición; manejábamos una información superficial y sesgada. Es menester admitir, que de haber tenido en cuenta sus pasados, sus decisiones e indecisiones, nos hubieran aportado mucho sobre sus equivocaciones, sus aciertos y sus limitaciones.

Hoy sabemos que quien sobrevive a una dictadura casi siempre tiene algo que ocultar. Pero ocurre que no todo merece la pena ocultarse; también hay ocasiones para la dignidad, el valor e incluso el heroísmo. El conjunto es un hombre político, a quien si se le quita algo de esa duplicidad alimentada en un régimen de aquellas características, el dirigente se queda en blanco y negro. Se le quiere o se le repudia, pero carecemos de elementos para valorarle. De alguna forma, al carecer de pasado, todos los líderes se hicieron intercambiables. Desempeñaban papeles, pero si Carrillo hubiera estado en el lugar de Suárez, nadie duda de que no lo hubiera hecho diferente. Si Suárez en vez de ocupar la cúpula del Gobierno durante la Transición hubiera estado instalado en la Secretaría General del Partido Comunista, sus actitudes no hubieran divergido de las que empleó Carrillo.

Una constatación que no solo es válida referida a las grandes figuras, sino también para aquellos que, en un sentido amplio, podríamos llamar los «estados mayores» de los partidos. En función del proceso de pulimiento de los pasados, de uniformización biográfica, las cúpulas se parecieron tanto que, con el tiempo, se produjo esa cómica operación de trasfusión de unos hacia otros, en busca de garantías de permanencia, y que se denomina hoy «transfuguismo político».

Cancelar los pasados fue instrumentalizado en función de una pretendida reconciliación de los españoles. Había que dar por superada la división nacida en torno a la Guerra Civil y alimentada durante la atroz posguerra. Una prueba de que no estaba superada, sino latente, cuando se exigía a una parte –los perdedores– el olvido, como condición para poder participar en el nuevo juego político, social y cultural, elaborado durante décadas por los vencedores. Se ampliaba el ámbito, pero se conservaba la hegemonía de quienes habían vencido.

Han sido los historiadores alemanes quienes han popularizado la expresión «el pasado que no quiere pasar» para referirse a su reflexión sobre el régimen nacionalsocialista; un debate siempre reanudado en el que cada década aparecen nuevos intentos de atenuar la tragedia o de trivializar lo ocurrido. Salvadas las distancias y enmarcándolo en un fenómeno más complejo aún, podríamos decir que nuestro «pasado que no quiere pasar» no es otro que la Guerra Civil.

Aprovechando la sensibilidad social, exacerbada por los crímenes que sacudieron a unos y a otros, se puede decir que los beneficiarios de la masacre se amnistiaron mutuamente. Los usufructuarios. No el abundante victimario. Incluso algunos decidieron que no bastaba una amnistía. Que ante los riesgos del porvenir hacía falta imponer una rígida e inviolable ley del silencio. «La Guerra Civil de 1936-1939 ha sido el punto de referencia moral y emocional decisivo de la Transición española», ha escrito Víctor Pérez Díaz, pero añade, que «(durante la Transición) se han evitado las referencias a las implicaciones personales en la Guerra Civil».

Aunque la formulación de Pérez Díaz no sea precisamente la más exacta, al apelar a la guerra como «punto de referencia moral y emocional», la contienda civil está presente de manera obsesiva pero con aspectos muy singulares durante la Transición. Difícilmente puede alguien tener esa guerra como referente moral o emocional, cuando la característica dominante de cualquier reseña bélica se remitía a sus horrores y cualquier modo de abordarla sin saña tendría que ser con expresa renuncia del componente «emocional». Está presente *in absentia;* en todo cuanto hay que aspirar a no imitar, que no remita a ella, ni aparezca como coincidente. Y muy especialmente ausente en lo que se refiera a los protagonistas, quienes han de tener un exquisito cuidado en no mencionar su papel durante la contienda.

Lo que tiene de «pasado que no quiere pasar» nuestra Guerra Civil puede concretarse en la negativa a aceptar una serie de consecuencias derivadas de ella. Constituyó una forma definitiva de confrontación entre la derecha y la izquierda; fue el modo adoptado por la derecha en conjunto para cerrar un debate abierto en los albores del siglo XIX, entre progresismo y conservadurismo.

El desarrollo posterior de las derechas y las izquierdas, tras la Guerra Civil, introdujo tal cantidad de elementos de confusión que el carácter primigenio de la confrontación quedó oscurecido. Aunque el tema merezca un desarrollo más amplio, quede aquí como rasgo que permita facilitar el análisis de la Transición: la confrontación entre derecha e izquierda de la Guerra Civil se saldó con una derrota progresista total, sin paliativos, de la que es fiel testimonio la inmensa posguerra. Porque el franquismo, no solo Franco, es una consecuencia de esa derrota; que vive, se adapta y se alimenta de ella. Es a lo único que nunca renunciará y a lo primero que apelará siempre. Sin la Guerra Civil, sin sus efectos devastadores y el carácter definitivo de esa victoria, el franquismo no es explicable en su consolidación y su permanencia.

Es imprescindible tenerlo en cuenta a la hora de sacar las conclusiones de la larga travesía del desierto que cumple la izquierda durante cuarenta años. Incluso ayuda a explicar, entre otras cosas, la disolución del movimiento comunista en España bastante antes de la caída del muro de Berlín. Y por si fuera poco facilita entender incluso la política del Partido Socialista Obrero Español tras su victoria electoral en 1982. Pero por encima de todo, la Guerra Civil debe contar entre sus consecuencias, que el elemento «paz», paz civil, paz social, paz religiosa, paz a secas, se convirtiera en algo sin lo cual no podría prosperar nada que hiciera referencia a la política. Y para mayor escarnio, la paz, por las condiciones en las que se desarrolló el franquismo, no solo fue su instrumento demagógico para mantener el espíritu de guerra –lo intrínseco de la dictadura–, sino que caló de tal modo que devino un patrimonio de la derecha en su hegemonía frente a la izquierda.

El temor a alterar «la paz», aun entendiendo como paz aquella paz armada de la dictadura, hubo que considerarlo atentamente a la hora de adaptarse a las condiciones que impusieron los herederos de Franco para alcanzar la democracia. La paz, por más falsa que fuese, constituiría un chantaje permanente durante la Transición. Hasta el punto que la extrema derecha optaría en sus primeros momentos por tratar de romper ese marco y echar abajo el proceso; trataba, en definitiva, de mantener la falacia de enfrentar «la paz» del franquismo frente a «la violencia» de la democracia.

El contenido elaborado de mutuo acuerdo entre las fuerzas que van a realizar la transición consistiría en diluir la confrontación entre derecha e izquierda –que eso fue la Guerra Civil–, en un debate de dos mundos que habían periclitado. Cuando en realidad estaban vivos, aunque enmascarados. No es que hubiera sido relegada a la categoría de «la guerra de nuestros antepasados» sino a una batalla entre ideologías, más o menos extremas, despersonalizadas, en la que los protagonistas no eran de carne y hueso, y mucho menos aún nuestros progenitores, familiares o políticos. La confrontación entre fascismo y democracia como retrato brutal de la guerra de 1936-1939 haría sonreír a cualquier joven de la Transición.

Ahí está la diferencia entre la conciencia europea sobre la Segunda Guerra Mundial –libertad frente a totalitarismo– y la ausencia de conciencia española, o su deformación. Una Guerra Civil de ideologías sin ideólogos y donde el posterior proceso de cambios de los protagonistas añadía tal tipo de confusión, que muchos vencedores de la guerra española se consideraron vencedores a su vez de la segunda; solo que en esta ocasión esperaron a que los alemanes fueran derrotados. Curioso sarcasmo el de haber desarmado la Guerra Civil, el más brutal conflicto ideológico y político del siglo XX. Se confirmaba así que al final siempre se impone la tesis de los vencedores, principalmente porque son los que sobreviven. En aras de difuminar el periodo de la Segunda República, la Guerra Civil se convirtió en el recurso imposible, la apelación a lo que no debe hablarse, aquello que impediría afrontar nuestro presente. ¡Pues vivamos sin pasado! Y así se hizo.

Había que garantizar que nadie pudiera utilizar el pasado para desentrañar el presente. La clase política se volvió angelical para nuestras miradas, pero orgullosa de la *omertà* cuasi mafiosa cuando se trataba de ellos mismos. Desdeñosa ante los comentarios que pudieran hacerse respecto a tal o cual actividad antigua denunciada por algún ciudadano, pero implacable si alguien pretendía romper el «consenso histórico» que avalaba el «consenso político». Todo tan falso como un revestimiento de cartón piedra, que obligaba a no dar por oídas palabras que hubieran roto el clima consensuado. El 23 de diciembre de 1977, Santiago Carrillo, en plena sesión parlamentaria, ganado quizá por una comida copiosa o por el calor del debate, arremetió contra Fraga Iribarne y llegó a exclamar que si la Guerra Civil se repitiese, tenía la profunda convicción de que «los que ganasen, no iban a ser los que ganaron entonces». A la perplejidad de Fraga se sumaron todas las fuerzas del hemiciclo, e incluso en las filas comunistas pudieron oírse referencias a la senilidad evidente del líder del Partido Comunista. El asunto se saldó con un escalofrío que recorrió los diversos grupos parlamentarios, pero apenas si pasó a los periódicos; todos entendieron que era mejor darlo por no escuchado.

Porque ese «consenso histórico» procedía de una impostura, la de achacar a la sociedad una sensibilidad especial hacia los errores del pasado, cuando en realidad se trataba de una responsabilidad política de unos líderes que no estaban dispuestos a asumir su cuota en la catástrofe. El mayor éxito de los protagonistas de la Transición consistió en trasladar sus vergüenzas políticas a la sociedad y convertirlas en tabúes. Hicieron colectivo lo que era de pocos y en detrimento de todos.

El valor mixtificador del hallazgo semántico de la izquierda denominado «ruptura pactada», sirvió como un talismán para ocultar que la política llevada en la lucha contra la dictadura había sido en su mayor parte aventurera y errática, es decir, en términos históricos, voluntarista e irresponsable. Que varias generaciones consideraran que esa mixtificación era el clímax de la sutileza política de los dirigentes opositores, fue una muestra de nuestra inconsistencia política; de nuestra ignorancia, no de su talento. Una vez consumada la enésima derrota que suponía aceptar una «reforma pactada», inevitable, la derecha vencedora elaboró otra teoría, más bien otro recurso semántico, para facilitar el restañamiento de las heridas. La teoría del patriotismo de nuestros líderes, sobre el que volveremos más adelante. Se hurtaba así el auténtico debate, el de la hegemonía o la subsidiariedad de la izquierda durante la transición.

Esto no es comprensible sin valorar la presencia soterrada de la Guerra Civil y sus múltiples consecuencias. El consenso, en su sentido amplio, histórico o coyuntural, partía y se cebaba con la memoria escamoteada a la ciudadanía. Con ese descaro que da escribir para muy pocos y convencidos llegó a decir

Rafael Arias Salgado, exsecretario general de la Unión de Centro Democrático y ministro con Adolfo Suárez, amén de hijo de aquel siniestro personaje a quien Franco dedicó a la manipulación y la censura. «El consenso fue una manera de imponer límites y silencios al debate nacional»[5]. Nadie aclaró si se debía a poderosas fuerzas que lo impedían ni si se trataba de alimentar la inmadurez ciudadana en la democracia. No necesitaron más explicaciones. Desde el campo entonces del socialismo, Raúl Morodo, daba un enfoque similar: «dentro de todo proceso de transición –si quiere ser pacífico– la simulación forma parte del consenso». Curiosa relación entre la paz y la trampa; aunque no pueda menos que añadir que «una sociedad plenamente consensuada sería, por principio, antidemocrática»[6].

En estas pocas frases ejemplares de los protagonistas se refleja la distancia entre los estados mayores políticos y los demás. La «simulación» no es más que una parte del arte del engaño. Con razón el profesor Antoni Domènech, en un agudo texto, estudió el proceso de la transición española como «aplicación» de los juegos de estrategia[7]. Raúl Morodo, que siguió la transición desde las fuerzas políticas de izquierda, divide el proceso hacia la democracia como si se tratara de la trayectoria continuada de dos consensos; un «consenso solapado» desde la muerte de Franco hasta el referéndum suarista para la reforma (en diciembre de 1976) y un «consenso directo» desde entonces hasta la Constitución. No hace falta apostillar que el profesor Morodo participó, y activamente, en cuantos documentos y posicionamientos rupturistas se elaboraron durante ambos «consensos».

No es raro que en función de esas concepciones los «estados mayores» hayan salido siempre en defensa propia. El socialista José María Maravall –antes de ser ministro– escribiría:

---

[5] *Cuenta y razón,* diciembre de 1988.
[6] *La transición española,* Madrid, 1984, pp. 29 y 130-131.
[7] *Arbor* 503-504.

La construcción de la democracia tras las elecciones constituyentes, consistió en unas actividades en buena medida reservadas a la clase política. Es probablemente cierto que los compromisos interpartidistas, que el monopolio de la política por una elite partidista, y que una desmovilización general fueran todos ellos requisitos para construir un orden democrático nuevo[8].

Lo que el profesor Maravall no precisa es cómo puede construirse un orden democrático, nuevo o viejo, con esos requisitos. Hasta el punto que uno se pregunta, si lo que algunos denominan «requisitos» son el elemento inédito de nuestra Transición en la historia política de la humanidad, si quizá lo original es el tipo de «orden democrático» constituido con los citados requisitos.

Esto explicaría la inanidad de ciertas reflexiones, como la del también profesor Ramón Cotarelo, inefable personaje, a la sazón socialista, cuando señala que «resulta chocante que la Constitución regule con detalle la iniciativa en materia de reforma constitucional y, en cambio, haya dejado fuera del cálculo a la "iniciativa popular" en este terreno. Ello solo es comprensible desde una perspectiva claramente restrictiva de las instituciones de la democracia directa»[9]. Lo chocante hubiera sido lo contrario.

Los protagonistas decidieron que si bien no estaban seguros de las medidas a tomar, se pondrían de acuerdo en función de la necesidad de que la ciudadanía les creyera. Ahora bien, para reforzar la creencia de las gentes se necesita a su vez que nadie cometa la indiscreción de echar mano del pasado para cuestionar su competencia, porque sería un golpe bajo que echaría al traste la operación. Un estafador veterano solo es reconocido como tal cuando otro del gremio demuestra ante

---

[8] *Sistema,* mayo de 1980.
[9] VVAA, *La transición democrática española,* Madrid, 1989, p. 340.

los jueces que está haciendo competencia desleal. Si los estafadores se ponen de acuerdo, crean una asociación y unas normas, incluso un código deontológico; no es fácil que el asunto pase a mayores. En ocasiones hasta acaban marcando la pauta de una sociedad equilibrada y competitiva.

Los medios de comunicación, y muy en concreto la prensa, habrían de desempeñar un papel cardinal en el proceso de transición. En general ha tendido a decirse que la prensa abrió cauces por los que luego marcharía la clase política y la propia sociedad. Convendría revisar esto. Porque ocurrió algo diametralmente opuesto. La prensa facilitó la evolución de una clase política en función de la misma evolución que ella realizaba. La transformación de los medios de comunicación, de voceros de la dictadura en garantes de la democracia, coincidió a grandes rasgos con la evolución de buena parte de los poderes fácticos del país.

Husmear en las hemerotecas se traduce en comprender mejor que en cualquier libro de historia las vías maestras del momento. Prensa y poder marcharon juntos durante la Transición, sustentándose uno a otro. Incluso durante la etapa más siniestra de Carlos Arias Navarro en la Presidencia del Gobierno, un momento particularmente duro para los medios de comunicación, la sintonía de las líneas editoriales con el sistema es casi absoluta. No podía ser de otro modo: venían de donde venían y existían en función de servidores del régimen. La prensa del franquismo fue exactamente lo contrario de una prensa al servicio del público. Fue un suculento negocio; incluso para aquellos que estaban en la deficitaria prensa pública. Las poquísimas excepciones, o eran marginales o pagaron su precio; o ambas cosas. No hay antiguo gerifalte periodístico de entonces que no tenga a gala su media docena de batallas frente a la censura; las recordará mientras viva. La Transición le permitirá olvidar las miles de veces que se portó como el untuoso lacayo que se esperaba de él.

Aunque suene a obviedad, conviene recordarlo. No había más prensa que la franquista. Algunas singularidades iniciaron un tímido distanciamiento y fueron barridas, como en el caso del diario *Madrid* en 1970. Algunos semanarios –*Triunfo, Cuadernos para el Diálogo, Andalán, Serra d'Or*...– constituían plataformas reducidísimas, a vueltas siempre con las amenazas, la censura y las suspensiones periódicas.

Hasta la muerte de Franco la prensa diaria es franquista o no es. Constatación que no resuelve la esquizofrenia de algunos profesionales periodísticos, para quienes lo que escribían y lo que pensaban estaban disociados; conjetura intrascendente a efectos de los lectores. ¿Sería una crueldad recordar dónde estaban en 1975 las figuras del periodismo en la democracia? Tema intocable donde los haya, porque no era lo mismo trabajar en *El Norte de Castilla* de Valladolid o en *La Vanguardia Española* de Barcelona, que en el órgano del Movimiento Nacional, *Arriba* o en el portavoz de los Sindicatos Verticales *Pueblo*. Y no lo era, porque si bien el papel del periodismo en su conjunto era poco lucido, subsidiario, adulador, quien estaba en un órgano oficial tenía a su vez la misión de comportarse como un canalla, puesto que tal era la tarea que le estaba encomendada y podía ejercerla «profesionalmente» con su nombre y apellido, con seudónimo o en el anonimato, es decir, sin firma. A las hemerotecas me remito.

No era solo la babosería de su trabajo como columnistas o editorialistas de *Arriba* o *Pueblo* –bazofia distribuida luego a sus diversos socios institucionales en toda España–, sino la beligerancia sañuda con los opositores indefensos. Hasta que Franco no estuvo enterrado, esos caballeros ejercieron de verdugos o navajeros; con frecuencia de chacales, animal que tiene la particularidad de orinar en sus víctimas antes de ensañarse con ellas. Se puede decir sin ánimo de ofender a nadie, que la escuela periodística de este país, que entró en la Transición un poco acoquinada, temiéndose lo peor, se nutrió profesional y políticamente de un personaje mítico en el periodismo de la dictadura, Emilio Romero. No tenía la veteranía de un perillán de altura como Manuel Aznar, ni la indolencia y la frustración de un arribista como González Ruano, ni la complejidad irónica y desencantada de Luis Calvo. Emilio Romero fue el paradigma del periodista en el franquismo: un listo de voz engolada y pluma ligera, que enseñaba a los jóvenes periodistas que la prensa es como una cama, que debe alquilarse al poder y llevar muy bien las cuentas para que los clientes no se marchen sin pagar. Un lupanar despreciado y divertido donde todo director ambicioso ejercía de rufián.

Sobre el espíritu que dominaba las instituciones periodísticas, vísperas de la muerte de Franco, baste un ejemplo. El oficial *Arriba,* orientado por el delegado Nacional de Prensa del Movimiento, el citado Romero, y el entonces criptomonárquico *ABC* dirigido por el opusdeísta José Luis Cebrián[10] se lanzaron con desparpajo contra el hombre fuerte del semanario *Cambio 16,* Luis González Seara. Bajo el expresivo epígrafe de «El caradura» le acusaban de tener un pasado trabajando para Franco y estar ayudando ahora a los antifranquistas. El asunto llegó a los tribunales, y en el fondo se trataba de algo tan sencillo como lo que luego sucedería: o cambiaban de chaqueta todos juntos o denunciaban al insolidario que se les adelantaba.

La larga agonía de Franco consumará el distanciamiento entre algunas empresas privadas de prensa y lo que con exactitud científica debería denominarse «la prensa del régimen». En 1975, con Franco moribundo, no toda la prensa era ya, ni mucho menos, prensa del Movimiento Nacional y sus inefables Sindicatos. Pero por las razones ya indicadas los medios de comunicación gozaban de una situación privilegiada para que la Transición se convirtiera en reino de los desmemoriados. El interés tenía también mucho de personal y algo de colectivo.

No es ajeno al proceso de ocultamiento del pasado la vertiginosa carrera por la reubicación de notorios periodistas y muy en concreto de los creadores de opinión; columnistas, editorialistas y directores de diarios y gabinetes. Por ejemplo,

---

[10] No confundir con Juan Luis Cebrián, exdirector de *El País.*

si yo ahora iniciara una lista de ilustres redactores y sus no menos lucrativos trabajos en el año crucial de 1975, se consideraría una provocación. Se interpretaría como un intento de abrir heridas, causadas no se sabe muy bien por quién; como un ejercicio de frustración y resentimiento. En otras palabras, que quienes gozaron ganapanes más o menos suculentos, escribientes de discursos de funesto recuerdo, informantes secretos, cuando no delatores, al servicio de dirigentes políticos siniestros, jefes de prensa de instituciones innombrables... considerarían que el simple hecho de mencionarlos sería abrir una herida en el cuerpo social. Romper con el espíritu consensuado en la Transición.

Este chantaje compartido por la profesión periodística –oficio público por excelencia– y que podría ser válido para otros cuerpos de funcionarios tan egregios como los catedráticos, los magistrados y los comisarios de policía, nos permite entender el papel desempeñado por los medios de comunicación, en general, en la salvaguardia y ocultamiento del pasado. Con cinismo no exento de verosimilitud diríamos que las tres «pes» del tópico –periodistas, putas y políticos– tenían en común un pasado impresentable. No querían, como en las novelas por entregas de antaño, una oportunidad para regenerarse, sino tan solo un tupido velo. Del resto ya se encargarían ellos.

Durante un par de años, tras la muerte del dictador, existió un «periodismo de investigación» que cabría considerar *sui generis,* porque se concentraba en general sobre la denuncia de lo residual, llamárase extrema derecha, negocios marginales o políticos embarrancados. Fue breve, ligero y profesionalmente poco consistente. Sirvió para que algunas empresas nuevas consiguieran suculentos beneficios y para que otras viejas lavaran cuentas pendientes. Cuando se intentó avanzar en una línea de «servicio público», hacia cotas críticas de mayor altura, ese tipo de periodismo fue descabezado. La instrumentalización empresarial encontró su caldo de cultivo en unos periodistas bisoños que salíamos del periodo negro con un entusiasmo solo comparable a nuestra ingenuidad. En 1977 fui protagonista de un incidente que ilustra a la perfección el papel que desempeñaba el periodismo de investigación y que casualmente afectaría a los sectores más dinámicos del mundo de la comunicación.

Yo trabajaba entonces en *Diario 16* haciendo artículos de periodismo de investigación. Tras publicar varias series sobre el tristemente célebre comisario de policía Roberto Conesa, y sobre la denominada «estrategia de la tensión» de la extrema derecha en España e Italia, me decidí por un tema de mayor incidencia social: el omnipresente mundo de la Televisión Española. No existían aún las televisiones privadas. Tras varios meses de trabajo presenté el texto al director que fue bien recibido y programado para su edición. Sin embargo, dos días más tarde se me informó que debía seguir recabando datos y posponer su publicación. Investigado el motivo, no era otro que el inminente nombramiento del presidente de la empresa como miembro del Consejo Asesor de Radio Televisión Española.

Hecho efectivo el nombramiento, se me comunicó que ya podía publicarse. Abandoné el periódico con el reportaje debajo del brazo, e inicié una peregrinación infructuosa en busca de un lugar donde un texto no fuera moneda de cambio. En el mes de enero de 1978, el diario *El País* solicitó la serie de reportajes por razones que entonces se me escapaban y programó su publicación en tres capítulos. Luego se redujeron a dos y por último salió, y a duras penas, solamente uno. El segundo se retiró ya en máquinas, gozando el autor de la frustrada serie del dudoso privilegio de tener en su poder la portada del dominical dedicado al tema y al que los imponderables intereses empresariales vetaron en el último momento. Historias como esta, y mucho más jugosas y sarcásticas, podían citarse por docenas en los escasos dos o tres años que siguieron a la muerte de Franco. Pero a estas alturas no sería fácil que alguien las testificara.

Trascendiendo la anécdota se puede decir que la prensa fue un elemento decisivo en el espíritu de la reforma. La misma continuidad de las empresas periodísticas lo prueba, y aquello que no fue continuidad es programación organizada por los continuadores. Así se entiende que el instrumento de los *media* que representa como ninguno la Transición habría de ser un diario, *El País*. En él está retratada la transición y no solo en la política, sino en la cultura, las costumbres, el estilo… Ese fue su mayor éxito.

Si se puede decir con autoridad que todo aquello que no se hizo desde la continuidad, en sentido estricto, se programó para la continuidad, es por el fenómeno fascinante que constituyó *El País*. Su primer número salió a la calle en los primeros días de mayo de 1976 y pronto se convirtió en el órgano hegemónico de los nuevos tiempos. Iría desbancando a diarios tradicionales, como *La Vanguardia* de Barcelona y el *ABC* de Madrid; el primero muy vinculado a la sociedad catalana y sin ambiciones de convertirse en gran diario estatal, y el segundo en una decadencia progresiva por su línea ultraconservadora.

El proyecto del diario *El País* había nacido en 1972 en torno a tres figuras. Una de raigambre cultural, otra empresarial y otra política. La cultural, la formaba José Ortega Spottorno, hijo del pensador José Ortega y Gasset, editor por aquella época prestigioso y hombre siempre bien visto por los sectores más abiertos del régimen, al que había servido militarmente durante la Guerra Civil. La figura política no podía ser sino Manuel Fraga Iribarne, de quien nadie dudaba –ni dentro ni fuera del sistema– que por sus manos pasaría el posfranquismo. El dinámico promotor empresarial no era otro que Jesús Polanco, cuya andadura en la suculenta industria de los libros de texto estaba muy unida, personal y profesionalmente, a la de Carlos Robles Piquer, cuñado de Fraga y director general de Cultura Popular en la década de los sesenta.

En los blocs de notas que Manuel Fraga redactaría durante su larga estancia en Londres como embajador –publicados luego en el volumen *Memoria breve de una vida pública* (1980)– hay referencias muy significativas respecto a *El País*. El 25 de mayo de 1974, José Ortega Spottorno le visita en Londres para proponerle una terna de directores, una vez que el escritor Miguel Delibes ha renunciado a serlo. De la conversación saldrá como director Juan Luis Cebrián, un periodista entonces de treinta años, que gozaba de un *pedigree* perfecto para quienes desde el régimen aspiraban a capitanear una transición, cualquiera que esta fuera.

Era hijo de Vicente Cebrián –falangista veterano, influyente miembro de la Jefatura de Prensa del Movimiento Nacional–, había estudiado en El Pilar, semillero de jóvenes con patrimonio y futuro, inició sus prácticas periodísticas en el órgano de los Sindicatos Verticales, *Pueblo,* bajo la dirección del mítico Emilio Romero, quien le nombraría redactor jefe. Posteriormente en *Informaciones* llegaría a subdirector, máximo cargo que podía regentar en un periódico controlado por una familia del régimen de toda la vida como eran los De la Serna. A mayor abundamiento, cuando se decide ponerle a la cabeza del nuevo diario, Juan Luis Cebrián es director de los Servicios Informativos de Televisión Española, designado expresamente por el ministro Pío Cabanillas, colaborador estrechísimo del embajador Fraga. El 27 de enero de 1975, el ya director *in pectore* viaja a Londres y Fraga anota en su diario: «Juan Luis Cebrián me dice que se embarca en la aventura "conmigo y por mí"».

Cuando aparezca *El País,* en mayo de 1976, Fraga es ministro de Gobernación de la Monarquía y apenas quedan dos meses para que Adolfo Suárez sea nombrado presidente. Del recibimiento que el periódico le hará a este va a quedar como símbolo el «qué error, qué inmenso error», título del artículo que le consagrará el comentarista habitual del diario, Ricardo de la Cierva, cuyas relaciones con Fraga y Pío Cabanillas son estrechísimas, aunque sujetas a las piruetas del publicista.

Luego la historia seguirá su curso y el proyecto su feliz dinámica propia, en función de los intereses de sus principales inversores, pero el nacimiento está ahí. Es curioso que tras muchos años de vida de un periódico, imprescindible para el estudio de la España de la transición, sean raros los trabajos sobre *El País,* no digamos ya las monografías. En muy poco tiempo se convertirá en el órgano de prensa más influyente, mejor hecho y más vendido de España.

La prensa de la Transición fue una mediadora perfecta entre la sociedad y la clase política, en beneficio de esta. Se formulaba esta mediación en función de un supuesto «miedo a la regresión». Un temor real a una vuelta atrás, que justificaba que si bien todos éramos iguales ante la ley, mucho más lo éramos ante el pasado. La prensa consiguió su propia inocencia al no cuestionar la del conjunto de la situación. Existía además una tradición que facilitaba este camino. Las relaciones entre prensa y política durante la dictadura fueron tan naturales y directas que con razón se denominaba «prensa y propaganda»; si el deterioro de la imagen pública de los medios de comunicación en general rondaba el vituperio, si lo deleznable de una clase política era palpable para cualquier observador atento, unos y otros aunarían sus esfuerzos para ayudarse a sí mismos colaborando con su prójimo.

Si los que procedían de la lucha antifranquista estaban en idéntica situación ante la opinión pública que quienes se habían dedicado sañudamente a denostarles, el único paradigma de equilibrio había que buscarlo en esas clases medias que habían crecido durante la dictadura, y cuyo lema se reducía a «orden, paz y progreso económico». Lo que podía expresarse también como «esperar y sufrir las molestias de un régimen agotado, hasta que la biología resolviera lo que no osaba hacer la sociedad». La relación entre el franquismo y las clases medias fue algo consustancial. Él y ellas parecían haberse formado juntos. Sus defectos y sus virtudes eran compartidas. Franco nunca aspiró a seducir a los intelectuales, por los que sentía un desdén teñido de desconfianza. No cabe decir «ni quiso, ni pudo», porque poder es una de las atribuciones que concede el totalitarismo, y nada hay más susceptible de arribismo que la inteligencia. Las veleidades culturales de Hitler o Mussolini, nunca fueron las suyas. Él solo podía seducir a las clases medias hispanas, a las que representaba en la misma medida que había ayudado a desarrollarlas; timoratas, filisteas, soberbias y piadosas.

La Transición fue en gran parte la victoria, no sé si póstuma o egregia, de las clases medias alimentadas durante la dictadura. Esperar para evolucionar. No había por qué arriesgarse, ni comprometerse, porque al final se haría lo que era inevitable hacer y todos estaríamos en la misma situación. Nada desde fuera de la ley o contra la ley, por más que la legislación partiera de la arbitrariedad de un régimen dictatorial. La vía adoptada confirmaba que el estricto cumplimiento de «las normas» podía terminar en una democracia. Incluso con mayor virtualidad que toda aquella desmesurada y desigual pelea contra la dictadura.

Se cancelaba el pasado para no entrar en este debate. Una discusión, que llevada con rigor, podría haber adoptado fórmulas sarcásticas a lo Jonathan Swift y que quizá estén en el fondo de la ausencia de literatura humorística durante la transición. El conformismo era la pauta de conducta idónea desde que la dictadura se impuso como solución tras la Guerra Civil. Su permanencia venía a reafirmar el éxito y ahí estaban para demostrarlo los mismos protagonistas, desde el Rey hasta los funcionarios oscuros, pasando por la variopinta galería de incondicionales de la autoridad, verdugos reciclados o policías envilecidos. Una pauta de conducta que el presente de la Transición confirmaba como la más rentable, la más lógica y la más inteligente. Porque renta, lógica y razón se unían para dar un mentís a cuantos creían que los caminos de la dictadura y de la democracia se bifurcaban. Para no entrar en tan viciosa discusión lo mejor era dar por cancelado el pasado, pero bien entendido que la vía más correcta, desde el monarca hasta el último vasallo, había sido la de plegarse al destino. Y era la primera vez quizá que se llamaba destino al control de la continuidad.

Los memorialistas de este periodo han aportado su óbolo. Son infrecuentes y residuales las memorias desde posiciones antifranquistas; las que han aparecido son tan reticentes y tan vergonzantes que dan la impresión de aprovechar el último vagón del último tren. Abundan sin embargo, hasta la saturación, las de quienes desempeñaron papeles relevantes en el sistema antes, durante e inmediatamente después de la agonía del dictador. La devaluación de las posiciones antifranquistas fue tan notoria que el proceso de cancelación del pasado convirtió en mudos a los perdedores; quizá porque se negaban a admitir públicamente su condición y su trayectoria.

La gama de memorialistas surgió apenas se iniciaba su decadencia, tras la victoria del Partido Socialista. La verdad es que no añadieron nada a lo que ya estaba escrito si bien, como es lógico, apuntaron algún detalle personal y ocultaron meticulosamente los aspectos más sombríos de su actividad. Un recordatorio de las diferentes fases de la «desmemoria» quedaría trunco sin rendir el homenaje debido a quien se debe considerar con propiedad como el cronista de corte de la transición política, Joaquín Bardavío. Como maquillador de la historia su trabajo merece parabienes por la limpieza de su manipulación y por el consenso logrado entre partes tan susceptibles.

Joaquín Bardavío Oliden se constituyó en embellecedor oficial de la Transición tras una experiencia de tres años y medio en trabajos informativos bajo las órdenes del almirante Carrero Blanco. Había acreditado su maña en 1974 con un texto –*La crisis*– donde relataba, en un lenguaje entre críptico y elusivo, la muerte en atentado del presidente del Gobierno. Tenía algo de homenaje hacia el hombre a quien había servido desde que el Opus Dei lo descubriera como informador cualificado. La Transición la fue explicando en dosis. Primero el nombramiento de Adolfo Suárez a la presidencia –*El Dilema* (1978)–, luego los desvelos y las dificultades que hubo de vencer Juan Carlos I hasta conseguirnos la democracia –*Los silencios del rey* (1979)– y por último, explicar a los perplejos miembros de las diversas instituciones y a la ciudadanía curiosa, cómo y con qué buena voluntad, limpieza y patriotismo se legalizó el Partido Comunista –*Sábado Santo Rojo* (1980).

Las eminencias de nuestra historiografía contemporánea le son deudoras, aunque siguiendo su estilo poco dado al reconocimiento le hurten sus derechos. Los presuntos descubrimientos de los hispanistas, estilo Raymond Carr o Charles T. Powell, no son más que variaciones sobre el mismo tema; la melodía la marcó Bardavío y los demás pueden ser más elegantes, más profundos o hasta más profesionales, pero mal que les pese han de confirmarle. Son textos capitales que han quedado como muestra de lo que se debe decir y cómo decirlo; nadie osará acusarle de mentir aunque ninguno tenga la más mínima duda de que apenas contienen un ápice de verdad. Como amanuense de la Transición logró una brillante labor de síntesis, siguiendo los intereses cruzados de Torcuato Fernández Miranda, Juan Carlos de Borbón y Adolfo Suárez. Muerto el primero y acabado el último, se retiró del tema, pero quedó su aroma. De haber tenido una mayor envergadura intelectual, como aspiraba su mentor Fernández Miranda, quizá sus crónicas hubieran sentado cátedra.

Un trabajo sobre el proceso de desmemorización hace imprescindible dedicarle unas líneas a este periodista. Sus textos son propiamente modelos de cómo debe escribirse la historia para que la gente crea exactamente lo contrario de lo que ocurrió, pero que en ningún momento tenga la impresión de que le engañan, sino que le informan sutilmente. Fiel a sus modos y maneras, en 1983, escribiría unas páginas antológicas sobre Torcuato Fernández Miranda convirtiéndole en el más ferviente luchador por la democracia, liberal profundo desde que «ganó por unanimidad la cátedra de Derecho Político presentándose por las buenas, sin maestro, ante el Tribunal», allá en la década de los cuarenta[11].

Si estos poderes taumatúrgicos tenía con el fallecido Fernández Miranda, qué cosas no estarán escritas sobre el Rey. Sin los trabajos de Joaquín Bardavío no es fácil captar la tergiversación del proceso de transición; con sus textos en la mano se puede detectar paso a paso, cómo se edificó el castillo de naipes con el consenso de los protagonistas. Prácticamente nada es como está relatado, sin embargo nada es del todo falso; solo que no ocurrió así. Es el ideal de los líderes, conseguir que alguien cuente su historia con aliento y coherencia, desde la cocina, pero con el lenguaje del chef. Retratos de vencedores, con los vencidos ocultos tras la mampara. Un estilo gallináceo, pero elocuente. Todo, tal como soñaron que debía de haber ocurrido la historia, y como decidieron que fuera conocida para ejemplo de las futuras generaciones. ¡Acaso no demostró el viejo Ranke que la historia era un trabajo patriótico! Pues por qué un ejercicio de patriotismo no va a poder convertirse en una verdad histórica.

Una vez edificada la verdad histórica, enterrada la memoria y con la victoria de las clases medias salidas del franquismo, se cancelaban también, en los comienzos de la Transición, cualquier referencia a aquello que había alimentado a la oposición radical durante décadas; el espíritu republicano. La idea de la República fue desdeñada prácticamente desde el día que Franco murió, de un modo tan lógico, tan coherente, que nadie tuvo ni el valor suficiente para decirlo, ni la dignidad para admitir que algo había fallado. No se puede alimentar durante décadas una aspiración que se difumina en el momento que está llamada a alumbrarse; no digo a realizarse, digo a plantearse. Se enterró el republicanismo histórico en el instante que se empezó a hablar de política. Luego cabe pensar que la idea de República de nuestros líderes históricos no tenía nada que ver con la política real.

---

[11] *Historia de la transición,* 1.ª parte, p. 215.

Escandaloso era que nadie osara señalarlo, pero aún más que tras cuarenta años de machacón republicanismo, los partidos lo metieran en el baúl de los recuerdos sin un gesto para explicar la contradicción en la que habían vivido. Se estuvo defendiendo con virulencia algo que llegado el momento hubo que desechar inmediatamente. La vía republicana estaba cegada y nadie tuvo un adarme de duda. Lo patético es que fue necesario contemplar la incidencia social paralizadora de la agonía del dictador para constatarlo. Los partidos, una vez más, iban tan a remolque de la sociedad que ni siquiera sentían la necesidad de explicar sus renuncias. Menos aún sus ambiciones.

El pasado quedaba convertido en un desolado páramo, donde el más cobarde y más taimado se revelaba como el más coherente con la sociedad y con la historia. Si en definitiva nadie «garantizaba» el pasado, es lógico que el futuro fuera de nadie; entre la supervivencia, el ir tirando, el no empeorar o el contrato de un plan privado de jubilación. Varias generaciones se enfrentaron a la necesidad de buscar asideros de seguridad; los partidos políticos se convirtieron en instrumentos que garantizaban la seguridad de un puñado de militantes; se hicieron por tanto reductos conservadores. Si el resultado de la lucha pasada se había reducido a nada, o todo lo más a un recuerdo personal, lo que importaba era estar incrustado en el presente. No volvería a repetirse el juego de lanzarse a buscar nuevos horizontes cuando lo más rentable era una vez más la disciplina y la tranquilidad. Pocas cosas fueron tan conservadoras, tras la muerte de Franco, como los partidos políticos.

De algún modo se convirtieron a su vez en la cuarta gran institución encargada de velar por la complicidad del silencio. Una curiosa similitud corporativa con otras instituciones que permanecían incólumes, teniendo la misma razón ayer, que hoy, que mañana. A la Iglesia, al Ejército y a la Prensa, se venía ahora a sumar los partidos políticos, algunos recién salidos de la clandestinidad. Quien osara revisar comportamientos de cualquiera de ellas se encontraría con un frente disuasor impenetrable.

Al no existir patrimonios históricos auténticos a partir de los cuales se pudiera percibir las evoluciones teóricas o políticas empujadas por la experiencia, se dieron entonces procesos de conversión aceleradas. Si en la década de los cuarenta, perdida la Guerra Civil y bajo amenazas brutales, el cristianismo de cruzada hizo miles de conversos, nuevos y fanáticos. Ahora, en coordenadas muy diferentes, iba a darse otra virulenta conversión a la moderación, el posibilismo, la monarquía o el liberalismo.

Desde el momento que se dio por clausurado el pasado no era ya necesario partir de algo para llegar a algo, sino sencillamente tener en cuenta los intereses inmediatos y defender lo más adecuado en el momento presente. Las conversiones políticas e ideológicas que acaecieron durante la Transición parecen nimbadas por un halo milagroso y sobrenatural si no estuviéramos atentos a su inmediatez. En cuestión de meses, hay casos incluso que bastó con semanas, se pasaba a defender cosas que antes de ayer se condenaban sin remisión. Pero bajo la garantía implícita y socialmente admitida de que nadie iba a sacar a relucir el pasado, todo estaba permitido. Cada uno hacía lo propio o guardaba silencio. El país se convirtió en un maravilloso enjambre de luchadores por la democracia; patriotas y monárquicos.

Si se dilapidan o se borran los patrimonios históricos –contradictorios siempre– se da una oportunidad a los más audaces, o tan solo a los más cínicos. La Transición fue una trituradora de vocaciones políticas. En ningún caso un fermento de las que no hubieran aparecido ya. Líderes incombustibles se quedaron al poco en rescoldos de lo que fueron.

Carlos Arias Navarro, el primero, no era un ejemplar de reconocido talento, pero cesado por su Majestad en el verano de 1976 no volvió a aparecer más que en la nota necrológica de 1989; dicen que se presentó a senador por Alianza Popular, pero nadie podría asegurarlo a ciencia cierta sin consultar las hemerotecas. Manuel Fraga Iribarne, el más dotado, dirigente *in pectore* del posfranquismo, caminó derrota tras derrota, con dignidad encomiable, todo hay que decirlo, hasta que se retiró a su feudo galaico para seguir haciendo política al nivel que le permitían las circunstancias.

A José María de Areilza desde la cuna le garantizaron que su vida podría discurrir entre ser Talleyrand, Disraeli o Chateaubriand, y en mejores condiciones, porque no era cojo como el primero, contaba con suculento patrimonio a diferencia del segundo y, frente al tercero, no sufría de grandes pasiones. Se quedó en diplomático y aspirante a todo, convertido en una especie de retrato galante del gafe en política. Laureano López Rodó existió como ambición política pura mientras no tuvo que soportar esas cosas tan engorrosas de las elecciones, los partidos, los mítines, la opinión pública... las cosas con Carrero Blanco eran más sencillas; uno debía convencer a quien debía convencer y no se perdía el tiempo en naderías. Pocos hombre gozaron de un prestigio político tan inexplicable y enigmático como Federico Silva Muñoz; desde mediados de la década de los sesenta hasta las primeras elecciones democráticas, su figura tenía la ubicuidad de las grandes esperanzas. Falleció en 1997, según aseguran las necrológicas.

De Santiago Carrillo se dijo y con razón que había tomado la leche materna con un ronroneo de discusión política; no hizo ninguna otra cosa en su vida, ni consumió un minuto de su actividad en inclinaciones secundarias como el amor, la literatura, los viajes o el coleccionismo. Hasta hace bien poco era «Carrillo o la política», no al modo orteguiano de «Mirabeau o el político», sino en el de estar pensando y haciendo cosas relacionadas con la política, lo que no quiere decir que se ejerza de político. Contemplada hoy su biografía con una cierta perspectiva, abruma pensar cómo habrá podido derrochar una vida un hombre con tal capacidad de supervivencia en una actividad para la cual la historia le negó la perspicacia. Se podría seguir con Torcuato Fernández Miranda y con Adolfo Suárez, no digamos con otros de menor cuantía.

La ventaja de los dirigentes socialistas procede de una combinación de circunstancias diferentes. Mantener el vago aroma de un recuerdo y ninguna de las huellas de un pasado contradictorio. En su caso, todo lo más, anodino y chumacero. Les volvería a ocurrir la misma fortuna que en los albores de la Segunda República. Como ha señalado el historiador Shlomo Ben Ami, su colaboracionismo con Primo de Rivera, su desdén hacia las libertades, se tradujo a partir de 1930 en algo tan singular como que se convirtieran en los principales beneficiarios de la caída del dictador.

Hay que constatar que en la Transición habrían de ser los socialistas quienes mantendrían una mayor preocupación por no volcarse en conversiones fulminantes, sino en reafirmar sus posiciones. Otra cosa será cuando gobiernen, a partir de 1982, pero su análisis está fuera de este libro. Nacidos a la vida política prácticamente en la década de los setenta, salvo contadísimas excepciones. Hijos de un Congreso, el que hacía el número XIII, en Suresnes (1974), auténtica referencia fundacional. Distanciados de cuanto fuera pasado patrimonial atrabiliario –las peleas entre prietistas, caballeristas, negrinistas, besteiristas…–. Nadie podía echar sobre sus espaldas otra cosa que no fuera la voluntad y cierta bisoñez política que a la larga resultaría rentabilísima. El pasado, su complejísimo pasado como partido político, estaba en los archivos para quien quisiera mirarlo. No les afectaba.

No les ocurría como a los Fraga, Carrillo o Suárez, inquietos siempre ante cualquier recordatorio. El único aspecto que les dejaba fuera de campo, era el de no tener un pasado que borrar, porque cuando alguien llega a un acuerdo de saldar cuentas no es bueno que haya quien sea tan pobre que desentone; no es virginidad, es indigencia. Con el tiempo descubrieron, con cierta inquietud, que no había «volumen» de pasado por condonar y eso les creó alguna dificultad, que no percibieron en su verdadera dimensión, durante el primer periodo de la Transición. Como los nuevos ricos, hubieron de producir su propio linaje; aunque fuera necesario que el tiempo lo borrara todo, había que proveerse del orgullo íntimo que adopta quien puede echar mano de un fecundo árbol genealógico[12].

Si la Transición produjo sus cadáveres exquisitos, era menester que la historia proveyera de enterradores, empleados de funeraria, que se encargaran de asear los despojos, poner flores, exhibir la caja y demás arbitrios mortuorios. Y por último un epitafio o tan solo una frase, al modo del «no te olvidan» de las lápidas antiguas. Para algunos difuntos notables se apeló a un recurso no exento de retintín. «Aquí yace un hombre que dio una lección de patriotismo.»

A los perdedores de la Transición, desde Arias Navarro, pasando por Fernández Miranda, hasta llegar a Santiago Carrillo, a todos se les concedió el privilegio de habernos dado una «lección de patriotismo». Y lo mordaz de esta titulación procede de una mixtificación, de un tortuoso proceso mental: gracias a que usted hizo unas previsiones erróneas y unos análisis equivocados sobre el papel que iba a desempeñar, gracias por tanto a su error político, nosotros pudimos hacer la transición que respondía a nuestros intereses. Como nosotros representamos, por antonomasia y desde siempre, a la patria, le concedemos el privilegio de ser un patriota. A partir de ahora no admitiremos que nadie ponga en duda sus intenciones: le salió mal porque fue un patriota, no admitiremos jamás que fue un patriota porque le salió mal. Porque de haberle salido bien, usted sería un oponente correoso, un peligro para la estabilidad y, por tanto, para la patria. Entiéndalo; no es un favor, es un gesto de reconocimiento.

Cada vez que esos supervivientes, o sus herederos, escuchan lo de las «lecciones de patriotismo» se les deben revolver

---

[12] Sale del ámbito de este libro la referencia a los intentos del Partido Socialista Obrero Español, posteriores a 1982, por construirse «un pasado habitable».

las tripas. A menos de ser muy simples, nadie cambia un éxito por un reconocimiento social de abnegado perdedor. Con la Transición ciertos sectores, que tuvieron desde siglos el monopolio del patriotismo, supieron donarlo en forma de reconocimiento a todos aquellos que con sus equivocaciones facilitaron su asentamiento, al tiempo que facilitaron su propia liquidación como líderes políticos. Un gesto que los damnificados no pueden denunciar sin que afecte a su honor.

Lo más significativo del proceso de transición desde una perspectiva radical, de raíz, fue el ocultamiento y dilapidación de la memoria histórica. Las exigencias impuestas por las diversas instituciones –desde el Ejército hasta los partidos políticos, pasando por la Iglesia, cada uno con sus obsesiones y sus peculiaridades– obligaron a no tender ningún puente con la última experiencia democrática de nuestra historia, la republicana. No en cuanto a personas o a nostalgias fuera de lugar, sino en cuanto a lo que en su sentido más amplio denominaríamos la última cultura en libertad de la historia de España. Casi la única. Porque si bien, como individuos, el largo exilio y el forzado silencio los marginaba y limitaba en una sociedad conformada por adversarios, no era lo mismo ese periodo histórico concebido en conjunto. La Segunda República, no como régimen, sino como sociedad civil, es el equivalente hispano a la germana República de Weimar, incluso superior en lo que tiene de explosión de vitalidad, de riqueza, de contraste con los pasados siglos de oscurantismo. Interrumpida sangrientamente en julio de 1936.

El franquismo significaba un agujero negro en el que convenía no entrar si no era para señalar generalidades justificatorias sobre el tiempo, la época y las esclavitudes de la historia. Todo en genérico. El contraste entre la Segunda República y la dictadura de Franco, ya fuera el bajo, el medio o el tardofranquismo, constituía una provocación, no un ejercicio de reflexión obligada. Lo veremos más adelante al referir cómo determinados sectores de la inteligencia consiguen reescribir la historia de tal modo que el franquismo se convierte en un régimen cuasi espectral y difuso, en vez del sistema más largo y siniestro que conoció España en los últimos siglos.

No fue solo el puente con el espíritu de la República el que se cegó durante la Transición. Incluso algo tan obvio y tan cercano como el papel del movimiento obrero durante el franquismo quedó borrado. De ser una insulsa referencia de todo historiador, político o intelectual durante décadas, en las que por cierto el citado movimiento brillaba por su ausencia, con la Transición se convirtió en el innombrable. Como si nunca hubiera existido, como si dentro de la frustrante historización del antifranquismo que se vivió en la Transición, la clase obrera fuera aún la nada de la nada. Un petulante profesor de historia, Javier Tusell, publicó un libro en 1977 sobre *La oposición democrática al franquismo* en el que excluía concienzudamente a los comunistas, se supone que por razones de principios, y donde desarrollaba con perplejante amplitud el papel antidictatorial y democrático de los democristianos y los monárquicos. Si esto lo podía hacer impunemente alguien de cuestionable reputación profesional, qué no iba a ocurrir con el movimiento obrero, correa de trasmisión de los dos partidos de izquierda, el Partido Comunista y el Partido Socialista, durante toda la Transición.

La derrota política y ética de la izquierda en la Transición afectaría al movimiento obrero dejándolo en la cuneta. De ser el sujeto de una leyenda temeraria que lo convertía en la sal de la tierra; agente fundamental en la lucha por la democracia, protagonistas de la liberación inminente, pasaron a ser «productores», según la feliz terminología del periodo franquista ahora retomada.

La desaparición del movimiento obrero en nuestra historia reciente resulta llamativa. No fueron los llamados Pactos de la Moncloa los que decidieron la clausura del movimiento obrero como protagonista de una lucha que entroncaba ya con la República. Los pactos, lo que hicieron, fue elevar a la categoría de ley una realidad que había empezado en el otoño de

1976, cuando se hizo consciencia en los líderes políticos que no había lugar a otro protagonismo que no fuera individual. El inestable equilibrio sobre el que se iba a construir la democracia no podía permitirse confrontaciones sociales hasta que pasaran muchos años. Desde el otoño de 1976 hasta el invierno de 1988, con la huelga general del 14 de diciembre, el movimiento obrero no va mucho más allá de ser el ejército de reserva de los partidos políticos.

Más sangrante aún si cabe fue la extirpación concienzuda de una parte de nuestra memoria histórica, la que corresponde a la experiencia sociocultural y política de la emigración económica española en Europa. Desde comienzos de la década de los sesenta, la emigración económica desde las poblaciones rurales españolas hacia los centros industriales europeos fue un elemento decisivo en la formación de los partidos políticos clandestinos, de los sindicatos reivindicativos y del nacimiento de una conciencia política entre millares de súbditos de una dictadura, que por primera vez sabían lo que era ser ciudadanos, aunque se tratara de ciudadanos de segunda clase. Desdeñemos, si esto es posible, lo que significó para la ahogada economía española los ahorros de esas masas trabajadoras. Considerémoslo exclusivamente desde la perspectiva social y cultural y política. Las universidades del movimiento obrero español fueron esa experiencia en la emigración; para los partidos y para los sindicatos.

Exceptuando un par de libros, tan pobres como sus autores, no hay nada sobre esa experiencia. La incidencia de la emigración laboral española en Europa. De su aportación y del enriquecimiento que supuso para una España convertida en erial. Fue el nutriente con el que se mantuvo la lucha antifranquista en la década de los setenta y lo que permitió, entre otras cosas, que el desfase entre lo rural y lo urbano no fuera especialmente significativo durante la Transición.

Es posible que detrás de tantos silencios se oculte el atávico temor expresado en aquella frase de Milan Kundera: «la lucha del hombre contra el poder es la lucha de la memoria contra el olvido». El proceso de ocultamiento y liquidación del pasado no fue algo limitado a la clase política, sino algo más amplio, más concienzudo y hasta más profundo. Se trató de eliminar todo vestigio de memoria histórica que sirviera para echar luz sobre el agujero negro en el que se convertirían los cuarenta años de dictadura (1936-1976). La complicidad social en esta operación implicó a todos. La primera igualdad que instauró la transición a la democracia en España fue la de que todos somos iguales ante el pasado. Una garantía para mantener la desigualdad ante el futuro. Nos constituimos en un *reino de desmemoriados*.

3. Modos y maneras de enterrar el fantasma

La manera tradicional de mostrar nuestra historia no podía considerarse muy difícil. Otra cosa es que fuera incómoda y que a los historiadores profesionales concienzudos o sencillamente honestos se les hiciera cuesta arriba. Las pautas estaban marcadas desde el final de la Guerra Civil, con algunas modificaciones que se introdujeron a partir de 1945. Tras contemplar escandalizados que el Tercer Reich sucumbía ante las democracias aliadas con el comunismo, decidieron encomendarse a algo tan perenne como la Iglesia, el único aliado que garantizaba la tranquilidad aquí y una larga vida allá.

La Guerra Civil había sido una Cruzada. El régimen no era una dictadura, sino un sistema de representación orgánica. La esotérica aventura de los vericuetos semánticos para adaptar el lenguaje a una realidad brutal fue explicada por diversas personalidades. De la teoría del caudillaje de Javier Conde se dio paso a concepciones más a tono con los tratadistas de la tradición católica. Un maridaje que quedará en la historia trascrito bajo la concepción de nacionalcatolicismo.

Respecto al pasado se seguía una continuidad con el pensamiento reaccionario según el cual España tenía ambición de imperio –hasta 1945 territorial, a partir de entonces espiritual–. Un imperio vinculado indisolublemente a la fe católica y al que habían cantado y añorado desde Calderón a Ramiro de Maeztu. La paz de Westfalia (1648) había marcado el punto de inflexión definitivo de nuestra decadencia. El siglo XVIII la confirmaba con el afrancesamiento general. La Ilustración, culpable de la impiedad y de la Revolución francesa, y el siglo XIX, la culminación del desamparo patrio.

Nuestra burguesía probablemente era la única en Europa que detestaba el siglo XIX. Liberalismo, revoluciones, masonería, ideologías múltiples, pasiones románticas... Es posible que en el fondo eso facilite entender el porqué del superficial romanticismo que padecimos; ninguna figura de talla. Gente modesta en sus funciones, como Zorrilla o Bécquer, o modesta en sus ambiciones como Juan Valera o Hilarión Eslava, o modesta en sus talentos como Donoso o Jaime Balmes, «la principal aportación española a la filosofía del siglo XIX», escribe sin rubor Julián Marías. Una gran burguesía acaparadora y escasa, y una pequeña burguesía provinciana timorata y amilanada. Los burgueses auténticos fueron especímenes raros y tardíos. Ser un burgués, salvo en determinados estratos de Cataluña, siempre estuvo mal visto en España. Si a esto le añadimos el término «revolución burguesa», tendremos el trampantojo del liberalismo. Funesto periodo para la tradición reaccionaria y debate irredento del progresismo hasta la década de los setenta del siglo XX. Que ya es decir.

El franquismo en historia no pretendía ser ni brutalmente radical, como los Rosenberg del nazismo, ni reaccionariamente culturalista como los Gentile del fascismo. Sencillamente clericalismo, antiliberalismo y un culto palurdo al líder. El espejo historiográfico en el que se reflejó Franco y el franquismo lo diseñaron dos hombres torturados. Uno de mala entraña, Joaquín Arrarás, y otro sublime cínico, periodista curtido e inteligente, Manuel Aznar. El primero, con su *Franco,* publicado en plena Guerra Civil en San Sebastián, que lleva un prólogo en forma de soneto, obra de Manuel Machado, imperecederamente infame, que termina con este verso, «¡la sonrisa de Franco resplandece!». Añadió luego una infumable *Historia de la Cruzada Española* en ocho volúmenes.

El segundo, con su *Historia militar de la guerra de España* (1940) y sus artículos largos y zalameros, fue recorriendo, con algo de cosecha propia, el mundo de posguerra, con el tono desfachatado de quien cumple escrupulosamente su papel de cronista de un nuevo emperador, Centinela de Occidente como le llamó un tal Luis de Galinsoga. Tenía pulso y ambición y sin él no es posible entender los residuos del fantasma que pululaban por periódicos y tribunas. Se dedicó a la política, a viajar y a ganar dinero y se fue convirtiendo en ese augusto estado del ilustre resentido, catador de todas las miserias. Maestro de periodistas, le decían, y ellos sabrían por qué. El destino llevaría a que entre su muerte y la del Caudillo mediaran diez días.

Le siguió en la misión otro tipo de hombre. Un exjesuita con irrefrenable ambición política, Ricardo de la Cierva. A él se debe una suculenta biografía de Franco en dos volúmenes, impresa oficialmente (1972), revendida cien veces de diferentes modos a lo largo de los años, y que gozó del privilegio editorial, quizá único en el mundo, de que el autor cobrara en función de lo que imprimió el Estado, no de lo que vendió. Una mina de oro, aunque el resultado sea un libro objeto, para tener y exponer en aquellas épocas de exhibición. De imposible lectura; no está escrito para ser leído, sino para contemplar, pasar hojas y admirarse del dispendio.

Aunque hay más variantes podríamos decir que el Franco mítico, convertido en objeto de historia, está compendiado en esos precedentes. Los trabajos de Brian Crozier o George Hills no añaden nada a no ser un estilo menos servil de acercarse a su figura. No había mucho más.

El peculiar proceso de transición política, al no existir un punto de ruptura, fue demorando la hora de abordar el compromiso histórico: de dónde salíamos y en dónde estábamos. Parecíamos coincidir todos en preferir preguntarnos hacia dónde queríamos llegar, y se consideraron impertinentes las cuestiones previas. Al margen de experiencias periodísticas, más o menos afortunadas, la historia del régimen quedaba envuelta en un halo de confusión, no mucho más allá de donde la había dejado un sociólogo, Amando de Miguel, al escribir, poco antes de la muerte del dictador, su *Sociología del franquismo*.

Conforme se avanzaba en la Transición se relegaba más el trance de estudiar la dictadura. Como era imprescindible, llegó un momento que fue necesario hacer volúmenes sumariales que abordaran, con una perspectiva tradicional y un lenguaje moderno, los mismos conceptos que se habían venido vertiendo durante la dictadura. El triunfo del franquismo se hacía historia convirtiéndose en argumentos para la posteridad. La extraordinaria longevidad de la dictadura se transformaba en el argumento más aparente de su peculiaridad. Siendo tan duradero y tratándose del periodo que los propios analistas e historiadores vivieron íntegramente, no podía reducirse a algo tan unívoco como una variante autóctona del totalitarismo.

El primero en abordar el franquismo desde una perspectiva de conjunto fue el sociólogo J. J. Linz, profesor y protector de la brillante generación de sociólogos que habrían de estar en la cima de su carrera durante la Transición. Juan José Linz Storch de Gracia nació en Alemania de padre germano y madre española. Su lengua será el alemán hasta que por razones familiares escoja venir a España. Es en plena Guerra Civil y en Salamanca, donde su madre figura como una de las dirigentes femeninas de Falange. Inicia sus estudios universitarios en el periodo más virulento del fascismo español, 1943, y en el núcleo elaborador de las versiones hispanas del totalitarismo –Derecho y Ciencias Políticas–. Será discípulo escogido y luego profesor ayudante del principal teórico totalitario en España, Javier Conde. Colabora en la *Revista de Estudios Políticos* –órgano intelectual del Movimiento Nacional franquista, o lo que es lo mismo de las sucesivas añadas de falangismo y tradicionalismo, sumado al autoritarismo ilustrado que aportó a España Carl Schmitt–. Junto al economista Juan Velarde Fuentes fue, en opinión del veterano falangista Ismael Medina, «una de las cabezas más lúcidas del Seminario de Formación Política del Frente de Juventudes y uno de sus puntales». Participará intensamente en el mundo cultural reaccionario de posguerra hasta su marcha a Estados Unidos, en 1950. Allí estudiará bajo la orientación principalmente de Seymour M. Lipset. Su primer trabajo académico en Norteamérica trata de los partidos políticos en Alemania. Va a ser más tarde, a partir de 1958, cuando menudee sus viajes a España constituyéndose en el maestro y promotor de pioneros trabajos sociológicos sobre la sociedad española de la década de los sesenta.

A Linz se deberá la primera formulación que distancia al régimen de Franco del totalitarismo. Lo presentará como ponencia en el verano de 1963 durante la reunión de la Asociación Internacional de Sociología en Tampere (Finlandia). En castellano no verá la luz hasta 1974 en un libro insólito, de más de 1.500 páginas, correspondiente al volumen tercero de *La España de los años 70*. Un compendio singularísimo de textos sobre la situación española, con pretensiones académicas, que lleva prólogo de Manuel Fraga Iribarne y en el que se exhiben personajes y posiciones inequívocamente franquistas, aunque aperturistas. Como se hubiera dicho entonces, «de evolución del régimen desde dentro»[1]. Tras su publicación en inglés, en 1964, las apreciaciones de J. J. Linz se convertirán en el referente obligado de buena parte de los historiadores y analistas que pretendan definir el franquismo.

Ya desde los comienzos de la Guerra Fría, la política exterior de Estados Unidos se vio obligada a elaborar una escala, al modo de Richter o Mercalli, para medir los movimientos sísmicos provocados por las dictaduras conservadoras; los terremotos sociales no eran todos iguales, unos podían ser catástrofes naturales y otros catástrofes de envergadura histórica. Según J. J. Linz –cuyas relaciones con los diseñadores de la

---

[1] *La España de los años 70,* Moneda y Crédito, Madrid, 1974, vol. III, «El Estado y la Política», codirectores Manuel Fraga Iribarne, Juan Velarde Fuentes, Salustiano del Campo Urbano. El trabajo de Linz se titula «Una teoría del régimen autoritario. El caso de España», pp. 1467-1523.

política norteamericana hacia España cabe pensar que fuera naturalmente espléndidas, conforme a lo que corresponde a un becario ¡de 1950!– entre el totalitarismo de las catástrofes de envergadura histórica como el nazifascismo, y las catástrofes naturales generadas en la lucha contra el enemigo comunista, había un trecho mensurable. El que mediaba entre lo «totalitario» y lo «autoritario».

La cuestión tenía aspectos académicos y políticos. «Totalitario» lo era por principio el nazifascismo contra el que habían luchado las democracias, y también el «estalinismo», contra el que habían de defenderse entonces esas mismas democracias. Escasa capacidad teórica habrían de tener los planificadores de una política si admitían que se podía combatir de nuevo al «totalitarismo» aliándose a otro «totalitarismo», como en 1941, cuando se hizo frente al nazismo con el apoyo del movimiento comunista.

La genuina definición del profesor Linz merece la pena citarse íntegra y no afeitada como se hace habitualmente:

> Los regímenes autoritarios son sistemas políticos con un pluralismo político limitado, no responsable; sin una ideología elaborada y directora (pero con una mentalidad peculiar); carentes de una movilización política intensa o extensa (excepto en algunos puntos de su evolución), y en los que un líder (...) ejerce el poder dentro de límites formalmente mal definidos, pero en realidad bastante predecibles[2].

La verdad es que como formulación científica haría las delicias de Max Weber.

El profesor Linz venía a confirmar, por vía de la teoría, la doctrina del propio régimen franquista, según la cual nunca se había considerado como «Estado totalitario». De la victoria en la Guerra Civil (1939) se pasaba como por ensalmo al «Estado

---

[2] *Ibid.,* p. 1474.

católico, social y representativo» (1945). La argumentación del ilustre sociólogo es de fuste porque apela nada menos que a Ramón Serrano Suñer, quien con la autoridad que le daba su pasado, había ya escrito: «De verdad, sea ello mérito o defecto, es hora de decir que en España no ha llegado a haber jamás nada que verdaderamente se parezca a un Estado totalitario». En el titánico esfuerzo por blanquear todo un pasado azul, Linz va más lejos y aventura que José Antonio Primo de Rivera –fundador de la Falange, de quien admira su capacidad de análisis sobre los militares españoles– «con toda probabilidad no hubiera sido un líder totalitario auténtico».

Pero donde uno puede alcanzar la perplejidad es al enterarnos que «la ausencia de una ideología clara en los nuevos líderes autoritarios se hace evidente cuando leemos párrafos como los del manifiesto de Franco del 18 de julio de 1936». El Caudillo quedaba exonerado de totalitarismo desde el mismo día del levantamiento, incluso más, la aguda retina de Linz después de ojear el volumen de discursos de Francisco Franco titulado *Palabras del Caudillo (19 abril 1937-31 diciembre 1938)* detecta en una conferencia algo «muy similar a valores liberales»[3].

La aportación de Linz confirmaba que, prácticamente desde su nacimiento, el franquismo no tenía concomitancia alguna con el denostado totalitarismo, incluso se manifestaba comparativamente más juvenil que el régimen republicano.

> Un rasgo interesante del régimen de Franco, no ajeno a su pluralismo, ha sido su capacidad para integrar en la elite a un considerable número de hombres más jóvenes (…). La edad media del «Gobierno de la Victoria» (1939) es de 46,1 años (…) la edad media de todos los ministros desde 1938 a 1957 (en el momento de designarlos) es de 50,5. Resulta significativo que esta edad fuera de 50,8 para la elite ministerial republicana[4].

---

[3] *Ibid.*, pp. 1480-1481.
[4] *Ibid.*, p. 1514.

En definitiva podría decirse que se trataba de un régimen con muchas ventajas y tan solo algunos inconvenientes, pero que a la altura de la década de los sesenta dejaba de una vez sentada la diferenciación entre los totalitarios –el enemigo– y los autoritarios –nuestros aliados–. La mera instrumentalización de esta teoría abonaba la perspicacia de Estados Unidos quienes, ya en 1953, habían intuido esa diferencia y habían considerado a Franco su aliado en la defensa de la libertad de Occidente. Una vez más la teoría llegaba para confirmar la práctica.

La formulación diferenciadora del «totalitarismo» y el «autoritarismo» no era una matización banal de profesores. Desde el momento que el régimen no era una dictadura totalitaria se hacía comprensible que determinados cuerpos de funcionarios –los catedráticos de derecho, sin ir más lejos– que en un régimen de esas características no serían sino meros instrumentos al servicio del Estado totalitario, devenían autónomos, o al menos con una cierta autonomía. Diferencia clara entre lo autoritario, que no exige «la movilización política» permanente sino cuando se siente amenazado –momento en el que ellos no tendrían más remedio que servirle devotamente–, y lo totalitario, que hace de dicha devoción algo cotidiano y perenne. Con premeditación y cierta alevosía olvidaron lo que ellos mismos, o sus maestros, explicaban privadamente en los primeros años de las década de los cuarenta: que hasta en el totalitarismo más brutal siempre hay un cierto pluralismo entre totalitarios. Eso que permite diferenciar a Himmler de Von Papen, al Conde Ciano de Italo Balbo, a Zdanov de Kaganovich.

Todo régimen totalitario mantiene un cierto grado de «pluralismo» en sus propias filas. Solo es incuestionable la cumbre del poder totalitario. Lo que resulta ya más difícil es medir dicho pluralismo, porque el carácter atrabiliario del totalitarismo impide incluso la consolidación de ese «pluralismo» como forma. Tantas veces existe, otras tantas lo vulnera. Lo elimina y lo reconstruye. En definitiva ese «pluralismo» no es una manifestación de poder autónomo, sino una necesidad del dictador para gobernar de manera totalitaria. La exigencia de unas pautas cerradas para la definición del totalitarismo alcanza en ocasiones el ridículo; se le exige tanto que al final es difícil encontrarlo. Así Ralf Dahrendorf llega a escribir que

> el totalitarismo es una posibilidad extrema de la organización de la desorganización, un régimen de anarquía. Podemos incluso preguntarnos si existió en alguna parte. La Alemania nazi probablemente estuvo muy cerca de ser totalitaria durante la guerra (...)[5].

Nuestro problema está mucho más cercano y se reduce a dos preguntas. ¿Fue el franquismo la variante hispana del totalitarismo? ¿Fue el nacionalcatolicismo el fermento ideológico de esa variante española del totalitarismo? Una respuesta afirmativa no solo cuestionaría el papel que cada uno desempeñó en un momento de su vida –apoyándolo o combatiéndolo–, sino lo que es más importante, cómo los dos poderes mayores de la tierra, Estados Unidos y la Iglesia, sostuvieron durante décadas un régimen totalitario. Sin el papel desempeñado por la Iglesia Católica hasta bien avanzada la década de los sesenta el franquismo no hubiera conseguido una sociedad tan pusilánime y tan piadosa. Sin la garantía de Estados Unidos, el régimen estaba condenado a sobrevivir; empezó a hablarse del futuro a partir de 1953.

La visión de conjunto aportada por J. J. Linz, con su autoridad y su prestigio, le daba un nuevo sesgo, el definitivo, a los estudios sobre la dictadura. Clausuraba los fantasmas del pasado. Muchas preguntas ya no podían hacerse, porque serían tachadas de rancias u obsoletas. El éxito de una formulación, incluso de una teoría, se mide no solo por su influencia inmediata, y en verdad que la de Linz fue oportunísima, sino por la dinámica que desarrolla, incluso por la satisfacción que produ-

---

[5] *El conflicto social moderno,* Madrid, 1990, p. 111.

ce. Linz, para muchos, más que un sociólogo fue un psiquiatra que les aplicó una terapia con la que se eliminaron muchos malos sueños. Quizá no sea científica, pero fue terapéutica.

La evolución de «la teoría Linz» seguiría su curso sobre el que apenas merece la pena extenderse. En fecha tan cercana a nosotros como 1989, otro sociólogo, discípulo –como casi todos– de Linz, José Félix Tezanos, al que se debe añadir su condición de teórico del Partido Socialista, escribía en un texto sobre la transición democrática: «(...) en realidad el franquismo no hizo sino heredar un cierto tipo de pluralismo»[6]. El fenómeno «autoritario» de Linz quedaba integrado en el devenir de nuestra historia del siglo XX. La atipicidad y el carácter rupturista que supuso la dictadura de Franco se atenuaba. En vida del dictador, un profesor socialdemócrata, García San Miguel, se preguntaba «¿Existe un "tipo" de régimen "autoritario" cualitativamente distinto de la democracia capitalista y el fascismo, especie de híbrido de ambos, como parece creer Juan Linz (...)?»[7]. El proceso de la transición democrática había despejado, al parecer, las dudas.

El profesor democristiano Javier Tusell ya había avanzado, un año antes, una formulación en consonancia. El régimen de Franco no era un régimen «totalitario, sino un sistema dictatorial tradicional»[8]. Franco seguía al parecer una «tradición dictatorial» tan imprecisa como omnipresente en nuestra historia, puesto que adquiere categoría de sistema. O quizá era la tradición, a secas, la que Franco encarnaba, y dado que la libertad y la democracia no pertenecían a nuestra tradición sino como excepciones efímeras, tendríamos al Caudillo convertido en un mero, aunque significativo, continuador de los esfuerzos de aquellos como Fernando VII, pasando por Narváez y el mismo Cánovas, hasta llegar a Primo de Rivera, don Miguel, que

---

[6] VVAA, *La transición democrática española, op. cit.,* Madrid, 1989, p. 18.
[7] *Sistema,* enero de 1974.
[8] *Cuenta y razón,* diciembre de 1988.

se esforzaron por impedir que el liberalismo radical anulara la estructura de poder «tradicional» en España. Otro historiador, el hispanista Malefakis, lo escribía aún con mayor rotundidad y bajo la forma no se sabe de si charada o paradoja, como si la cosa tuviera su gracia: «la historia demostrará probablemente que Franco dejó todo, sin duda "atado y bien atado", pero no para la continuación del Movimiento-Estado, como era su intención, sino para su antítesis, la democracia»[9].

Si Franco en vida nunca fascinó a nadie que no tuviera esa peculiar mentalidad de las clases medias hispanas, cuya cultura y cuyas obsesiones tan bien representaba él mismo, una vez muerto se engrandece. El historiador Juan Pablo Fusi, en su interesante trabajo sobre Franco (1985), llega a denominar «magistral inercia» a la manera de hacer política del dictador, y le llama la atención la obsesión del Caudillo contra la masonería. Como si no casara con la presunta racionalidad del dictador ese rasgo que le identifican más con la mentalidad de ciertas clases medias españolas, clericales y provincianas, de comienzos de siglo, para quienes el XIX era el compendio de todas esas obsesiones que formularon Donoso primero y Balmes después: liberalismo, masonería, comunismo, partidos, democracia... frente a las que solo hoy una palabra, la patria, España. Aquel astuto publicista que fue Manuel Aznar sabía lo que quería cuando le describió: «Una cosa es cierta, sin el menor género de duda: el amor profundísimo de Franco a España». A la conocida frase, ya citada, de que «el patriotismo es el último refugio de los canallas», habría que hacerle una adenda para uso de esos sectores a los que el franquismo representó: «el patriotismo fue el último refugio de los conservadores españoles ante el miedo a la modernidad».

Cuando Franco hacía política lo llamaba, con gran sentido de la astucia, «patriotismo». El mejor relato de un filisteo* so-

---

[9] E. Malefakis, prólogo a *Franco* de J. P. Fusi (1985).
* La editorial retiró «de un filisteo» en la edición de 1991.

bre la personalidad del Caudillo, el de su último médico de cabecera, doctor Pozuelo, detalla una reflexión del dictador. «Estoy aquí –dice– porque ni entiendo de política, ni hago política.» La admiración ilimitada de este doctor, quizá grande como galeno pero de una pobreza intelectual rayana en la indigencia, sitúa al personaje Franco en el paisaje de esa mentalidad de clase media. Un dictador al que le gusta beber Fanta y calzarse con los zapatos que le regala un empresario catalán; que admira las relamidas escenas de caza que pintó Snyders; los bodegones y los retratos de Giuseppe Bonito, retratista de los hijos de Carlos III; todo eso que para el doctor, que se autodefine como «enamorado del Arte con mayúsculas», confirma que el Generalísimo era nada menos que «un técnico en pintura». Para individuos como él, un líder, un Caudillo, es siempre un hombre bueno neutralizado por la atávica creencia de que quienes le rodean impiden que lo demuestre. Lo expresa el médico palmariamente: «Es evidente que la preocupación social de su excelencia tropezaba muchísimas veces con el caparazón que rodeaba su poder»[10].

Quizá en el fondo esa longevidad del dictador que impregnó todo, empezando por nuestras vidas, explique que la distancia neutralice los juicios y, en vez de objetivarlos, los convierta en desvaídos. Un hombre que acabó su dictadura como la comenzó, matando, gracias al singular proceso de transición democrática confirma que su régimen fue un «sistema autoritario», cuando no «tradicional».

Conforme el tiempo pasa y las huellas, premeditadamente o no, se van borrando, de la frivolidad literaria y el desdén, se avanza hacia un fondo, donde la extorsión se pretende científica. El polígrafo abundantísimo que fue Javier Tusell, cerraba de modo pedestre el ciclo abierto con mayor ambición teórica por J. J. Linz. Sobre el significado del Generalísimo en la historia de España hay ya «unanimidad generalizada», y es esta: «Franco

---

[10] V. Pozuelo, *Los últimos 476 días de Franco,* Barcelona, 1980, p. 129.

no era gran cosa» y ni «su régimen ni él mismo nunca tuvieron pretensiones totalitarias». En definitiva, ha llegado el momento de que los profesores saquen el pecho y eviten intrusismos: «hay que reivindicar a Franco exclusivamente para los historiadores»[11]. La dictadura más implacable de la historia de España difuminada en las manos de un sandio. Glorioso colofón a la carrera de un historiador que empezó con una tesis doctoral, publicada luego en 1971 –en la era de aquel Poca Cosa– en la que se venía a deducir que el Frente Popular, en febrero de 1936, no había vencido tanto como se pensaba. La Guerra Civil fue un mal entendido. Tres años de muertes por no sumar bien y cuarenta años de «tradicionalismo» por culpa de un mentecato.

Las reflexiones de dos historiadores como J. P. Fusi y Javier Tusell, muy diferentes de estilo y de concepciones, acotaban de algún modo el fantasma de la dictadura. Con la particularidad de que se trataba de dos representantes cualificados de la inteligencia que colaboró en la Transición, desde la Unión de Centro Democrático y desde el Partido Socialista. Ambos daban por obvias, incluso por obsoletas, dos preguntas inevitables.

La primera hacía referencia a la naturaleza de una profesión y de un cometido, incluso según algunos, de una ciencia. ¿Cómo enseñar historia? El dictador había muerto, su régimen liquidado, las características de la democracia vigentes, ¿podían en este momento seguir enseñando y escribiendo el pasado sin introducir un corte? Ellos parecían confirmar que era posible hallar los ángulos de interés y modernidad que estaban sepultos tras los discursos totalitarios. Lo totalitario, por no decir fascista, se había vuelto apariencia y no contenido. Se trivializaba la perversidad y se entendía mucho mejor el papel de todos; desde el antiguo príncipe, luego rey Juan Carlos, hasta el más ramplón funcionario hoy ilustre jurista. Enseñar historia podía hacerse de un modo similar a aquel en el que habían –habíamos– sido formados.

---

[11] *Cuenta y razón,* diciembre de 1988.

Mostrar nuestro inmediato pasado a partir de presupuestos democráticos, ajenos absolutamente a ese sustrato totalitario, no se consideró una tarea fundamental para la formación de nuevas generaciones. Enseñar historia era una función social que debía ejercerse con responsabilidad, sin romper ni chocar con nada que estuviera vivo, susceptible de crear un conflicto o abrir un debate. De nuevo, implícitamente, se planteaba el dilema entre «responsabilidad» y «verdad»; un dilema que resumía dos modos de abordar la realidad. Acababan de nacer la «verdad responsable» y la «verdad irresponsable»; dos maneras que todo profesional debía evaluar antes de escribir, para atenerse a las consecuencias.

La «verdad responsable» se acercaba a una especie de justo medio, que nacía de la división entre lo que había ocurrido y el proceso de cambio que se había desarrollado después. Es decir, se reducía la historia de una persona, una institución o un acontecimiento político o cultural, a una sencilla suplantación en la que todo aquello que esa persona o esa institución eran en el momento en el que se escribía, es decir, ahora mismo, neutralizaba y sacaba de contexto lo que esa persona o institución habían sido o significado antaño o hasta hacía poco. De modo que los objetos de estudio se subdividían en innumerables etapas, plazos o periodos, como si se pretendiera lograr algo similar al sofisma sobre Aquiles y la tortuga. Así como Aquiles nunca lograría pasar a la tortuga, tampoco se podría encontrar un momento histórico en las personas o las instituciones en el que no hubiera ya elementos encaminados al futuro democrático. Si la tortuga sin ser más rápida que Aquiles al menos lograba que conceptualmente no le sobrepasara, así el político o la institución, sin tener una conducta compatible con la democracia, al menos podía exhibir una línea de puntos que esbozaran su personalidad democrática.

El concepto de «verdad responsable» se reducía a la variante hispana de las concepciones ya citadas del soviético Pokrovski, según el cual, «la historia es la proyección de la política hacia el pasado». Como la sensación de inestabilidad iba a ser una constante durante la Transición, la «verdad responsable» se convirtió en la única manera de afrontar lo ocurrido. Contemplándolo como un proceso en el que se miraba de delante hacia atrás; desde el presente hacia el inmediato pasado. Cualquier intento de explicar la evolución que había llevado a una personalidad o institución o movimiento cultural desde el fascismo más intransigente hacia el liberalismo más integrador, no podía considerarse más que como una maniobra desestabilizadora.

De este modo, la «verdad irresponsable» se definía por exclusión como la manifestación de aquellos marginados por el sistema, que se empecinaban en el mundo de la derrota, el que había sido vencido en 1939, y que se negaban a reconocer que no solo el franquismo había vencido, sino que también había convencido. Eso que Fusi escribió de una manera rotunda, «Franco contó con la cómoda instalación en su régimen de una parte importante de la sociedad española, que tenía ya una mentalidad moderna, pero a la que los valores de paz, orden, trabajo y desmovilización política de Franco supieron atraer». Modernidad y reaccionarismo unidos en las bases de sustentación, lo que nos llevaría, a fuer de coherentes con esa tesis, a ensamblar ambos términos y encontrarnos con una definición tautológica de franquismo: un reaccionarismo modernizador.

El modelo de pregunta para introducir «verdades irresponsables» era por tanto el segundo de los interrogantes juzgados obsoletos por nuestros historiadores: ¿qué fue el franquismo? De atenernos a las «verdades responsables» de los estudiosos estaríamos ante uno de los fenómenos únicos de la humanidad y hasta de la persona. El que confiere el privilegio de poder ser a un tiempo uno y múltiple. El mismo que permite llegar a la conclusión de que hubo varios Francos y otros tantos franquismos.

Faltaban pocos meses para que el Caudillo entrara en la irreversible enfermedad cuando el entonces presidente del Gobierno, Carlos Arias Navarro, quiso exponer ante varios afamados directores de periódico su opinión sobre el papel que él desempeñaba junto al dictador, o más exactamente su auténtica situación. Para ello emuló y superó el espíritu de la década de los cuarenta:

> me he sentido permanentemente asistido por la confianza y por el ejemplar magisterio de su excelencia el jefe de Estado. Su dilatada experiencia, su excepcional categoría de estadista, el profundo conocimiento que tiene de España, de los problemas que la patria tiene planteados, hacen de él no un consejero, sino un maestro indiscutible e inimaginable (...). Yo creo que no es necesario ni siquiera un monosílabo, basta con un gesto de Su Excelencia para que me encuentre ya confortado y asistido en la decisión que debo proponerle[12].

Diez meses después de esta declaración de principios, Alejandro Rodríguez de Valcárcel, eminente figura del régimen y presidente de sus Cortes, exclamó acongojado ante el papel que le tocaba desempeñar. «Yo había deseado que Franco no muriese nunca.» Era el día que hubo de asumir el curioso cargo de presidente del Consejo de Regencia, es decir, el día que muerto el dictador debía dar paso al nuevo rey.

Fue necesario que el Generalísimo desapareciera para que se iniciara el proceso que paradójicamente nos llevaría al descubrimiento de su multiplicidad, e incluso de su inmune capacidad de resistencia histórica, de su anhelo de eternidad. Ocurre como algunos argumentos sobre la inmortalidad del alma, que cuando los desarrollan están confirmando la parte de autosatisfacción que anima a la criatura que los ha inventado.

La mayor argucia para abstenerse de plantear la pregunta de «¿qué fue el franquismo?» consiste en excusarse por no hacer una definición. Porque las preguntas en la historia no exi-

---

[12] *La Vanguardia,* 27 de febrero de 1975.

gen definiciones; todo lo contrario. La dificultad de fondo no era otra que la de caracterizar el último medio siglo de la historia de España. Un desarrollo riguroso de la pregunta sobre el franquismo nos obligaba a seguir interrogándonos sobre «¿qué fue la transición?». Sobre la línea de continuidad entre el viejo régimen y el nuevo. No era la misma mala conciencia la que existía en los nueve meses que bordearon la muerte de Franco, a la posterior conciencia del éxito. Entre los más pretendidamente clarividentes había la convicción de que Franco y franquismo se resumían en una larga historia cuyo precio nadie mejor que ellos habrían de pagar. Antonio Garrigues Walker decía ante un público asentidor en marzo de 1975, «ninguno de los hombres que figuran en la escena política actual tendrá futuro después de Franco, y yo me incluyo entre ellos. Aunque voy a hacer todo lo posible por redimirme»[13].

Mejor hoy echar mano de la «verdad responsable» y confirmar que, inopinadamente, de algo moribundo salió algo brillante, realizado y orientado por los mismos. En el fondo, las «verdades responsables» sobre la historia de España en estos últimos cincuenta años siempre terminan apelando al milagro. Contradicción agudísima para quienes se consideran rigurosos analistas de los hechos. Y a ser posible desnudos, no vestidos. Independientemente de la actual división de la verdad entre la mayoría «responsable» y la oculta «irresponsabilidad», el franquismo seguirá siendo el banco de pruebas de historiadores y políticos. Su duración, su longevidad, que se evidencia hasta hoy en el temor a ser acusado de parcial o resentido, seguirá ejerciendo su fascinación sobre todo aquel que trate de hallar los pilares de su estabilidad.

La duración del régimen del general Franco fue un ciclo inédito en nuestra historia, de casi cuarenta años, que se abrió con una Guerra Civil de la que salió como único vencedor y se cerró con su muerte biológica. Sobre el papel de esa guerra, de

---

[13] *La Vanguardia,* 16 de marzo de 1975.

ese «pasado nuestro que no quiere pasar», bastaría con apuntar que en su última declaración, don Juan de Borbón, muerto Franco y con su hijo en el papel de rey, dirá expresamente: «la monarquía debe ser un poder arbitral independiente que facilite la superación de la Guerra Civil»[14]. Ahí estaba la llaga purulenta, expuesta al aire, como el primer día. No se volverá a mencionar.

Conforme la Transición avanzaba los estudios sobre el franquismo, en vez de fructificar, languidecieron. ¿Decayó el interés? No, precisamente. Tan solo entraron en un proceso de latencia, complicado por las necesidades de la vida política y cultural, que obligaban a poner sordina a una revisión que podría convertirse en un escalpelo implacable. Porque el hecho de que el interrogante principal, la Guerra Civil, no haya sido reestudiado no significa que otros aspectos tuvieran mejor suerte. Lo que supuso la derrota nazi de 1945 ha sufrido una desvalorización absoluta. Los acontecimientos de 1956, como primera crisis real entre las familias vencedoras de la contienda, ha sido ocultado. La reconversión del Partido Unificado Falangista en Movimiento Nacional jamás ha sido ni siquiera silueteado. La iglesia como sustento fundamental, eso que un profesor denominó «cobertura de la destotalización formal del régimen y garante político internacional». Las consecuencias reales, y no las supuestas, de la muerte del almirante Carrero Blanco, de las que tanto se ha especulado como confirmación del carácter milagrero de la transición.

Tal parece como si la providencia fuera quien hubiera hecho la historia de España desde el 18 de julio de 1936 hasta las primeras elecciones de 1977. Consideración que no perdona a algunos rigurosos agnósticos. Pero cada pieza tiene su corolario. No revisar el modo en que se reflejó el final de la Segunda Guerra Mundial en la España de Franco, impide describir el conjunto de fuerzas que se sumó en sucesivas etapas al alza-

---

[14] Declaración del 24 de noviembre de 1975.

miento militar contra el Gobierno del Frente Popular. Sin ese estudio se hace muy difícil comprender por qué los años que abarcan desde la derrota nazi a la consolidación de la Guerra Fría son, al tiempo que los de mayor aislamiento internacional del régimen, los de mayor aglutinamiento social en torno a la figura de Franco. Su pretendido carisma nace más ahí, que en la propia Guerra Civil.

No es verdad, como nos han vendido algunos protagonistas, que el proceso de desintegración de las fuerzas que vencieron en la Guerra Civil se produzca a partir de 1945. Aunque los equilibrios se realizaran de otro modo, y la lucha entre facciones se agudizara. La evidencia es que ninguna de esas fuerzas cuestionará significativamente no solo la victoria del Caudillo, sino su liderazgo en la posguerra. Tan solo los más audaces osaban ponerle un límite temporal, pero dicho límite ni siquiera estaba en el orden del día. Cuestión todo de futuro.

Habrán de ser los acontecimientos de febrero de 1956 los que desencadenarán ese proceso de distanciamiento. El complejo tejido que se desgarrará en torno a unas manifestaciones estudiantiles en Madrid va a significar más para el conjunto de fuerzas que asientan el régimen que el propio final de la gran Guerra Mundial. Y esta aparente desmesura nos ha sido ocultada para poder dar algún sentido a las biografías de los protagonistas y de sus historiadores.

Si hasta 1956 no se observa ningún significativo signo de crisis entre las familias del franquismo y su indiscutible conductor, eso significa que el proceso de concienciación democrática de algunos sectores no procede de la catástrofe que supuso para sus ideas el final de las dictaduras alemana e italiana, sino la quiebra de sus convicciones respecto al General Franco y a su régimen. Hablando en plata, Dionisio Ridruejo y el brillante grupo de intelectuales y políticos que le rodeaban, no capitanean una reforma democrática en 1945, ni en 1948, ni en 1952 tras la coincidencia de sus esfuerzos con los de Ruiz Jiménez en el Ministerio de Educación... y por tanto no pudieron a causa de ello ser marginados en 1956. Sino que fueron marginados, a partir de 1956, porque entonces sí que iniciaron un inequívoco proceso de formación de una conciencia democrática, incompatible de raíz con los principios del sistema.

Mientras no captemos la importancia de 1956 en la historia del franquismo, lo que significa como punto de inflexión, de crisis, no será fácil entender la duración y estabilidad del franquismo. Durante veinte años, desde la Guerra Civil, las familias del régimen rezaban unidas con similar fe en su dios. Aunque Rafael Calvo Serer denunciara a los falangistas en 1953 desde una posición ultramontana, las consecuencias se limitaban a cesarle en las publicaciones del Consejo Superior de Investigaciones Científicas, pero seguía siendo catedrático nominal en la Universidad y continuaba con todo su febril activismo opusdeísta. Aunque Antonio Tovar y Pedro Laín Entralgo y el mismo Ridruejo, mostraran su desapego a los neocatólicos que copaban el Consejo Superior de Investigaciones Científicas, el Ateneo, los diarios… escribían puntualmente y en lugares de excepción sus artículos rituales sobre José Antonio Primo de Rivera, las bondades del régimen y la clarividencia de su Caudillo. Hay que reescribir la historia del franquismo y de su «inteligencia» desde 1945 hasta 1956.

La cuestión que está en el debate, por más que se trate de escamotearla, es el de la fuerza o fragilidad del franquismo. El atractivo que ejerció sobre la inteligencia fue absoluto, puesto que hasta 1956 se pueden contar con los dedos los casos aisladísimos de intelectuales no comprometidos con el régimen. Otra cosa bien diferente es la envergadura de esos intelectuales. Cuenta Golo Mann en sus memorias una historia ilustrativa. La asamblea de escritores convocada por el Partido Nazi alemán apenas conquistado el poder. El discurso lo hace Goebbels. «Se nos ha reprochado que no nos hayamos ocupado de los intelectuales. No nos hacía falta. Sabíamos muy bien que, una vez en el poder, los intelectuales vendrían a nosotros por sí solos.» Estas palabras, recoge Golo Mann, fueron acogidas con una «atronadora salva de aplausos de los intelectuales».

Un régimen totalitario no permite una convivencia distanciada; o el exilio interior y el anonimato, cuando no la persecución, las privaciones y el inevitable exilio. Por contra, estaba el trabajo público, la colaboración interesada y las oportunidades de influir en la charca cultural de aquellos años. Fueron fascistas hasta 1945 y franquistas hasta 1956, y solo a ellos se consintió el privilegio de definir la diferencia. ¿De qué otro modo ganaron sus cátedras, sus premios y sus prebendas? ¿Había otro modo? Luego iniciaron su proceso de disidencia, con su costo para los más dignos y consecuentes. Otros, instalados ya, consolidaron el desinterés por la política gracias a la cual habían llegado a donde estaban.

El análisis de este periodo histórico 1945-1956, casi cabría decir su ausencia, cubre como una losa la naturaleza del franquismo. Son sus años de formación, que se nos han hurtado para no tener que afrontar las responsabilidades en el mantenimiento de la que luego sería denostada dictadura. Es el que permite entender algo sobre su duración, su asentamiento, su fuerza y su debilidad. Quizá 1956 marca el comienzo del periodo de lenta desintegración, y será paradójicamente tras los dos únicos éxitos diplomáticos de la historia del régimen, los pactos con el Vaticano y con Estados Unidos. Por más que existieran síntomas previos y tormentas amenazadoras, hasta entonces no adquirió las características de una dictadura y un dictador que se alimentaban a sí mismo, y que rechazaba más que integraba. Esos veinte años de consolidación del régimen permiten contemplar su estabilidad de otra manera, fuera de las ingenuidades sobre el aislamiento dictatorial desde 1945 y el desencanto de sus clases dirigentes*.

---

* Años después de la primera edición de este libro, en 1998, el autor publicaba *El maestro en el erial. Ortega y Gasset y la cultura del franquismo,* obra que pretendía ser un acercamiento a este periodo.

El tejido social y el tejido de intereses de la dictadura permanecen estables durante los periodos más convulsos de la historia europea: la Segunda Guerra Mundial y la Guerra Fría. Cuando la parte más consciente de la inteligencia cultural y política se da cuenta de la técnica de supervivencia del dictador, este ya ha tenido tiempo suficiente para convertirse en una garantía de estabilidad para amplios sectores de España y del mundo. Está sin escribir el proceso de la inteligencia española del periodo franquista hacia la conciencia democrática. Es una parte fundamental para explicar la transición, y sus límites; todos al fin y al cabo gozamos y sufrimos de la misma formación. En manos de unos personajes implicados en esa misma historia, los escasos textos mezclan adulteración e ingenuidad. El caso del profesor Elías Díaz merecería algo más que una glosa si el limitado relieve intelectual del personaje y de su obra no fuera tan palmario. Él se fue convirtiendo en el santo guardador de todos los tópicos de la historia intelectual del franquismo, y goza del privilegio de reeditar desde hace años un mismo texto con leves actualizaciones bibliográficas, pero con diferente título. Su condición de catedrático y de egregio militante del Partido Socialista garantizan quizá esa especie de impunidad intelectual[15].

Hay gestos aparentemente banales cuyo valor simbólico es muy superior al de otros a los que damos entidad política y cultural. En 1961 se estrenó en España la conocida película de

---

[15] La primera edición apareció en 1974 bajo el título *Notas para una historia del pensamiento español actual,* texto que ya había sido publicado en los tres primeros números de la revista *Sistema,* dirigida por él mismo. En 1978 se reeditó con el título *Pensamiento español, 1939-1975.* En 1983, según confesión del propio autor, «dejando el texto prácticamente inédito» volvió a reeditarse esta vez como *Pensamiento español en la era de Franco (1939-1975).* Incluso una parte de ese libro guadianesco ha sido incorporado a su *Ética contra política* (1990). Confieso que mi indignación tiene mucho de personal por haber adquirido sucesivamente los ejemplares, fiado en que los nuevos títulos correspondían a nuevos contenidos. Por lo demás, no conozco a Elías Díaz más que por sus escritos; carezco de otra animosidad que no sea la del burlado.

Stanley Kramer sobre los juicios de Núremberg contra el nazismo. Habían pasado muchos años, pero no tantos en la conciencia política del franquismo como para respetar el título del director norteamericano –*Tribunal de Núremberg*–. No hallaron otro mejor que *Vencedores y vencidos*. En la España de la década de los sesenta había que entender la película como la historia de unos vencidos contada por sus vencedores. Objetable, por tanto, desde el punto de vista de los derrotados, los nazis. Con el nuevo título se ponía en sordina la pretendida ejemplaridad de la cinta y se sugería al espectador una actitud benevolente hacia la tendenciosidad de los «vencedores» al hablar de los «vencidos». Hoy sería motivo de perplejidad si se extrae de su contexto. A comienzos de la década de los cincuenta, un intelectual como Antonio Tovar seguía defendiendo a Adolfo Hitler en el lugar privilegiado de la aristocracia política del régimen, la *Revista de Estudios Políticos*[16]. No es extraño que dos años más tarde, en 1952, el libro más vendido en España no fuera otro que las memorias de quien había sido vicecanciller del Tercer Reich, Franz von Papen.

El tribunal de Núremberg contra los dirigentes del nacionalsocialismo fue un revulsivo de largo efecto en la España del franquismo. Se siguió viviendo bajo aquel síndrome de «vencidos» por las democracias, trasferido hoy a actitudes que no se corresponden con la realidad de entonces. La posición de la inteligencia española vencedora en la Guerra Civil fue beligerante hacia los procesos políticos celebrados en Núremberg, y así se manifestó en artículos y declaraciones. Todavía en la década de los cincuenta las más brillantes promesas de la nueva inteligencia, ya fuera desde el lado neocatólico –Gonzalo Fernández de la Mora– como del falangista –Antonio Tovar– descalificaban los procesos contra aquellos «defensores de la civilización occidental». El ilustre marqués de Valdeiglesias, miembro del Consejo Privado de don Juan de Borbón, inicia-

---

[16] *Revista de Estudios Políticos* 44.

ba su artículo sobre la República Federal de Alemania, en 1952, de esta guisa: «Ningún suceso entre todos los que han jalonado el curso de la Segunda Guerra Mundial sigue gravitando tan pesadamente sobre la conciencia alemana como el movimiento de resistencia contra Hitler que culminó en el atentado del 20 de julio de 1944»[17]. En otras palabras, ni hornos crematorios, ni el destrozo de toda Europa, ni campos de concentración, ni la brutalidad del nazismo... eran los que «gravitaban» sobre la conciencia de Alemania, sino el atentado contra Hitler de 1944. Esta misma figura, José Ignacio Escobar, doble marqués de Valdeiglesias y de las Marismas del Guadalquivir, desde su posición de consejero Permanente de Estado apreciaba, en órgano tan elevado como la revista del Consejo Superior de Investigaciones Científicas, que «es por lo menos digno de respeto, pese a sus errores de procedimiento, el heroico esfuerzo de Hitler por defender la vida de su pueblo y con ella la de todo el continente europeo, hoy reducido a lamentable suerte (...)»[18]. Entonces era conciencia común de la clase política española y de su inteligencia, que su régimen, salido de la Guerra Civil, había sido condenado por criminal en Núremberg. Y esa conciencia estaba viva aún en la década de los sesenta cuando los distribuidores de la película de Kramer encontraron el título idóneo para no afectar a la sensibilidad del poder. Ahí quedó, hasta hoy, como si se tratara de cadáveres familiares metidos en el armario. Cubiertos de polvo, pero están ahí.

El tiempo fue dejando historias alemanas como un poso abandonado en nuestra memoria. No solo la obsesión de Núremberg, sino incluso el tiempo fue dando vida luego a nuestra peculiar «invención del judío». Finalizada la Segunda Guerra Mundial, la sociedad alemana, como denunciaron implacablemente escritores como Böll o Grass, se fue construyendo otro

---

[17] *Ibid.* 64, «¿Patriotas o traidores? El movimiento de resistencia alemán».
[18] *Arbor* 69-70, septiembre-octubre de 1951.

mundo, paralelo al que había contribuido a formar. Frente al nazismo de los otros, siempre del vecino, se iba haciendo realidad, como autojustificación, la «invención del judío». Toda familia alemana había ayudado en algún momento de su vida a un judío perseguido. Cada familia tenía en su memoria patrimonial de posguerra un judío protegido.

La equivalencia hispana del judío consistiría en la ayuda al antifranquista emboscado. En la Transición se generalizó. Por muy instalado que estuviera en el sistema, por muy grandes que fueran sus responsabilidades en la dictadura, tratárase de magistrado venal o policía torturador. Todos habían vivido en su piel el riesgo de una aportación antifranquista para contar a sus nietos. Tratándose de un régimen tan longevo y una sociedad tan permeable como la española, cada historia tiene incluso visos de verosimilitud. Pero lo llamativo es que tan pobre recurso introdujo buena conciencia a raudales, y consintió que contemplado por las nuevas generaciones que no habían conocido la dictadura, resultara algo tan enigmático como que el franquismo se sostuvo sin partidarios. Fuera de un círculo de recalcitrantes, fallecidos en su inmensa mayoría, no existieron franquistas.

¿Pero cómo llenar el hueco sin llegar a decir, como Dámaso Alonso en la década de los cuarenta, que la capital de España estaba poblada por un millón de cadáveres? En este proceso de adecentamiento de la historia se hizo necesario echar mano de una generación. El franquismo tuvo una inclinación orteguiana hacia el invento de generaciones, o más exactamente, puesto que las generaciones están ahí, la querencia consistía en darles contenidos. Se trató de aquella parte de la clase política que sin haber vivido la Guerra Civil recogió su legado desde la perspectiva del sistema para servir luego de puente hacia un nuevo régimen. Esos mismos que después de la Transición se autoconstituirían en «precursores de la democracia», por aquellos oscuros años se empezaron a denominar «generación del príncipe».

Juan Carlos de Borbón, como es sabido, había sido nombrado sucesor del Caudillo en 1969. Apenas un año más tarde, con la ayuda del periodista Emilio Romero, el término se convertiría en sinónimo de renovación y continuidad del anquilosado régimen. En el diario *Pueblo,* órgano de los Sindicatos Verticales y máxima expresión entonces del periodismo popular, fueron apareciendo una serie de entrevistas a quienes ocupaban puestos relevantes en la Administración franquista, con la característica casi común de su adhesión al sistema y de su edad, entre los 30 y los 40 años.

Primero, con gran despliegue en el periódico y luego en forma de libro, el entrevistador José Luis Navas pasaba revista a las nuevas generaciones del franquismo. Quizá tan solo el periodista Luis María Ansón, a la sazón subdirector del diario *ABC,* no figuraba en la nómina del Estado. Los demás eran subdirectores generales como Fernando Arias Salgado, consejeros nacionales del Movimiento como Marcelino Oreja y el nieto del Caudillo, Nicolás Franco Pascual de Pobil, secretarios de la Organización Sindical, como Rodolfo Martín Villa, inspectores generales como Eduardo Navarro, o aspirantes a cargo oficial tras su paso por diversas organizaciones del Movimiento como Jesús Sancho Rof y Enrique Villoria. Para que no hubiera riesgo de equivocarse en la apuesta de futuro incluso iba el flamante novio de la nieta de Franco, Alfonso de Borbón. En total treinta personajes[19].

Lo apasionante de esta «generación» agrupada en treinta nombres es que abarcaba a los nacidos entre 1931 y 1946, como si República, guerra y dictadura estuvieran unificadas

---

[19] Además de los citados estaban Gabriel Cisneros, Jesualdo Domínguez, Gabriel Elorriaga, José Carlos García-Fajardo, García Palencia, Antonio Gavilanes, Ginés López-Cirera, Rafael Orbe, Ortega Escós, Ernesto Pérez de Lama, Daniel Regalado, Ramón de la Riba, Rafael Ruiz Gallardón, Manuel Ruiz-Jarabo, Emilio Sánchez Pintado, Juan Luis de la Vallina y Fernando de Ybarra. Amén de cuatro futuros ministros, Fernando de Liñán, Cruz Martínez Esteruelas, Enrique de la Mata y Andrés Reguera Guajardo.

en el limbo y a la hora del reparto solo contara su adscripción al presente. El momento (1971-1972) merece reseñarse, porque se iniciaba la decadencia del Caudillo y el fortalecimiento del imperio de Carrero Blanco y de esa indefinible casta política y económica que como lugar común se ha definido como «los tecnócratas». Ya no había temperamentos fuertes a lo Fraga Iribarne, sino azules desvaídos y opusdeístas convictos y no confesos.

El tiempo habría de convertir a esta «generación del príncipe» en el paradigma de la Transición; modelos de voluntad, constancia y madurez política. Al unísono de la figura de quien daba nombre al grupo, todos quedaban inmersos en la beatitud, y a ellos debíamos «el salto sin traumas» de la más siniestra dictadura –a la que habían servido con fervor y estímulo– a la democracia coronada, en la que se sentían como en propia casa, como si se tratara de otro bien patrimonial. El invento daría tal resultado que casi veinticinco años después el historiador Fusi escribe en la mencionada biografía de Franco: «El aperturismo fue, en gran parte, protagonizado por la "tercera generación" del régimen, por la generación del príncipe (...): una generación dialogante y europeísta»[20].

La invención semántica de dicha generación y su utilidad política serían vitales en el proceso de reconversión de lo que se vino a denominar en la década de los setenta, «el franquismo sociológico». En un libro hoy olvidado por desgracia –*La herencia del franquismo* (1976)– el sociólogo Amando de Miguel desarrollaba, vísperas de la transición, la formación y desarrollo del concepto y de su contenido. Luego el término se diluyó y hoy, cuarenta años después de la muerte de Franco, no sabemos o no nos atrevemos a investigar si ese «franquismo sociológico» se diluyó, se trasfirió o feneció.

Quedó no obstante algo, como si se tratara de un poso histórico, generado tanto por ese «franquismo sociológico»

---

[20] Fusi, *Franco, op. cit.*, p. 189.

como por el espíritu de la «generación del príncipe»; la idea del régimen de Franco vinculada al concepto de paz. Hasta el punto que constituye hoy una audacia impermisible señalar que la violencia fue norma y conducta por excelencia de los cuarenta años de dictadura; desde que nació hasta que murió. La imagen de un sistema corrupto, paternalista y autoritario, pero no violento, es lo que ha permitido que cualquier parentesco con el fascismo totalitario sea rechazado hoy como un exceso verbalista.

Aquellos que le dieron al régimen sus primeras armas ideológicas, le facilitaron luego otras cuando estos mismos evolucionaron hacia posiciones antifranquistas. Para que su tránsito fuera coherente disminuyeron la criminalidad de la que partían. Lo que permite decir que el residuo más notorio que ha dejado el régimen, en su labor de décadas, ha sido la cobardía intelectual. En un régimen totalitario la cobardía intelectual es un ejercicio de finura cultural. O eso creen quienes la ejercen. No se trata tan solo de una cobardía reducida a la inteligencia del arte o del pensamiento, sino que abarca a cuanto toca. Nada más ejemplar que la narración que hace el doctor Pozuelo en su involuntario retrato de la miseria cortesana del Caudillo. Se refiere a los últimos meses, cuando reunidas las eminencias médicas españolas en el palacio de El Pardo para despedirse de su paciente –que pronto iba a necesitarles de nuevo–, el Generalísimo les recibe en audiencia y los galenos delegan en el doctor Schüler para que dirija la palabra a su excelencia. Como no podía ser menos, le canta los oídos con las pamemas grandilocuentes fácilmente imaginables, pero añade en un rasgo digno de don Ramón María del Valle-Inclán y su *Tirano Banderas,* que no pensaban cobrarle nada porque «no acostumbramos a cobrar a las familias de los médicos»; en referencia a que Franco era suegro del todopoderoso marqués de Villaverde, allí presente. Y para que el gesto no tuviera límites en la miseria, añadió el doctor Schüler «pero sí le suplicamos, que si tiene ocasión, haga el favor de recomendarnos a Hacienda, porque estamos todos muy preocupados con las inspecciones»[21].

Resulta siempre más comprensible ante una dictadura la cobardía física que la intelectual, cuando en el fondo son inseparables. Quizá porque la primera es más explicable por su obviedad cuando uno se enfrenta a un régimen totalitario. Es más simple. No tiene la sofisticación y el retorcimiento y hasta la impunidad de quien aporta su talento, enmascarándose, mientras condena a otros.

Esa cobardía intelectual es la que ha permitido una manipulación de la historia como la que hemos sufrido. Está basada en el principio de que aquello que algunos sabemos es un bien patrimonial que no debe trasmitirse, porque afectaría a todos, empezando por el propio narrador, o historiador, o periodista, o simple ciudadano. Ese tejido del que escribíamos, en el que se entremezclan los intereses personales y sociales. Los que instalan un pedestal para el silencio permiten, eso sí, que cada vez que se pasa ante él se dé pie al sarcasmo o al recordatorio cruel; pero sin trasmisión, sin transformarlo en historia. Como si existiera una amenaza implícita de desterrar a todo aquel que retire el velo y no se conforme con la «verdad responsable». Somos garantes de que nadie que no seamos nosotros, y en privado, pueda entrar en las alcantarillas del pasado, y eso tiene especial importancia desde el momento en que el pasado es lo más parecido a una sentina.

Un pasado que hemos conseguido reducir a una ingenua caricatura para uso de gentes que «no están en el secreto». Convencidos todos, tras la Transición, de que el mejor procedimiento para vencer no es afrontar una pelea, ni planificar una batalla, ni organizar un ejército de argumentos... sino burlar al contrario. Si fuéramos rigurosos con el procedimiento seguido para embalsamar el franquismo, esa parte del «pasado que parece no haber ocurrido», pero ante el que cada

---

[21] Pozuelo, *Los últimos 476 días de Franco, op. cit.*, p. 117.

cual ha hallado fórmulas para refugiarse individualmente, nos encontraríamos con que la astucia ha sido la norma política por excelencia. El principal talento de un profesional de la cosa pública. Porque el arte de sobrevivir durante el franquismo, tras sacarle el máximo partido personal al régimen, consistió en engañarle, no en vencerle. Según el principio de «esquívale, no le derribes».

En este sentido sí se puede decir que la sugestiva obra de la transición a la democracia en España parte de un principio generado en la dictadura. El reconocimiento que no se la podía vencer, sino burlar. Había que engañar al viejo régimen, pero no derrotarle. De algún modo se mantenía una línea de coherencia con el pasado que permitía a muchos tener razón siempre; ayer cuando se le adulaba, hoy cuando se le obvia, mañana cuando se le escarnezca. El desprestigio de los principales protagonistas de la transición se redujo a esto. El deterioro político y social de Adolfo Suárez, de Santiago Carrillo, de Torcuato Fernández Miranda, partió de ahí. Aparecían como demasiado bribones para algo que fuera más allá de engañar a un régimen agonizante. Se lucieron de todas las armas de la habilidad y luego se sorprendieron porque la gente no viera en ellos otra cosa que unos actores sin credibilidad.

Lo que mejor resume los modos y maneras de enterrar el fantasma fue la decisión, tomada por los principales líderes políticos de la Transición, reunidos en Toledo en mayo de 1984. Allí, en el Centro de Estudios Internacionales San Juan de la Penitencia, acordaron que ninguno de ellos haría pública cosa alguna del pasado que pudiera afectar a los presentes. ¿Se trataba de un póstumo homenaje al gran fantasma que había condicionado sus vidas?

4. Dificultades para la adhesión institucional

Hay una generación que se sumió en la transición democrática y a duras penas sobrevivió a ella. Evaluó sus ambiciones y las enfrentó a los resultados, y así y todo, sin satisfacción ni convencimiento, una alícuota parte de la democracia existente es cosa suya. Es una generación que no puede escuchar el himno nacional sin que chirríen en sus oídos y en su memoria los compases de charanga de esa *Marcha Real*. Que no puede contemplar la bandera rojo y gualda sin un sentimiento irreprimible de rechazo histórico. Que no puede oír con unción el nombre del rey sin una cierta sonrisa de malévola complicidad, como quien está en un secreto intransferible.

Hasta cierto punto esa situación recuerda la frustración del judío no sionista; emboscado y añorante de algo que no pudo ser, que además era imposible y que en el fondo tampoco deseaba, porque no era bueno que así fuera. Probablemente detrás de la obsesiva e inútil búsqueda de una ética, durante la postransición, se oculte una frustración generacional, enfocada de muy diversas maneras, pero todas ellas ansiosas de colmar el tránsito entre una época de esperanzas y convicciones y otra de escepticismo y poquedad. «Cuando las creencias flaquean, nos quedan las actitudes», escribe Victoria Camps en un libro –*Virtudes públicas* (1990)– representativo de una nueva aspiración de la filosofía hispana: escribir tratados de urbanidad y buenas costumbres. Herencia quizá del catolicismo progresista, impregnado del comedido gestualismo de los krausistas.

Hay una generación sin modelos reales y sin el valor de admitirlo en público. Nada que ver con el antiguo lema ácrata de «ni rey, ni patria, ni dueño», pero sin embargo sin rey que honrar, ni patria que admirar, ni signos que respetar. O no nos creímos nunca aquellos objetivos por los que estuvimos dispuestos a todo, en cuyo caso no éramos más que unos irresponsables. O creímos en cosas por las que estuvimos dispuestos a todo hasta que descubrimos sus fisuras e iniciamos una revisión, en cuyo caso, se puede decir que evolucionamos. Lo único que no es posible sin dosis de cinismo o de esquizofrenia es sostener lo contrario de entonces, a menos que consideremos que el franquismo tenía razón y que nuestra pelea fue una inútil frivolidad.

El *revival* del absolutista Thomas Hobbes ha arrinconado las renacentistas audacias de Maquiavelo. Nacimos a la vida política con la idea de que había que llevar la imaginación hasta el poder; una peligrosa iniciativa maquiavélica. Los que se acercaron al Estado se percataron de que la imaginación era el más aventurado de los recursos para quien aspira a mantener sus prerrogativas; una reflexión que inspira cada párrafo hobbesiano. En otras palabras, aprendimos a luchar por la imaginación al poder, e inexplicablemente el poder es por principio la negación de la imaginación. «Honorable es cualquier posesión, acción o cualidad que constituye un argumento y signo de poder.» Para demostrar que esta idea de Hobbes solo era válida para individuos como Thomas Hobbes mucha gente entregó parte de su vida, y en verdad que la mayoría no sabía ni quién era el tipo ni qué significaba el *Leviatán*.

Hay una generación, hoy superviviente, con dificultades insuperables para la adhesión institucional. Los signos, los símbolos de las instituciones, no están vinculados a una tradición democrática, sino exactamente a aquella otra que asumió la dictadura. No se trata solo de una orfandad real, sino de una suplantación; lo que hay es ajeno, y a los demócratas les queda darle autenticidad. Todo nuestro entramado institucional está sujeto a una rigurosa norma: nadie ose correr la cortina y mostrar la naturaleza de que están hechas personas, símbolos y signos.

Aún hoy sería considerada una temeridad *rayana en el terrorismo intelectual la simple* redacción de una biografía auténtica del rey Juan Carlos. *En verdad que no existe ninguna que merezca tal nombre**, que no se moviera entre la hagiografía y la cosmética. No faltan datos, ni ganas, ni intenciones, ni –sospecho– historiadores; falta voluntad y sobra temor. Como si se fuera consciente de romper un tácito acuerdo entre señores para que los gentiles no se solivianten, o se interroguen, o se sonrían. Todo lo institucional tiene por sustento la seriedad de lo ritual. Si alguien se lo toma a broma se desvanece la intimidación; se hace teatro.

Este es un país donde la monarquía cayó un día de abril de 1931 de puro corrupta y anquilosada y torpe, y desde entonces los monárquicos han sido especímenes escasos y llamativos, escorados en general hacia la derecha extrema. Franco y el franquismo dieron a luz la «monarquía utilitaria» y según esa fórmula, adaptada a la democracia, seguimos. Por temor a que el tenderete institucional –frágil, de poco enraizado– se cuartee, nadie se ha esforzado por desarrollar alguna concepción que vincule democracia y monarquía de nuevo cuño. Lo mejor es no mentarlo y que funcione. Al modo inglés.

Se pretende que lo cubra todo el amplio halo de la monarquía británica, que llegó a España al sesgo de un periodo tan vidrioso como el de Alfonso XIII –casado con una nieta de la reina Victoria–. No hace falta apelar al desastre matrimonial que constituyó esa pareja para entender el escaso enraizamiento de los modos y costumbres británicos en la chocarrera monarquía española. Bastaría con referirse a la costumbre zafia del «tuteo» institucional. Los monarcas españoles parecen ser

---

* Los fragmentos en cursiva de este párrafo desaparecieron en la edición de 1991.

los únicos caballeros con el privilegio de tratar de criados a todo español que se les presente. Es lo que se llama el derecho consuetudinario de los borbones al «tuteo». La familiaridad del trato, que tan vehementes defensores tiene siempre entre los lacayos. Una vulgaridad que algunos denominan «castiza» y que no admite, como es lógico, la reciprocidad.

Entre Alfonso XIII y el general Franco consiguieron extirpar el escaso sentimiento popular monárquico que había en España. La «monarquía utilitaria» de Franco consistía en tender un puente entre una dictadura surgida de la Guerra Civil y una monarquía de corte tradicionalista, anterior al ciclo abierto con el parlamentarismo liberal. El Caudillo, por su formación y por las fuerzas dominantes que le apoyaron, no podía sino dar una salida hacia el régimen monárquico. En definitiva, lo suyo se parecía a una monarquía absolutista, con sus validos y su corte, y para mayor concreción había dejado sentado que la institución sería «instaurada» y no «restaurada». Lo dijo en Sevilla el primero de mayo de 1956: «Somos una monarquía sin realeza, pero somos una monarquía». Su admiración le inclinaba hacia el modo de gobierno de los viejos emperadores de la casa de Austria, en especial aquel Felipe II al que tan unido se sentiría por diversas causas; lentitud de resolución, piedad religiosa, aislamiento personal, taciturnidad, incomprensión exterior, catolicismo militante, y una sórdida capacidad para la crueldad. En el espíritu de su Valle de los Caídos está la sombra de El Escorial.

El carácter de creador de «otra» tradición lo dejaría bien sentado cuando, gracias a su poder y a su incontestada autoridad, interrumpió la línea de continuidad monárquica y en función de su voluntad y nada más que su voluntad, decidió que su heredero sería Juan Carlos de Borbón. A lo que añadió «con título de rey». No era una restauración monárquica como se dijo luego, sino una instauración, en la que un dictador decidía quién, cómo y cuándo. La verdadera historia de las relaciones entre el dictador y la monarquía borbónica es una historia de episodios nada ejemplares *entre un hombre sin escrúpulos, que conoce muy bien de qué madera están hechos los borbones: un padre aislado y sin recursos, y un hijo pusilánime y ambicioso**.

Aunque las coordenadas históricas fueran diferentes, el juego de Franco y el de Napoleón, con los borbones, tienen bastante en común. En ambas ocasiones una institución como la monárquica rompe con su tradicional esquema hereditario basándose en supuestos intereses de supervivencia. Sin llegar a la chabacanería de los enfrentamientos entre Carlos IV y su hijo Fernando VII, las relaciones entre don Juan y Juan Carlos permiten contemplar un juego de ambiciones, intrigas y artimañas en el que Franco desempeña siempre el papel de mefistofélico encantador de intrigantes**. Primero consigue atraerse al hijo, que apenas si sabe hablar castellano, para que no rompa sus ataduras con España; luego presiona sobre su educación y la controla; por fin, le separa políticamente de lo que su padre significa en el exilio de Estoril y por último lo instaura como su heredero.

La opción monárquica estaba tan imbricada en el régimen franquista que solo quienes preveían su continuidad podían concebir su futuro. El juego de Franco con la familia borbónica emulaba al Napoleón soberbio y enredador con sus antecesores en la Bayona de mayo de 1808, cuando los borbones –padre e hijo– cedían sus derechos al emperador –en el mismo momento que la sociedad española se levantaba en el primer gesto de modernidad en nuestra historia política–. *Como en el ejemplo napoleónico, también Franco consiguió de padre y de hijo la cesión de derechos, por más que don Juan aprovechara alguna coyuntura internacional para pedirle que se los devolviera****. La monarquía la impuso Franco después de haber mer-

---

* La parte en cursiva de esta última frase desapareció en la primera edición.
** La editorial sustituyó «intrigantes» por «aspirantes» en la primera edición.
*** Esta última frase en cursiva fue eliminada en la primera edición.

cadeado el hijo al heredero legítimo. El futuro monarca le debía más al Caudillo de la Guerra Civil y la posguerra que a su propio padre; era más hijo político de Francisco Franco que de ninguna otra figura consanguínea.

Nunca se recalcará lo suficiente la convicción profunda de Franco de que el régimen monárquico sería su continuidad, a partir de su desaparición física. Como si el jefe dinástico fuera él y se permitiera crear una tradición, incluso reservándose el derecho a saltar el orden. Juan Carlos de Borbón, históricamente, no puede ser otra cosa que un interregno entre la frustración de su padre y la normalidad monárquica que encarnará su hijo Felipe. La monarquía de Juan Carlos fue impuesta por el dictador para evitar exactamente lo que ocurrió; que un rey buscara su legitimidad en la democracia y no en la Guerra Civil. Aunque el fantasma de otro conflicto civil sobrevolara la Transición como forma de presión que convencía a inquietos y medrosos.

En función de esa misión continuadora, denominada expresivamente por tirios y troyanos, la «monarquía del 18 de julio», Juan Carlos de Borbón fue orientado concienzudamente por Franco, quien designó a sus profesores con desdén notorio por las propuestas de su padre. Le formaron unos especialistas en acomodos y en algún caso en felonías, con la pretensión de que fuera un mucho acomodaticio y un algo de felón si llegaba el caso. El historiador Fusi, hombre de británico comedimiento, los denomina «comisión de catedráticos fidelísimos al Caudillo y Carrero». Dominaban abrumadoramente los hombres del Opus Dei, ansiosos de obtener en pleno siglo XX aquel privilegio que concibieron en pasadas épocas los confesores dominicos o jesuitas. Ser preceptores de los príncipes. El más notorio fue Ángel López Amo, numerario de la Obra, de quien ha quedado como máxima perla intelectual aquella que decía: «libertad de expresión, libertad de sufragio, libertad de cultos. Estas libertades son la libertad de la destrucción y del relajamiento». De no ser por un accidente de automóvil, en

Estados Unidos, que se lo llevó a su ansiada eternidad, hubiera llegado a la Transición convertido quién sabe si en adelantado de la posmodernidad.

Fue el más representativo entre los preceptores del príncipe de esa versión nacionalcatólica, aunque el tiempo daría preponderancia a otros como Antonio Fontán, Florentino Pérez Embid, el general Martínez de Campos, un furibundo enemigo de los parlamentos y el ubicuo militar Alfonso Armada. No le faltó el toque «movimiento nacional» que representaba Torcuato Fernández Miranda, el maestro de disfraces del régimen. Un sofista de Gijón, que es la definición que mejor le cuadra. Emilio Romero dijo de él que «estaba en condiciones de hacer un copón medieval de un vaso de Duralex», y tamaña capacidad de transustanciación le habría de venir muy bien a aquel joven desgarbado que hablaba un castellano con acento extraño y que debía vivir en un mundo de apariencia monacal y realidad implacable. Una formación para fabricar un rey maestro en el arte de saber esperar, saber callar y saber sonreír. Las únicas cualidades que podían hacer de un príncipe un rey en los tiempos de Francisco Franco y Carrero Blanco.

Desde que llegó a España en 1948, con diez años cumplidos, toda su existencia durante veinte años estará condicionada por su naturaleza de rehén. De su padre, de la institución monárquica, de la seguridad del franquismo... Le trajo Franco tras sinuosa negociación; aunque sea una expresión literaria que la historia se ha acostumbrado a tomar en serio, porque el Caudillo nunca negoció con don Juan. Le impuso condiciones y aceptó alguna contrapartida, que se olvidaba reiteradamente de cumplir, hasta que llegó un momento que el rehén se hizo mayor y ya no necesitó tratar previamente con su padre, sino con el Generalísimo. Don Juan pensaba que poner a su hijo entre las manos de Franco comprometía al Caudillo y cerraba otras alternativas de continuidad a la dictadura. El dictador pensaba que con el hijo bajo su manto podría neutralizar al padre, chantajear a la institución y ofrecer al mundo una salida conforme a los intereses del área occidental en la que se movía.

El complicado juego entre padre e hijo se vino abajo cuando cada uno debía dar un paso al frente y responder a las esperanzas que cada parte había depositado en ellos. En junio de 1975, con Franco vivo, aunque enfermo, el padre atacará sin tapujos la Ley franquista de Sucesión que consentía a su hijo saltarse a su progenitor y cuestionar con ello hasta la misma esencia de la institución monárquica. La reacción del régimen fue fulminante y le prohibieron la entrada en España; a efectos informativos su persona dejó de existir. Por eso debe interpretarse como un sarcasmo que el eminente historiador Seco Serrano afirme, con sublime desprecio por la verdad, «(Franco) no logrará quebrantar la comunión de ideas entre el conde de Barcelona y su primogénito; tal comunión de ideas desmiente cualquier sospecha de "claudicación" (…)»[1].

Frágil posición para un historiador cortesano, puesto que si alguien demuestra, y nada más fácil, que no hubo tal comunión, resultaría evidente que sí existió claudicación. Error de cálculo. Todo aspirante a historiador de reyes debería aprender de sus predecesores que la misión de un cronista es atenuar la falta por razones de Estado, siempre superiores. No ocultarla, porque luego la posteridad es implacable, y los monarcas son aún más susceptibles del qué dirán mañana de lo que hoy dicen sus devotos súbditos.

Juan Carlos de Borbón fue rehén del viejo régimen hasta el 23 de febrero de 1981, cuando una parte del Ejército juzgó llegado el momento de dar un «golpe de timón» y comprometer al rey en una operación de vuelta a 1976. O el rey rompía con ese fardo o se volvía al espíritu de Torcuato Fernández Miranda, al miedo a las alternativas no controladas, ya fuera el vacío de poder o el Partido Socialista. A cual peor. El golpe del 23 de febrero fue un intento de rediseñar la Transición borran-

---

[1] *Cuenta y razón* 41.

do a Adolfo Suárez y a Gutiérrez Mellado para volver al mensaje de Torcuato Fernández Miranda. Solo jugando con la figura del monarca, obteniendo su beneplácito, o su neutralidad benevolente, se podía conseguir. Volveremos sobre ello, porque el 23 de febrero de 1981 cierra el ciclo del rey como rehén y abre una etapa del rey como «piedra angular de la democracia»; si la primera constituía una traba para el funcionamiento democrático, esta última no dejaba de ser inquietante.

La paradoja está en que se trata del primer Borbón en la historia dinástica de España que puede decir que ayudó a estabilizar la democracia y no a vulnerarla, como sus antecesores. Y el carácter paradójico se agranda cuando contemplamos la trayectoria desventurada de este hombre nacido en la Roma mussoliniana de 1938. Que luego, muerto Alfonso XIII, se traslada a Lausanne, en Suiza, junto a su abuela Victoria Eugenia. Allí permanecerá durante toda la Guerra Mundial. Sus padres pronto cambian de residencia. En enero de 1946 marchan a Estoril, lo más cerca de España posible, pero a ese Juan Carlos de ocho años lo ingresan interno en los marianistas de Friburgo.

No es precisamente una infancia feliz, familiar y cómoda, sino un desarraigo permanente. Tiene diez años y diez meses cuando entra en España por primera vez el 8 de noviembre de 1948. Apenas si habla castellano, pero está aquí en virtud de los acuerdos que sobre su cabeza han alcanzado el Caudillo y su padre. Los estudios de Bachillerato, por llamarlo de alguna manera, los hará encerrado en una finca, Las Jarillas, ofrecida por los banqueros Urquijo. Aquí, a diecisiete kilómetros de Madrid, recibirá clases rodeado de un minúsculo grupo de ocho alumnos seleccionados entre las familias selectas del sistema. Todo expresamente organizado para él, desde la temática hasta las diversiones. Apunto de cumplir dieciocho años, la jura de bandera y el ingreso en la Academia Militar de Zaragoza. Luego el oscuro asunto del accidente de su hermano Alfonso: juegan con una pistola cargada, se les dispara y muere Alfonso. No es precisamente una historia como la ocurrida en 1899 a Rodolfo, príncipe del Imperio austrohúngaro, en Mayerling, pero tampoco puede simplificarse en una travesura de niños; Alfonso tenía quince años, cuatro menos que Juan Carlos. Conviene señalarlo porque nadie ha querido hacerlo nunca; el pequeño Alfonso era el favorito de la familia, tan parecido al frívolo abuelo, mientras que Juan Carlos siempre había sido tenido por un niño torpe y desvaído. En aquella vida que llevaban los muchachos todo era posible, desde el juego a la aventura sin retorno*.

Pocas cosas habrá hecho mejor Juan Carlos que haberse casado a los 24 años, y no es casual que lo hiciera con una mujer que, salvo en lo que se refiere a una infancia dura, en todo lo demás no tiene nada que ver con ellos, ni social, ni cultural, ni psicológicamente. No es fácil encontrar mayor distancia entre los usos, costumbres y caracteres de los borbones que esta familia griega de procedencia nórdica.

Aunque empezarán a tener su residencia propia en el palacio de la Zarzuela desde el otoño de 1962, Juan Carlos no dejará de ser Juanito hasta que a finales de enero de 1968 tenga el primer hijo varón y la línea de continuidad dinástica esté a la

---

* El párrafo publicado por la editorial en 1991 fue muy distinto: «No es precisamente una infancia feliz, familiar y cómoda, sino un desarraigo permanente. Tiene diez años y diez meses cuando entra en España por primera vez el 8 de noviembre de 1948. Apenas si habla castellano, pero está aquí en virtud de los acuerdos que sobre su cabeza han alcanzado el Caudillo y su padre. Los estudios de Bachillerato, por llamarlo de alguna manera, los hará encerrado en una finca, Las Jarillas, ofrecida por los banqueros Urquijo. Aquí, a diecisiete kilómetros de Madrid, recibirá clases rodeado de un minúsculo grupo de ocho alumnos seleccionados entre las familias selectas del sistema. Todo expresamente organizado para él, desde la temática hasta las diversiones. A punto de cumplir los dieciocho años, la jura de bandera y el ingreso en la Academia Militar de Zaragoza. Luego el accidente de su hermano Alfonso: juegan con una pistola cargada, se dispara y muere Alfonso. Alfonso tenía quince años, cuatro menos que Juan Carlos. Conviene señalarlo porque nadie ha querido hacerlo nunca; el pequeño Alfonso era el favorito de la familia, tan parecido al frívolo abuelo, mientras que Juan Carlos siempre había sido tenido por un niño torpe y desvaído. Fue un golpe de esos que uno no supera fácilmente».

orden del día entre las familias políticas del franquismo. Hasta entonces visitar la Zarzuela era como acercarse a una pajarera y como los reyes no escriben memorias ni permiten que otros las escriban, seguirá siendo posible que haya quienes se exhiban como veteranos contertulios del palacio de los príncipes. Las humillaciones a este matrimonio llamado a reinar por decreto del Generalísimo fueron reiteradas, casi cotidianas. Nadie que valorara su crédito con el dictador se atrevía a visitar a un príncipe enjaulado, rodeado de confidentes y gentes encargadas de espiarle. Todo lo más, a la vuelta de El Pardo, y tras pedirle el implícito visto bueno a su excelencia se acercaban —«de paso»— por ese palacio cuyo nombre —«de la Zarzuela»— facilitaba el retrato de la situación. Como dijo en cierta ocasión un monárquico con sentido del humor: «¿Cómo iba a ir mucha gente a ver a los príncipes, si en primer lugar no había manera de encontrar la carretera —sin señalizar— y luego se dejaba uno el vehículo en aquel camino de cabras, sin asfaltar?».

La historia de este matrimonio hasta la muerte de Franco es la historia de una humillación, permanente, ostentosa; no tanto por parte del viejo general, sino del régimen en su conjunto, que entendía la figura de Juan Carlos con la misma atención que podían dispensar a los ilustres familias destronadas en el Este, los Leka de Albania, los Simeón de Bulgaria... y Borbones de España. Astucias del Caudillo para tener el futuro al alcance de la mano.

El nacimiento de un heredero el 30 de enero de 1968 fue como la señal de la ofensiva de los tecnócratas, vinculados al Opus Dei, y de su protector Carrero Blanco, para convencer a Franco de que debía abrirse un camino seguro de sucesión. Lo que no quería decir de ningún modo que ese camino hubiera de seguirse, sino solo que estuviera expedito. No era difícil convencerle porque en diciembre de 1967 había cumplido 75 años y Juan Carlos ya tenía casi los 30 que las Leyes Fundamentales del Reino, inventadas por él, marcaban como la edad mínima para el eventual sucesor.

Se trabajó concienzudamente. Desde comienzos de 1969 el príncipe fue ascendido a capitán de Infantería, abriendo así la meteórica carrera militar a que obligaban las circunstancias. Pero lo más importante era distanciarse de su propio padre y hacerlo públicamente para que no cupieran dudas ni entre los más pertinaces de las instituciones del régimen. Tomó la forma de una entrevista del príncipe Juan Carlos al director de la agencia de prensa oficial Efe. La redacción del texto fue atribuida especialmente a Gonzalo Fernández de la Mora, principal lumbrera de la tecnocracia y hombre muy admirado por Carrero Blanco. Él mismo lo desmintió tajantemente. Manuel Fraga Iribarne de manera muy galaica se la apropia en sus *Memorias*. Apenas le quedaban unos meses como ministro de Información, pero nadie, y menos que nadie él mismo, podía imaginarlo.

El príncipe Juan Carlos se postulaba como heredero de Franco a título de rey y marginaba de modo terminante la legitimidad que ostentaba su padre:

> Es lógico que los más fieles mantenedores de los principios dinásticos acepten algún sacrificio en sus aspiraciones. Y si son verdaderos patriotas comprenderán que ante todo está el bien de España. La satisfacción de ver recuperada la institución monárquica no es poco, por otra parte, para justificar agradecimiento y una cierta flexibilidad.

Las largas declaraciones, de las que esta frase significativa solo es una muestra, ocuparon lugar preferente en todos los medios de comunicación españoles. Franco personalmente reconoció, según testimonian sus íntimos de entonces, que «las declaraciones del joven príncipe» le habían impresionado por su justeza y su madurez.

No fue ese precisamente el caso de su padre, quien haría pública a su manera la indignación que le habían provocado. El procedimiento que tomó, muy suyo, consistió en escribir una carta el 12 de enero de 1969, cuatro días después de las declaraciones de su vástago, al anciano prohombre de la monarquía española, el poeta José María Pemán, que circularía profusamente: «Las recientes declaraciones del príncipe Juan Carlos (...) fueron hechas sin mi consentimiento ni intervención alguna por mi parte, ya que tuve noticia de las mismas al leerlas en el periódico, como un español más (...)». Aprovechaba para divulgar también la que le adjuntaba a su «querido Juanito», en la que, con lenguaje tan retorcido que haría de Gracián un cronista galante, le ponía algunos puntos sobre las íes. El único heredero de la corona era él y nadie podía usurparle el derecho mientras no renunciara. Estaba de más que no pensaba hacerlo.

En julio las Cortes franquistas aprobaban, con la obediencia debida, a Juan Carlos como sucesor del Caudillo «a título de rey». Aunque añadía, «cuando se cumplan las previsiones de la Ley de Sucesión», o lo que es lo mismo, cuando el Generalísimo desaparezca. Según figura en el *Boletín Oficial,* los procuradores puestos en pie dieron vítores de «¡Franco, Franco, Franco!».

A las siete de la tarde del 23 de julio de 1969 el nuevo príncipe heredero de un general insurrecto introdujo su juramento con estas palabras:

> Estoy profundamente emocionado por la gran confianza que ha depositado en mí su excelencia el jefe de Estado (...). Formado en la España surgida el 18 de Julio, he conocido paso a paso las importantes realizaciones que se han conseguido bajo el mando magistral del Generalísimo (...).

Luego juró tres cosas, por este orden: primero, lealtad a Franco; segundo fidelidad a los Principios del Movimiento Nacional; y tercero, a las demás Leyes Fundamentales del Reino. A continuación aún pronunció unas emotivas referencias personales que electrizaron a cuantos abarrotaban la sala, Caudillo incluido:

> Quiero expresar, en primer lugar, que recibo de su excelencia el jefe de Estado y Generalísimo Franco la legitimidad política surgida el 18 de julio de 1936 (...). Momento en el que fue interrumpido por una ovación de los procuradores puestos en pie (...). Pertenezco por línea directa a la Casa Real Española (...). Mi general: a pesar de los grandes sacrificios que esta tarea pueda proporcionarme, estoy seguro de que mi pulso no temblará para hacer cuanto fuera preciso en defensa de los Principios y Leyes que acabo de jurar.

Según vuelve a repetir el *Boletín Oficial del Estado,* número 1 061, «la Cámara entera puesta en pie aplaude y grita ¡Franco, Franco, Franco!». Se levantó la sesión a las siete y cuarenta minutos de la tarde. No fueron los cuarenta minutos que estremecieron la historia de España, ni el primer eslabón de la Transición. Franco había al fin decidido quién le sucedería y bajo qué cláusulas. Nada más.

Las condiciones a partir de las cuales podría reinar algún día no estaban escritas en ninguno de aquellos ilustres tratadistas que constituyeron lectura de los reyes españoles. Si el oficio hace al hombre, con remitirnos tan solo a la escueta biografía, el príncipe únicamente podía alcanzar la Corona, no digamos ya conservarla, en tanto fuera un *traidor a la traición**, un cándido astuto, un impaciente tranquilo, un calculador descuidado, un ingenuo implacable... En fin, todas aquellas cosas que pueden convertir a un príncipe en un rey en circunstancias anómalas.

La cuestión borbónica aparecía en el horizonte de lo que iba a ser la transición española como un episodio capital, pero en el cual el peso de la tradición sobrepasaba al de la adaptación a la realidad. En otras palabras, desde vísperas de la enfermedad de Franco ya se percibía en el conjunto del mundo político –franquismo u oposición– que el debate se dirimiría entre pa-

---

* El fragmento en cursiva fue eliminado por la editorial en la primera edición.

dre o hijo, y que cada uno se aprestaba a tomar posiciones. La fase monarquía o república había quedado difuminada conforme se acercaba el final del franquismo. Casi se podría decir, que la continuidad del franquismo quedaba implícitamente garantizada desde el momento que no había opción popular alguna; el carácter del régimen podía estar a debate, pero la naturaleza de este, no. Entre formas de monarquía o el vacío. Su mayor triunfo estuvo en conseguir ese reduccionismo político. Fue la derrota principal de las fuerzas progresistas que ni tan siquiera osaban plantearlo de otro modo.

El debate de 1975 –con Franco moribundo– se reducía a encontrar un puente entre la adscripción democrática de don Juan y los anhelos de las fuerzas de oposición hacia un plebiscito formal, simbólico, en el que no descartaban si fuera menester un apoyo soterrado o explícito a la forma monárquica. El debate de 1976 –con Franco enterrado– se reducía a encontrar una salida entre el padre –don Juan–, aislado y temeroso de convertirse en un rehén de la izquierda, y su hijo, no menos temeroso de permanecer indefinidamente en su condición de rehén de las fuerzas continuistas de la dictadura. Que ninguno de los dos daba la partida por perdida lo constata el hecho de que al día siguiente de la muerte de Franco, y con su hijo de flamante sucesor «a título de rey», don Juan asumiera su papel de heredero legítimo y así lo hiciera saber a los cuatro vientos, provocando los ataques furibundos de los «nuevos monárquicos» del Movimiento, especialmente desde el diario falangista *Arriba*.

La monarquía se convirtió a la muerte de Franco en la única opción virtual y la izquierda, como si saliera de un sueño o de un mito que ella misma se había forjado, hubo de reconocer que o se sumaba o quedaba aislada. Fue una parte del reconocimiento de su propia debilidad; se puede uno quedar aislado cuando tiene fuerza, asume riesgos y aspira a futuro. Pero aspiraciones había muchas y fuerzas menos; riesgos ya se habían corrido todos. La última jugada de las fuerzas conjuntas de la oposición –la Plataforma Democrática, desde los carlistas hasta los maoístas de la Organización Revolucionaria de Trabajadores y el Movimiento Comunista de España, pasando por el Partido Comunista y el Partido Socialista, entre otros– consistió en tratar de cerrar el camino a Juan Carlos patrocinando a su padre.

¿Qué había ocurrido para que la monarquía se convirtiera a la muerte de Franco en la única opción viable? Sencillamente que la oposición de la izquierda había trabajado a favor de una estrategia que no había calado socialmente, que se había quedado en esquema. La república seguía siendo para la ciudadanía el régimen que había terminado en Guerra Civil. El concepto de seguridad y de orden estaba implícito bajo la idea de una monarquía, y el de riesgo e inestabilidad lo evocaba la república. Otra victoria del franquismo tras décadas de presión ideológica.

El peso de la Iglesia, más fuerte sin duda en 1975 que en 1930, puesto que incluía hasta las facciones más radicales del movimiento obrero, incidía también en cierta implícita prevención ante la forma republicana, como tentada por exclusión hacia la monarquía.

Lo llamativo es que no había monárquicos teóricos, sino monárquicos utilitarios. Si Franco, que había optado por la monarquía como la forma más segura para la conservación de su régimen, había dicho en 1974 a su médico de cabecera que «los votos favorables a la monarquía, no llegarían a un 10 por 100»[2], grandes sectores del país venían a coincidir con él, ya fuera en su carácter instrumental o en la evidencia de que el futuro se presentaba oscuro y a algo había que agarrarse. Todos participaban en un generalizado desprecio hacia la institución y quienes la encarnaban. Por si fuera poco la historia les podía dar argumentos sobrados a todos, aunque fuera desde ángulos y pretensiones diversas.

Desde el día que murió Franco se inició una progresiva retirada estratégica del rey Juan Carlos. El procedimiento, gra-

---

[2] Pozuelo, *Los últimos 476 días de Franco, op. cit.,* p. 136.

cias a lo que hoy sabemos, tuvo visos de comedia de enredo. El monarca se escondía por miedo a comprometerse, y aparecía por necesidad. La operación para defenestrar al presidente Carlos Arias Navarro, nombrado por el Caudillo y al que su sucesor no tenía facultades legítimas para cesar, fue un modelo del nuevo estilo que habría de imprimirse a la Transición. Entre lo dieciochesco y lo arrabalero, entre la mentira versallesca y el navajazo castizo*.

En el flamante rey y sus escasos asesores había la conciencia de que solo se podía apelar a Estados Unidos para neutralizar los efectos de la tradición franquista. Muy especialmente en el Ejército, que será el ídolo al que se ofrecerán inmolaciones durante toda la Transición y al que en ocasiones, como a todos los dioses, se le engañará poniéndole gato allá donde debía ser cordero. Pero será el becerro de oro al que se adora en silencio; no se le respeta pero se le teme. ¿Quién podría neutralizarlo más que los norteamericanos que llevaban trabajándolo desde 1953?

Carlos Arias Navarro no estaba dispuesto a dimitir. Debía su cargo al Caudillo, y su gente, muy animosa entonces, consideraba que había que poner al monarca en su lugar para que no les «borboneara». El 8 de abril de 1976, Juan Carlos recibió a Arnaud de Borchgrave. El rey había llamado a este influyente aristócrata que ejercía en excepcionales ocasiones como periodista del semanario *Newsweek*. A Juan Carlos se lo había recomendado Hussein de Jordania. Nadie mejor que el rey jordano, acusado durante años de relaciones privilegiadas con la Central de Inteligencia Norteamericana, para conocer a quien también garantizaba una privilegiada penetración en la cúpula de Estados Unidos. Se pactaron unas declaraciones bajo la forma estilística del periodismo yanqui: no se trataba de una entrevista formal, pero algunos párrafos entrecomillados confirmarían las opiniones del entrevistado. Una de las frases pac-

---

* La última frase de este párrafo fue eliminada en la primera edición.

tadas dice «Arias es un desastre sin paliativos». El rey se reserva la fecha idónea que deberán publicarse y según un testimonio del entorno real, adoptan incluso un sistema de contraseña telefónica.

Ahí tenemos a un rey conspirando contra* su presidente y tomando como instrumento a un «periodista» homologado con el Departamento de Estado. Pero no basta. El 19 de abril –tras la señal convenida en una conversación telefónica– aparecen las declaraciones. Arias Navarro monta lógicamente en cólera y exige una confirmación o una reparación. La Casa Real, en nombre de su majestad, desmiente haber hecho declaraciones a ese supuesto periodista apellidado Borchgrave y Arias se queda con la mosca de la burla tras la oreja, pero tranquilo. Solo Estados Unidos, auténticos objetivos del mensaje, lo captan y un mes más tarde recibirán a Juan Carlos de Borbón en el Capitolio, Congreso y Senado unidos, para escuchar su programa. Era el 2 de junio de 1976. Durante siete días tendrá ocasión de explicar a la Administración norteamericana sus aspiraciones y sus dificultades. A su vuelta, necesitará apenas un mes para obligar a Arias Navarro a presentar su dimisión y designar a Adolfo Suárez como nuevo presidente del Gobierno.

El vaivén de ausencias y presencias del rey iría adelantándose a la presión social en el camino de reedificar su imagen. Acabaría en la de un monarca constitucional. Un juego difícil en el que es prácticamente inevitable quemar colaboradores y frustrar ambiciones. Constituyó su mayor triunfo y produjo la derrota del doble frente de adversarios: quienes desde la oposición pensaban que le sería imposible reconducir la situación y quienes desde la tradición franquista pensaron que al final solo el Ejército podría salvarle. En la misma intentona del 23 de febrero de 1981 aparecería esa concepción en varios de los golpistas: los militares venían a salvar al rey de los políticos.

---

* En lugar de leerse «conspirando contra», la editorial publicó «tratando de liberarse de».

La levedad de algunos pomposos historiadores roza el ridículo cuando escriben, como Carlos Seco Serrano:

> Gran problema el planteado por el juramento de las Leyes Orgánicas (así llaman ahora a los Principios Fundamentales del Movimiento Nacional y demás Leyes Fundamentales del franquismo). El más próximo consejero de don Juan Carlos, Torcuato Fernández Miranda, disipó los escrúpulos del príncipe. El juramento podía mantenerse intacto. Se trataba de saltar de legalidad a legalidad.

La descripción resulta hasta simpática con ese tono de moralina para niños. Igual ocurre con el pacto de familia que se inventaron los mismos que instruyeron a Carrero Blanco en el modo de saltar sobre el padre entronizando al hijo. «El rey Juan Carlos tenía ya en su poder, de modo fehaciente e irreversible, la renuncia de su padre desde los primeros días de su reinado legal», señalaba Antonio Fontán[3]. Tiene la delicadeza este antiguo profesor del príncipe y miembro del Opus Dei de no precisar el «modo fehaciente» ni el «carácter irreversible».

La Transición en su conjunto es una improvisación consensuada y el primer paso fue aceptar la monarquía de Juan Carlos de Borbón. La apariencia dice que todo consenso es un acuerdo entre las partes en el que cada una cede algo en sus aspiraciones para lograr una base mayor de apoyo. La realidad atestigua que todo consenso es el reconocimiento de la inferioridad de una de las partes y el temor de la otra, más fuerte, a que la imposición de su programa acarree consecuencias que demuestren su debilidad. El consenso es la autoconciencia política de una situación de mutua fragilidad, en la que nadie está en condiciones de asumir el riesgo de quedarse solo, de aislarse. El aspecto falaz de un consenso no está en llegar a él, sino en enmascarar como voluntad lo que no es sino necesidad. No

---

[3] *Historia de la transición,* vol. I, p. 219.

es que quieran el consenso, es que no tienen más remedio que consensuar. Lo contrario es elevar el nivel de riesgo por encima de lo soportable.

La fórmula del consenso entre las diversas fuerzas políticas se usó soterradamente desde la celebración del referéndum posfranquista para la reforma política (en diciembre de 1976). Reflejaba un inseguro equilibrio de fuerzas, que en casos como este no era más que la constatación de que el sistema no podía ser derribado, aunque sí condicionado. El consenso empañó de tal modo la vida política que la monarquía fue el mayor y más tácito de los consensos de la Transición. El paradigma de los consensos. El rey fue deviniendo el modelo consensuado. La palabra «no» fue desterrada del vocabulario político de la transición democrática desde el día que el conjunto de la oposición defendió públicamente el «no» en aquel referéndum para la reforma política. Desde el momento en que se defendió el «no» y buena parte de los mismos tenían interés en que saliera el «sí», hubieron de admitir que todo era transable siempre que no se hiciera en público. Los «estados mayores» de los partidos se convirtieron en la única realidad política del país. El resto atendía, aprobaba o se abstenía.

La hora de la verdad de la fórmula del consenso llegó un 23 de febrero de 1981. No es de extrañar que el intento de golpe de estado no fuera sino un remedo del consenso de la Transición. Detrás de la conspiración del general Alfonso Armada y de la apelación del golpista Miláns del Bosch a la Jefatura Máxima de los Ejércitos que detentaba el rey, había la convicción de que un gesto del monarca, un almuerzo socialista, una cena comunista, y unas gestiones bancarias y periodísticas bastaban para forzar la situación hasta el límite, y luego darle una salida. La única verdad histórica confirmada en el proceso a que se sometió a los militares sublevados fue que nadie, hasta el día de autos, les había dicho rotundamente que no.

De la naturaleza de los poderes, de la supeditación de la democracia al genérico consenso y a las iniciativas golpistas, da una prueba la anécdota estremecedora que narra, sin apenas darse cuenta, la periodista Pilar Urbano en su historia del intento de golpe del 23 de febrero. Secuestrado el gobierno y los diputados, enseñoreados los conspiradores como único poder real, la fuerza de las cosas instituyó una especie de «poder civil», el único genuinamente democrático a tenor de las circunstancias, el que constituían los subsecretarios, reunidos en gabinete de emergencia. Uno de ellos, Francisco Laína, nada menos que subsecretario de Interior, narraría después al ayudante del rey, Sabino Fernández Campo, que cuando descubrió el doble juego del general Armada y supo que se trataba del auténtico cerebro del golpe, se le pasó por la cabeza detenerle. Respuesta del también general Fernández Campo, mano derecha del monarca: «Te hubieses salido de tus competencias»[4].

Respuesta de un militar, que permitiría hacer una disquisición, que no es del caso, sobre la diferencia entre el «peligro en el que estaba la monarquía» y «el peligro en el que estaba la democracia». El primer consenso de la Transición las hizo inseparables, pero en esa anécdota trascendente está la prueba de que ningún consenso es una dejación de las dos partes, sino la preponderancia de alguien y el reconocimiento de su superioridad por el otro.

La ocupación del palacio de las Cortes el 23 de febrero de 1981 evidenciaba la atención primordial que concedían los golpistas a los «estados mayores» políticos. Hasta hombre tan zafio, políticamente hablando, como el teniente coronel Tejero toma como primera provisión, tras el asalto, la de separar a los cabezas de grupo del resto de los diputados. Una decisión en la que se podía esconder la intención de que sirvieran de rehenes tanto como la de tenerlos más a mano para lograr cualquier fórmula que terminara con la situación. En otras palabras, tanto para un golpe duro que cercenara la democracia, como para otro que la «recondujera»; tanto para las intencio-

---

[4] P. Urbano, *Con la venia... yo indagué el 23-F,* Barcelona, 1982, p. 225.

nes de Tejero y Miláns del Bosch como para las de Armada. De donde cabría deducir que la idea de los diversos golpes que confluyeron en el 23 de febrero es una discusión estúpida por obvia. En nuestra referencia más inmediata, el 18 de julio de 1936, también ocurrió que no era el mismo golpe el que llevaba en su cabeza Sanjurjo, Mola, Franco o Saliquet.

El general Alfonso Armada era un defensor del consenso como fórmula política. Desde que se inicia la decadencia de Adolfo Suárez en la presidencia del Gobierno y la crisis en su partido, la Unión de Centro Democrático, Armada no hace otra cosa que trabajar por un consenso: entrevistas con el Partido Socialista, con el Partido Comunista-Partido Socialista Unificado de Cataluña, con innumerables personalidades sociales, económicas y estamentales. Nadie puede hoy tener duda de que la comunicación entre él y el rey era completa –otra cosa es cómo interpretara las respuestas, los gestos o los silencios del monarca– pero lo cierto es que mientras está preparando el golpe –«golpe de timón», no se olvide, según expresión del honorable Tarradellas, presidente de la Generalitat de Cataluña– es el propio rey quien le ayuda a ascender en la cúpula militar, contra la opinión del presidente Adolfo Suárez. El 3 de febrero, veinte días antes del golpe, su majestad le comunica alborozado, desde el aeropuerto de Barajas, que ya es el segundo jefe de Estado Mayor. Tres días más tarde cena a solas con el rey, tan solo una semana antes de que Gutiérrez Mellado se quede impresionado al escuchar las intenciones que Armada le expone.

El sarcasmo golpista de llamar a la intentona del 23 de febrero Operación De Gaulle no está solo en emular al hombre de la Liberación de Francia contra los nazis por parte de un militar como Armada, cuyo hecho de armas más notable fue su participación durante cinco años en la Dirección General de la Guardia Civil en la represión de los maquis, sino en lo que tiene de operación crematística, desde fuera de las instituciones parlamentarias, tratando de lograr con ellas algo similar a lo que aspiraban con la Corona: su neutralidad benevolente. Significativo es que el guion que el general Armada prepara durante la intentona, con sus compañeros de armas, en el Cuartel General del Ejército, señala tres puntos. Primero, evitar luchas fratricidas. Segundo, la fórmula ha de ser constitucional. Tercero, Armada hace la gestión a título personal... Es decir, primero provoca el golpe, luego lo hace constitucional, porque para él es el consenso con las cabezas de los grupos parlamentarios lo que convierte algo en constitucional, y por último, tras el éxito de esta segunda operación, lo personaliza. En resumen, se trataba de conseguir que gracias al rey y a los líderes parlamentarios, Armada se trasformara en el general De Gaulle de 1958.

La figura de Armada es ridícula y lo será aún más tras el juicio, tanto para la ciudadanía como para sus conmilitones. No puede explicarse la verdadera historia públicamente sin ser sujeto de escarnio. La escena en la que Armada y los generales del Estado Mayor consultan la Constitución para tratar de encontrar una fórmula de burlarla es antológica, porque estaban convencidos de ser unos rigurosos militares constitucionalistas[5]. ¿Qué entendía él por constitucional? El consenso entre los padres de la Constitución. Si los padres del consenso le consensuan, es constitucional. Una concepción autoritaria de la democracia, por llamarlo de alguna manera leve. En el fondo y en la forma no hacía más que imitar a Torcuato Fernández Miranda durante la primera parte de la Transición, durante la preparación del primer consenso.

El 23 de febrero no estaba concebido como un golpe clásico, sino como la creación de un nuevo consenso para que el rey recondujera la situación que Suárez le había hecho perder de las manos. Que la victoria de los golpistas hubiera significado bastante más, no le cupo ninguna duda ni al rey ni a los líderes secuestrados en el Congreso. La frivolidad, incluso la irrespon-

---

[5] P. Urbano, *Con la venia, op. cit.*, p. 210.

sabilidad de las diversas instituciones, duraron hasta que se encontraron con los hechos consumados. Ahora bien, el esquema que barajaron en sus primeras gestiones, incluido el asalto al palacio de las Cortes, fue este. La suplantación de papeles se consumó de tal modo que quien puso las condiciones del Estado democrático a los golpistas sería el general Alfonso Armada, y como tal firmaría «el pacto del capó», en representación de las instituciones democráticas, para la rendición de los sublevados.

El final de la fórmula de consenso fue posterior al 23 de febrero y en gran medida debido a ello. El rey consiguió, apenas pasado el golpe, cerrar el ciclo del continuismo posfranquista que representaba. Había ganado una batalla que solo él estaba en condiciones de afrontar.

La ausencia de reacción social la tarde del 23 de febrero de 1981 fue una prueba de que la monarquía parlamentaria era una superestructura conseguida por consenso, que la ciudadanía aprobaba pero que nadie estaba dispuesto a defender como se defiende lo que es propio. ¿Alguien, incluso los diputados del Congreso, estaba en disposición de dar su vida por el régimen amenazado? El general Gutiérrez Mellado cuya actuación durante los acontecimientos fue excepcional por tantos motivos, apuntará en un texto de reflexión, escrito ocho años más tarde, los innumerables «factores» que hicieron fracasar el golpe[6]. Lo hará por este orden: el rey, las guarniciones, la Junta de Jefes de Estado Mayor, el director de las Fuerzas de Seguridad del Estado, los directores de la Guardia Civil y Policía Armada, el capitán general de Madrid y así hasta llegar al jefe de Estado Mayor del Ejército de Tierra. ¿Se puede creer que entre todos nos regalaron la democracia?

El 23 de febrero se invirtieron los términos en los que estaba planteada la situación: una sociedad plasmaba su escasa resolución en la defensa de la democracia amenazada y un monarca, heredero de la dictadura, como el más resuelto defensor

---

[6] *Cuenta y Razón,* diciembre de 1988.

de la Constitución y las instituciones democráticas. Se confirmaba no obstante una herencia de la Transición: la figura del rey se multiplicaba y la del Parlamento y los partidos se difuminaba. Al primer efecto de euforia por la democracia conservada siguió el «golpe de timón», con decisiones tan trascendentales como el ingreso en la OTAN, la Ley Orgánica sobre las Autonomías, y la de Defensa y Protección del Honor que supondría una presión arbitraria e intolerable sobre los medios de comunicación.

El intento de golpe del 23 de febrero generó una conciencia política que no había y al tiempo una sensación de «democracia vigilada». La victoria del Partido Socialista en las elecciones siguientes, en octubre de 1982, es inexplicable sin la voluntad ciudadana de acabar con todo eso, con la transición como forma, como proceso y como método. Lo que sucedería luego, que sale del marco de este libro, confirmaría la solidez de los elementos que salieron a la luz aquel 23 de febrero. Y también los que no aparecieron.

La diferencia entre una democracia otorgada y una democracia conquistada era un debate no baladí que se puso a la orden del día ante el intento de golpe. La disociación entre los «estados mayores» de los partidos –ni tan siquiera los aparatos políticos– y una sociedad contemplativa se revelaba evidente ante el proceso institucional. Las referencias al doble trabajo, político y de presión social, es un eufemismo. El periodo que va de diciembre de 1976 (referéndum para la Reforma Política) a los acontecimientos del 23 de febrero de 1981, contempla un descenso no solo en el entusiasmo social por la democracia, sino que introduce en los sectores más dinámicos de la sociedad –gran parte de los que habían luchado contra la dictadura– una componente de apatía y resignación ante ese proceso institucional marcado por el secretismo, el chalaneo y la trivialización de la historia.

Lo que daría lugar al término «desencanto» no era la fase que seguía al entusiasmo, porque nada dice que se exija un «encantamiento» como paso previo al pesimismo. Basta con el escepticismo de la razón después de décadas de voluntarismo. La Transición no estaba tramada para las efusiones de entusiasmo. El desencanto nació tras la evidencia de que el sostén de las instituciones democráticas no podía proceder de los demócratas, sino de quienes habían descubierto que el funcionamiento de la democracia era tan cómodo para sus intereses como en el viejo régimen. Sin llegar al rechazo institucional, se produjo un voluntario distanciamiento.

Hasta los acontecimientos del 23 de febrero no se incrementó la identificación entre los demócratas y las instituciones. Excepción hecha de la clase política. Un profesor socialista, Ignacio Sotelo, llegó a escribir unos años más tarde: «Aquella noche humillante (la del 23 de febrero de 1981) convierte al régimen establecido a la mayoría de los españoles». Una afirmación que es tanto como reconocer que «el régimen establecido» no era el de la mayoría de los españoles; que el proceso de «conversión» fue por presión, casi se podría decir «en ausencia», más que por convicción, y que los españoles se sintieron demócratas tras ser humillados. Un retrato angustioso de una sociedad.

En resumen, el intento de golpe le saca las costuras a la transición. La ausencia de protagonismo de la sociedad, el lado negativo del sosiego público y del cercenamiento de las presiones sociales. Se borró, o se hizo todo para que se borrara, cualquier acción que entorpeciera el curso de los consensos. En el fondo, la monarquía consensuada era el ideal de nuestros españoles ilustrados dos siglos antes; había quien soñaba con Jovellanos, otros con Aranda, incluso se podría decir que la máxima aspiración de los partidos era erigirse en los «caballeritos de Azcoitia».

La Transición fue un proceso de desmovilización social. Consciente o inconscientemente se mantenía la idea de que las bases de los partidos eran el ideal sustitutorio de la sociedad. La política constituía una tarea y una misión de los estados mayores políticos. En el fondo se obraba a la manera dieciochesca, ilustrada. «Les concederemos la democracia, pero que no se inquieten, ni teman, ni bullan. Para la campaña electoral necesitaremos que echen una mano; especialmente la militancia. El común, abstenerse.»

La recomendación de Talleyrand convertida en máxima de los líderes de la transición para uso de gentiles: «jamais trop du zélé». «Nunca demasiado celo.» La ausencia de protagonismo de la sociedad como característica acusadísima tuvo consecuencias importantes. El miedo de la monarquía a la presión de los sectores continuistas del franquismo se amplió al miedo del conjunto de la clase política, temerosa de que las presiones sociales inclinaran la supuesta balanza del lado de esos sectores continuistas. Algo similar a reconocer no solo su fuerza, sino también la incapacidad de la sociedad democrática para neutralizar a sus adversarios.

Una sociedad mantenida expectante y admirada de unos caballeros que negociaban en su bien –al parecer– y con su desconocimiento, habría de exigir con el tiempo a esos «estados mayores» una mayor responsabilidad y coherencia con sus ideas. En el desmoronamiento de los dos grandes partidos de la Transición –la Unión de Centro Democrático y el Partido Comunista– hay también el sentimiento social de que todos, partidarios y neutrales, descubrieron que sus líderes eran unos pícaros. Se puede conceder confianza a unos caballeros mientras no se demuestre lo contrario, es decir, que no son unos caballeros.

La responsabilidad que asumían esos dirigentes y sus «estados mayores» era monumental, a la altura de la conciencia de su misión. Una muestra de desfachatez consistía en pedir a la sociedad que reaccionara entusiásticamente por algo que no parecía otra cosa que un enjuague. Cuando empezaron su decadencia se quejaron de incomprensión.

La forma que adquirió ese proceso –desmovilización y consenso– significaba en sí la derrota de todas las convicciones sobre las cuales se había desarrollado la lucha contra la dictadura. Se venía a concluir que el marco constitucional en el que nos movíamos, partía de una derrota de las fuerzas democráticas antifranquistas. De ahí que el fenómeno de la abstención cobrara una importancia considerable en el referéndum que aprobó la Constitución. Casi un tercio de la población electoral se abstuvo. Para mayor gravedad, los jóvenes entre 18 y 21 años –2.500.000– no votaron. Entre paradoja y sarcasmo se puede decir que la Constitución democrática que más ha durado en la historia de España –la de Cánovas estuvo tanto tiempo suspendida en «sus garantías constitucionales» que no fue precisamente un modelo– es la única que no estaba provocada ni aprobada con ningún entusiasmo ciudadano.

Si todo nuevo régimen conforma sus símbolos, la monarquía constitucional probaba directamente su procedencia del viejo. No se trataba tan solo de la personalidad del monarca, que había roto la continuidad dinástica en conformidad con la dictadura, ni de la Constitución que contenía supuestos que no podían ser sometidos a discusión, sino algo que afectaba también a las demás instituciones emblemáticas. Policías y jueces, a los que nadie podría desde entonces objetar sin que se cubrieran del manto de servicio al pasado *que protegía al rey**.

Estaba el Ejército, denominado desde entonces «poder fáctico» para indicar la diferencia entre los poderes constitucionales y los poderes reales. La Iglesia y el Ejército desempeñaron un papel relevante, con su neutralidad, en el proceso de transición, pero lo cobraron con un control paso a paso sobre dicho proceso. Los dos temas más obviados fueron los de estas dos instituciones, capitales en la consolidación y supervivencia del régimen de Franco.

Antes, durante y después de la legalización del Partido Comunista, el Ejército tenía sometido a un chantaje real a la sociedad española. Aparecía y desaparecía, unas veces estaba a

---

* La editorial eliminó el fragmento en cursiva en la primera edición.

punto de explotar y otras se oscurecía, pero bajo el eufemismo de «poderes fácticos» se conjuraba el monstruo, que nadie osaba llamar por su nombre. Imposible de neutralizar si ni siquiera podía denominársele, y menos aún sin hacer apelación a lo inapelable: la movilización social. El intento de golpe del 23 de febrero demostró que la castración a la que había sometido el franquismo a su Ejército lo había reducido a un cuerpo tan ultraconservador en sus cuadros medios como inhibido ante el poder constituido, cualquiera que este fuera. Pero contemplado con cierta perspectiva, ese poder fáctico, con su sola presencia, consiguió en 1977 que la legalización del Partido Comunista se convirtiera en la máxima expresión de la democratización. Un año antes, para el conjunto de las fuerzas sociales que anhelaban la democracia, dicha legalización no constituía más que una evidencia inseparable de un régimen democrático. En apenas doce meses se había retrocedido no solo en las ambiciones, sino en los puntos de partida.

En 1978, con la Constitución aprobada y la sociedad espectadora y contemplativa, todo parecía lo mismo pero invertido. Un monarca constitucional, unos partidos homologables a los de cualquier democracia europea y unos símbolos sacados de otra época y otro régimen, con algún retoque. Una generación, o más exactamente, aquella porción de una generación que en parte también la representa ante la historia, porque la asumió en sus riesgos y sus aventuras, se sintió sin régimen al que identificarse y sin símbolos a los que respetar; no digamos sentir suyos. Una bandera, un himno, una concepción de patria a las que no podía contemplar sin desdén. El precio de la pacificación y la tranquilidad se hacía a costa de enterrar cuantas convicciones habían solidificado su vida. Cualquier referencia a que sin ellos la democracia no hubiera llegado, nadie podía entenderlo ni expresarlo más que como una ironía sarcástica.

Los términos estabilidad y desestabilización venían a reducirse a dos convenciones sociales intocables. La primera, la estabilidad democrática, la concedía la clase política por el procedimiento peculiarísimo del consenso; hurtando con el secreto una necesidad y una responsabilidad social. La segunda, la desestabilización, sería a partir de entonces el recurso con el que se denunciaría la verdad. Hasta en eso podríamos decir que había un retroceso; la verdad habría dejado de ser revolucionaria, para ser algo tan equívoco como «desestabilizadora».

5. Adolfo Suárez revisitado

En 1979 apareció la primera y única hasta entonces biografía de Adolfo Suárez[1]. Se produjo entonces una curiosa contradicción. Mientras el autor daba la impresión de tratar de buscar tras la figura del presidente las claves de la Transición, buena parte de la clase política y periodística –entonces muy unida– interpretaron que se rompía un pacto tácito: el pasado no existe salvo para los marginales. El temor a quedarse marginado había empezado entonces a ser una obsesión que comprendía no solo a la vida política, sino a diferentes ámbitos, incluido el económico y financiero que siempre se había jactado por su ausencia de protagonismo.

En el fondo lo que el autor de aquella biografía trataba de desentrañar era de qué modo y quiénes se habían inventado a «Adolfo Suárez, presidente del Gobierno». Había sido una selección talentuda la de aquel hombre que permitió descabalar diferentes estrategias, desde la derecha a la izquierda, y que había sacado las costuras con las que estaban cosidos los líderes aparentemente inmarcesibles de la política española. ¿Qué proceso había seguido un tipo ayuno de todo lo que no fuera simpatía, desconfianza y olfato? En el libro se narra, no sin cierta acritud, el camino que le llevó desde Ávila a la Moncloa. Una historia nada épica de un hombre ambicioso que un buen día para sorpresa suya y de todo el país era elegido para hacer una hazaña: convertirse en el símbolo de la transición de una dictadura totalitaria a una democracia coronada.

---

[1] *Adolfo Suárez. Historia de una ambición, op. cit.*

En 1979 Adolfo Suárez González ya no era solo un hombre de 46 años con un currículum escasamente brillante; un trepador que había ascendido por los vericuetos del franquismo con ímprobos esfuerzos: gobernador civil, director general de Radiotelevisión, vicesecretario general del Movimiento Nacional. En 1979 Adolfo Suárez no podía ser denominado de otro modo, y con todo respeto, más que como «el presidente Suárez». Estaba en la cúspide de su prestigio. Nadie, ni su biógrafo, ni sus adversarios, ni siquiera él mismo, podían creer que tan solo le quedaban quince meses en el poder. Contra la opinión de muchos de sus correligionarios había aceptado el doble envite de convocar elecciones generales, tras la aprobación de la Constitución, y municipales un mes más tarde. Ganaría ambas, aunque el pacto entre el Partido Socialista y el Partido Comunista le sustrajera el poder en las grandes ciudades. En las generales había desmoronado la convicción socialista de que su hora había llegado.

El patrimonio del «presidente Suárez» en 1979, aunque no estuviera consolidado, deslumbraba. Había recogido el relevo de Carlos Arias Navarro en el camino de la reforma y se le había recibido con un escepticismo teñido de perplejidad casi unánime. De la aparente inocuidad de su figura, de la también aparente falta de experiencia, había conseguido emerger como un líder calculador, astuto, seductor. De las cinco familias del reformismo franquista y de las veinte de la oposición moderada había constituido un partido, que además ganaba las elecciones y frenaba la temida marea de la izquierda, otro fantasma que sobrevolaba la conciencia de los llamados «poderes fácticos», desde el Ejército a las finanzas. Había marginado a la derecha más reaccionaria que, capitaneada por un Fraga desarbolado, sufría en las elecciones de aquel año una reducción en su ya modesto grupo parlamentario.

Adolfo Suárez personificaba en 1979 muchas cosas. Su figura se identificaba con la Transición, o más exactamente, con un modelo de esta. El que se había ido trazando desde el verano de 1976 hasta la Constitución de 1978: secreto, consenso y olvido. Era el mago de la componenda en un momento en el que la mayoría del país parecía encandilada por la magia de los pactos. Bastante complicado aparecía lo inmediato para pensar en el futuro; quedaba lejísimos. Se vivía al día y el político que daba seguridad a lo cotidiano no era otro que «el presidente Suárez».

En los círculos de iniciados políticos –los estados mayores de los partidos– se le consideraba un seductor temerario, capaz de vender frigoríficos en el Polo y de driblar a su misma sombra. La prensa, mayoritariamente, le apoyaba y cuando le criticaba usaba el procedimiento, aprendido en el antiguo régimen, de achacar los fallos a su entorno. El jefe era capaz y sensible, pero estaba mal aconsejado, o no le decían la verdad. El nivel de beatería y de intereses compartidos entre la prensa en general y el suarismo era tan significativo que convendría echarle una ojeada.

Hoy, cuando Adolfo Suárez acabó su travesía del desierto bajo la forma de camello extraviado, es difícil hacernos a la idea de lo que representaba el presidente Suárez en 1979. La aparición de aquella historia de su ambición, fue recibida por buena parte de los creadores de opinión como una ofensa intolerable.

En el gremio periodístico había entonces un tufo persistente que olía a viejo régimen y el estilo literario, por llamarlo de alguna manera, estaba impregnado de usos y costumbres y hasta giros gramaticales heredados. Una de las formas consistía en una figura retórica, la anfibología. El uso del equívoco llegó a ser algo tan habitual que terminó convertido en admiradísima sutileza informativa. Se hablaba de algo de un modo tal que se advertía a la opinión de manera sugerente, sibilina, como cosa de quien está en el secreto y quiere compartirlo pero no puede hacerlo sin poner en evidencia a las más altas y reservadas fuentes. Aparentemente sin comprometerse, pero sirviendo fielmente a quienes les orientaban desde que empezaron sus carreras en las redacciones dependientes del glorioso Movimiento Nacional o de los Sindicatos Verticales. En el plantel de figuras de este tipo de periodismo sobresalieron Pedro Rodríguez y Carlos Luis Álvarez (Cándido), amén de una gama de subproductos que sería engorroso citar.

La alarma de que aparecía un libro crítico sobre Adolfo Suárez la daría, como no podía ser menos, Pedro Rodríguez, de un modo harto singular. Advertía que se iba a iniciar en los próximos meses «una guerra de dosieres», sin dejar claro si la biografía sobre el presidente formaba o no parte de dicha guerra que nunca existió. De este modo quedaban en el aire dos intenciones. Una, que existían dosieres y otra, que todos tenían algo que ocultar. Por tanto, la única actitud razonable consistía en cerrarse en banda a cualquier entrometido. Si un libro contenía la impertinencia de revelar un pasado como el de Adolfo Suárez, ya sabrían los presuntos afectados futuros cómo obrar en consecuencia. Primero considerarlo un libelo, segundo aislarlo.

Ricardo de la Cierva, que había sido el responsable desde las páginas de *El País,* donde ejercía entonces de principal columnista, de aquel brutal recibimiento al presidente Suárez, –«qué error, qué inmenso error»– trataba de desquitarse ahora desde las de su opuesto, el *ABC,* con la primera crítica al texto. Una lectura apasionada de la que salía un Adolfo Suárez con estatura de estadista y un biógrafo ignorante, manipulador y submarino del comunismo, que tan solo merecía el desprecio o los tribunales[2]. Ya lo había advertido unos días antes la entonces portavoz oficiosa del palacio de la Moncloa, Pilar Urbano. «Por lo visto (en Presidencia) no han decidido si indignarse y querellarse (con el libro) o si encargarle a Ricardo de la Cierva una réplica de lujo.» El texto constituía un «libelo» y su autor era nada menos que el «cerebro de los dosieres secretos del Partido Comunista contra Suárez»[3].

---

[2] *ABC,* 25 de octubre de 1979.
[3] *ABC,* 11 de octubre de 1979 y 24 de octubre de 1979.

Los demás pudieron optar entre una fórmula o la otra. El columnista Abel Hernández se regocijaba porque el autor

> queda –ante la crítica de Ricardo de la Cierva– como un pingajo, como un hombre que presume de culto y que confunde a Galileo con Copérnico (...). Lo de «submarino del Partido Comunista» puede ser excesivo (... pero) es una obra de ganapanes, amasada de inquina y frivolidad (...). Desde hace tiempo se observa una tendencia a desprestigiar a las instituciones y a las personalidades que las encarnan (...). Por aquí se puede erosionar la democracia[4].

El entonces director del diario público *Pueblo,* José Ramón Alonso, un veterano del falangismo agresivo y montaraz, se mostraba aún más concluyente: «Llamar libro a esta obra parece casi una cortesía, porque tiene faceta de libelo (...). Solo un antidemócrata puede juzgar así a quien ha devuelto a España la democracia»[5]. No contento con eso, insistiría en otro periódico encontrando mayor perspectiva histórica: «Estamos ante una obra antibiográfica, acaso fundamentada en ese gran vicio del alma española que según Menéndez Pidal es la envidia, el más ruin de los sentimientos humanos»[6]. El prototipo de liberal conservador del periodo franquista, Felipe Fernández Armesto, «Augusto Assía», confesaba sin rebozo sus inclinaciones: «El libro entero es un error por lo retórico, lo confuso, lo discursivo y lo aburrido (...). Suárez destaca por su modestia, su simpatía, su habilidad y su discreción»[7]. Nemo, desde las páginas de *ABC,* no dejaba resquicio a la duda: «Hay libros que se leen a ver si son tan buenos como dicen. Otros, para comprobar si son tan malos como se asegura. Este sobre Suárez es de esos».

---

[4] *Informaciones,* 26 de octubre de 1979.
[5] *Pueblo,* 2 de noviembre de 1979.
[6] *Noticiero Universal,* 5 de noviembre de 1979.
[7] *La Vanguardia* y *YA,* 30 de octubre de 1979.

Un historiador, Javier Tusell, que disputaba entonces a Ricardo de la Cierva el privilegio de ser el introductor de cultura histórica en los aledaños del presidente Suárez, escribía con desdén anglosajón, «lo más obviamente comentable del libro es que no merece comentario alguno». Aunque perdía la flema dando la impresión de ofrecerse como biógrafo y lamentaba que «la única recopilación de los discursos del presidente del Gobierno» estuvieran editados «por el propio Estado». Dada su importancia teórica y política cabía presumir que hubieran sido un éxito en cualquier editorial de postín cultural[8].

Quizá fue el periodista Antonio Papell (Pedro Villalar) el que definió de manera más inexorable lo que había que hacer con alguien que tratara de traspasar la convención social de la Transición tal como estaba en los cánones.

> El libro es repugnante, bajo, rastrero, tan alejado de cualquier calidad literaria o política que rozaría la irreverencia incluso el que una basura semejante reposase en los anaqueles venerables de una librería de consulta (...). Hemos hecho la libertad para todos, desde luego, pero qué suerte tendríamos si esta casta de individuos se fuera a vivir a otra parte[9].

Desde la izquierda oficial no se puede decir que el libro fuera acogido con benevolencia. Francisco Umbral era en aquel inefable 1979, desde su columna de *El País,* intérprete y exégeta del otro lado de la antigua barricada, la voz de la radicalidad consensuada. Por entonces hombres como el profesor Manuel Sacristán –la izquierda genuina– creían leer en su columna la opinión mensurada del progresismo capitalino. Su descripción no podía ser más coincidente con otros ejemplos, exceptuando el lenguaje:

---

[8] *Informaciones,* 3 de noviembre de 1979.
[9] *Correo Español-Pueblo Vasco,* 27 de octubre de 1979.

Un dosier redactado en latinoché y bordado de chistes, suposiciones, obviedades, mentiras y ráfagas rubias de Carmen Díez de Rivera (...). Me parece que es no entender la democracia el fundarla en la originalidad adónica *(sic)* de los demócratas. Si algo es democracia es contar con que no somos ángeles (...)»[10].

Días después añadió, «libros así no favorecen a la democracia»[11]. Uno de los escasos políticos que opinó, el entonces secretario general del Partido Comunista, Santiago Carrillo, lo resumió en dos palabras. «Pornografía política»[12].

La dureza de las reacciones iban más allá del libro, trascendía incluso la biografía de un personaje llamado Adolfo Suárez que por una serie de felices coincidencias se había encontrado presidiendo el primer gobierno democrático de las últimas cuatro décadas. Lo que realmente afectaba al consenso general de la clase política y los medios de comunicación eran quizá dos aspectos: la reconstrucción del procedimiento para convertir a Suárez en el hombre de la Transición y el recordatorio del modo en que se formó la clase política durante el franquismo, de la que él constituía un paradigma.

Si la forma de selección de aquel que parecía personificar la transición era tal como estaba descrita, quedaba claro que solo la conjunción de la voluntad del rey y la de Torcuato Fernández Miranda podía considerarse como protagonistas del milagro. Porque de un milagro se trataba, y como ha ocurrido en tantas ocasiones, hay que hacer notar que, según advierte la iglesia, para que se produzca un milagro hace falta fe, y la fe siempre es una cuestión de tiempo, de constancia.

---

[10] *El País,* 30 de octubre de 1979.
[11] *Colpisa,* 2 de noviembre de 1979.
[12] No sería equilibrado olvidar que la citada biografía del presidente Suárez tuvo también sus defensores. Entre los más significativos estuvieron, desde la derecha, Carmen Llorca, y desde otras posiciones Manuel Vázquez Montalbán (Sixto Cámara), Amando de Miguel y José Luis de Vilallonga.

Por entonces, Adolfo Suárez y su entorno tenían especial interés en considerar a Torcuato Fernández Miranda como un incidente en la historia de la Transición, cuya mayor oportunidad se la había dado un encuentro afortunado con quien luego llegaría a presidente. Los términos de la realidad en 1979 quedaban invertidos. Torcuato representaba demasiado el pasado para ser susceptible de readaptación; lo que no se aplicaba a otros tan comprometidos como él aunque mucho más jóvenes (Martín Villa, Alfonso Osorio, Landelino Lavilla...). Con razón Manuel Fraga definió a Fernández Miranda en sus *Memorias,* como «el hombre que puso todo de su parte apoyando todo lo contraaperturista». De Torcuato es posible decir muchas cosas, menos que tuvo alguna vez veleidades liberales, lo que no obsta para que haya desempeñado un papel importante en el proceso hacia la democracia en España.

La intransigencia contra quien osara describir una parte de la tramoya de la Transición respondía posiblemente más a un reflejo antiguo que a una inquietud real sobre la estabilidad democrática. En concreto hoy parece haberse olvidado la importancia capital que desempeñó en la Transición la manipulación de las instituciones del viejo régimen –desde las Cortes al Ejército– para abordar el nuevo. El rey, lógicamente en la sombra, hacía pasar sus decisiones ora por su mano izquierda (Fernández Miranda) ora por la derecha (Alfonso Armada), el mismo que más tarde tan decisivo papel iba a desempeñar en el intento de golpe de estado del 23 de febrero de 1981. Una vez que la historia oficial había quedado escrita en los memorables libros de Joaquín Bardavío, los personajes del pasado fueron embalsamados y trasladados bien al Museo de Cera bien al Parlamento. Todo limpio, impoluto. Algunos polvos arrinconados debajo de la alfombra.

En realidad nadie podía afirmar que fuera mentira. Incluso si utilizáramos los alambicados y barrocos juegos de palabras a los que tan inclinado era Fernández Miranda, podríamos afirmar que la pretensión de los narradores oficiales de la transición fuera esta: en un país como España, tan poco inclinado a la credulidad, la mejor manera de que nos admiren consiste en edificar una verdad (la democracia) sobre un lecho de mentiras (la Transición). El procedimiento más eficaz para que una historia quedara sólida e indestructiblemente asentada. Históricamente las falsedades han sido mucho más fecundas para la ciudadanía que las verdades.

De la fecundidad de esa mentira podría dar cuenta en primer lugar el éxito. ¿Para qué insistir en conocer la verdad si con la versión oficial se estaba más a conciencia? El ojo atento del rey había distinguido a Adolfo Suárez entre la multitud de aspirantes y la astucia de Torcuato Fernández Miranda había hecho el resto. Aquí convenía reseñar, al socaire, como se decía antes, el abnegado patriotismo de los procuradores en Cortes y demás personajes del antiguo régimen. Luego, el rey y su principal vasallo, cual Luis XIII y Mazarino, se habían felicitado porque el personaje fuera adquiriendo tal brillo y esplendor que eclipsaba las críticas e impedía las miradas retrospectivas. Retrospectivas de los tres, por supuesto, pero ampliables al conjunto de todas y cada una de las figuras de esa historia.

La aceptación del modelo político que representaba Adolfo Suárez como encarnación de la Transición significaba al tiempo la autojustificación, la aceptación pública de todos los reciclajes democráticos. La inocencia de Suárez, su audacia, convertía a gran parte de la clase política en blasones de coherencia. El drama del presidente llegará cuando se crea un personaje shakespeariano y no una improvisación zarzuelera. Cuando públicamente haga el gesto de reflexionar y se considere un modelo.

La identificación de Adolfo Suárez con la Transición fue también la redención de esa mayoría de creyentes que con su silencio y su colaboración remunerada alimentaron a un régimen inocuo que había durado casi cuarenta años, ese mismo que ahora consideraban de «difícil definición». Amplios sectores de la inteligencia conservadora y moderada se sintieron atraídos hacia el personaje. Aunque habría de ser breve no por ello fue menos significativo. Julián Marías, Carlos Seco Serrano, Javier Tusell... Un empresario de prensa con veleidades intelectuales, Juan Tomás de Salas, llegó a comparar su obra con la de Manuel Azaña, cuando faltaban tan solo semanas para su dimisión[13].

En la misma construcción del partido, lo que sería luego Unión de Centro Democrático, había tenido la habilidad de esparcir entre una estructura partidaria, calcada en muchos aspectos del aparato del Movimiento Nacional, alguna flor de otra especie. Hombres procedentes de los límites del viejo régimen y contados oposicionistas a la dictadura, aunque fuera en gentes nada teñidas de nostalgias, como Pérez Llorca, José Luis Leal, Eduardo Punset...

Verdaderamente, Adolfo Suárez era representativo de un cierto ideal del político para una parte de la sociedad española, pero siempre y cuando no conocieran la verdadera identidad del personaje, su trayectoria. La verdad en Suárez –como en Carrillo, por otra parte– era contraproducente para la edificación de su liderazgo. Mientras operó en función de un triángulo de intereses formado por el rey, Torcuato Fernández Miranda y él, los resultados fueron espléndidos y ha de reconocérsele el añadido de saber capitalizarlos incluso mejor que sus *partenaires*. Cuando consideró que había llegado el momento de volar solo, carecía de fuerza en las alas y se dio de bruces. Apareció el auténtico personaje: listo, brillante, vacuo, chapucero, frívolo... Sin más creencia ni objetivo que una fe irresistible en su persona. Demasiados años difíciles en el pasado, creyendo tan solo en sí mismo, para ahora rectificar.

Nunca llegó a entender la relación y la diferencia entre partidos, clases políticas y clases sociales. Todo era uno y estaba en torno suyo; convencido en el fondo de que se lo debían a él. La retahíla de victorias, desde julio de 1976, le hacían preguntarse

---

[13] Presentación del libro de Josefina Carabias sobre Azaña, diciembre de 1980.

si la vinculación misma entre la Corona y él no era ambivalente. ¿Quién le debía más a quién? A finales de 1979, cuando se publica su biografía, se encontraba en la cima de su soberbia; talentudo e infravalorado. La pendiente estaba preparada desde mucho antes. Luego no haría más que descender por ella.

Nuestra sociedad tiene una memoria de poco calado pero una intuición despierta. Visto desde hoy parece que ha caído en el olvido el prestigio y la leyenda de Adolfo Suárez. El rey de la chapuza estaba considerado el mago de la política. Hasta hubo quien citaba a Ortega y su *Mirabeau* como plasmación de ese bien hacer suarista. No necesitaba ni partido, ni programa, ni saber de nada que no fuera descubrir las debilidades humanas. Entre la historia como tramoya se movía con maestría. Vivía feliz, aunque insatisfecho, afrontando los peligros que le deparaba el día siguiente. Quedaba en su haber, el encanto, el toque personal, su simpatía, su entrañable interpretación. Soberbias cualidades para quien ha de representar obras de fuste o guiones bien trabados, pero en la improvisación llega un día que se agotan los recursos y al juego se le ven las entretelas.

Adolfo Suárez primero cansó a sus promotores y luego a sus fieles partidarios. No dio tiempo a que se agotaran los ciudadanos, porque dimitió y cuando se enfrentó a las urnas ya llegaba con el aura arrugada. Había dejado de ser presidente, y un tipo como él sin ser presidente no es más que un chico listo luchando por ser presidente. Como muchos.

Entre las significativas carencias sobre la Transición está la de un juicio valorativo de la experiencia de Adolfo Suárez como gobernante. Los cuatro años y pocos meses que van desde julio de 1976 hasta enero de 1981, en los que cabría diferenciar una primera etapa tutelada por el rey y Fernández Miranda, que no alcanza el medio año –termina poco después del referéndum para la reforma política de diciembre– y una segunda en la que el protagonismo le pertenece casi por entero. No es el objeto de este libro hacer un análisis de ese periodo. Tan solo señalar algunas características políticas.

Adolfo Suárez como presidente se caracterizó por el complejo de procedencia. Como todos los complejos es insignificante el dato de si se trataba de consciente o inconsciente, aunque me inclino más por esto último. Tanto él como sus más preclaros partidarios procedían en su inmensa mayoría de las covachuelas del franquismo; ni tan siquiera de sus balconadas, como Fraga o Areilza. Debían ser centro, inclinado a la izquierda, para que en la apreciación ciudadana no bascularan en inveterados reaccionarios.

El miedo de Adolfo Suárez a ser derecha se vio gratificado por la obsesión de Manuel Fraga por monopolizar ese sector y aglutinarlo, lo que inevitablemente le llevaba por carácter y sustento hacia posiciones conservadoras. También por el mutuo favor que le concedía Santiago Carrillo desde la extrema izquierda oficial por aparecer hermanado con el presidente. Fraga no tenía por entonces ningún interés en servir de copartícipe en aquel proceso de transición dirigido por un badulaque que le merecía un desprecio fraguista, es decir, soberbio. No obstante, Carrillo sí sentía perentoria necesidad de acompañar la andadura con ánimo de repartirse los beneficios.

La Constitución, varias elecciones de limpieza democrática desusada, el inicio del sistema autonómico, la descrispación con las comunidades históricas del País Vasco y Cataluña… están entre las consecuciones exitosas del periodo suarista. Hablando con propiedad, la etapa de Adolfo Suárez en la Presidencia del Gobierno es la Transición por antonomasia. Hasta su imagen logró identificarse con la Transición, y sin embargo lo primero que llama la atención es por qué razón no fue capaz de que ese patrimonio revirtiera sobre su trayectoria política.

El día que dimitió se acabó Adolfo Suárez. Pasó a ser un político más en busca de un hueco, un partido y un destino, cuando él había sido creador de huecos, fabricante de partidos e inventor de destinos. ¿Dónde está el secreto de esta paradoja? ¿Dónde el punto débil de su figura para que la historia trascurriera por él y se desparramara como agua entre los dedos?

La trascendencia y la fragilidad política de Adolfo Suárez iban unidas. Tenía el talento de lo efímero, del reflejo rápido, de la operación fulminante y exitosa. Lo demostraba cotidianamente desde aquella ocasión que maniobró en el Consejo Nacional del Movimiento, en las viejas Cortes de procuradores o ante las anquilosadas y obtusas tortugas del alto mando militar. Su círculo político se reducía a su círculo personal; el resto, contemplaba el espectáculo. En este aspecto hubo quien dio enorme realce a lo que representaba como amigo y como político Fernando Abril Martorell, su vicepresidente durante tres años. Se fue como vino; le sirvió, compartió intimidades, ayudó al presidente y un buen día hubo de escoger entre seguir tostándose junto a aquel sol de la desmesura o reconstruir su vida en otra parte. Se marchó.

Contemplada en la distancia, la pasión de la amistad con Abril Martorell y el consiguiente drama de la ruptura, apenas si fueron nada, allí donde entonces parecía algo definitivo. Un hombre de las características de Adolfo Suárez no puede tener hermanos políticos, ni colaboradores constantes y brillantes; más tarde o más temprano han de ser liquidados. Está en la dinámica de las cosas y de las personas y en la naturaleza intransferible del poder. De ahí la mutua admiración por Santiago Carrillo, tan lejos y tan cerca. Sus admirados partidarios y colaboradores le exigían un milagro cotidiano, y cuando las cosas se pusieron imposibles, al menos uno a la semana.

Así un político no puede resistir cuatro años a menos de ser un genio del embaucamiento y la ficción. Y él lo era. A veces ocurre que un hombre a quien se le da admirablemente bien la improvisación acaba convenciéndose de que la improvisación es mejor que la elaboración concienzuda. O al revés. No hay posibilidad de compaginar ambas fórmulas. Cuando tantos de sus exégetas se preguntaban por qué dimitió, él dio a sus íntimos una explicación que lógicamente no satisfizo a los analistas. Siguieron las cábalas, y muy especialmente cuando un mes después de su retirada ocurría un hecho tan singular como el golpe de Estado del 23 de febrero.

Sin embargo, para la personalidad de Adolfo Suárez, para su concepción de la política, su primera explicación es más que suficiente. No quiero decir que fuera la única, pero conviene recordarla. En los hombres de las características humanas del presidente el término «gafe» constituye una categoría. Cuando uno se acerca a ella está perdido. Desde el verano de 1980 nada salía bien; empezó dimitiendo el vicepresidente Fernando Abril Martorell y fue de trompazo en trompazo. Para colmar el vaso, la Unión de Centro Democrático decide hacer un Congreso y no se les ocurre otro sitio que Palma de Mallorca, un paraíso, donde a menos de fletar barcos no hay más remedio que llegar en avión. Una huelga de controladores aéreos dejaría al Congreso y a la Unión de Centro Democrático al borde del colapso y más allá del ridículo. Pero eso era ya el final de la fanfarria, con el presidente dimitido y el país perplejo.

Una jaula de grillos arrogantes, eso era la Unión de Centro Democrático en enero de 1981 y Adolfo Suárez contemplaba el griterío con cierto desdén, que pronto se trasformó en inquietud y por último en desgana. El partido amenazaba con desangrarse. Fue cuando le insistieron que el momento de utilizar su carisma había llegado. O él o nadie. O él o la catástrofe. Había que evitar la desbandada. Al primero que echó mano fue a un insignificante diputado por Málaga, flor de discreción y mediocridad, melillense, maestro de escuela y poeta voluntarioso, secretario general del partido en la provincia. Hasta su nombre era la quintaesencia de la modestia, se llamaba José García Pérez.

Cuando no consiguió hacerle abandonar su intención de dejar la Unión de Centro Democrático, Suárez desolado admitió, «si no he logrado convencer a Pepe García, ya no tengo nada que hacer». El más atento colaborador del entonces presidente, Josep Melià, describió el momento.

> Suárez se sintió acabado el día que tratando de impedir que un diputado malagueño abandonara el grupo de Unión

de Centro Democrático invirtió toda la tarde sin hallar un resultado mínimo. Notó que se le estaba esfumando la credibilidad ante el país[14].

En la crisis que lleva a Adolfo Suárez a su dimisión coinciden muchos elementos, en los que Pepe García no era más que el símbolo. Un acoso interno provocado por la fragmentación de Unión de Centro Democrático, incapaz de unificar sus intereses colectivos, y la ofensiva exterior, desde las filas del Partido Socialista. Abril Martorell llegó a decir que la Transición terminó en el verano de 1980, «con la moción contra el presidente que presentó el Partido Socialista»[15]. Implícitamente venía a interpretar el consenso en torno a Adolfo Suárez como la Transición propiamente dicha.

Los vínculos de Suárez siempre fueron tan personales que parecían familiares. De ahí su lejanía hacia el partido y sus querellas. O la Unión de Centro Democrático se definía como el ayuda de cámara del presidente del Gobierno o se convertía en un instrumento hecho para la conspiración y la sucesión. Nunca hubo programa en la Unión de Centro Democrático, y el que existía sobre el papel, los primeros en no creérselo eran sus militantes, empezando por el presidente. Herrero de Miñón no se cansó de insistir que la Unión de Centro Democrático «no sabía cuál era su electorado natural». Ni falta que le hacía, y solo un impertinente era tan insensato como para preguntarlo en alta voz mientras se ganaran las elecciones.

En la dimisión de Adolfo Suárez había también un intento de que nadie le usurpara los beneficios de la Transición. Ya que dentro de su partido todos se habían confabulado para cuestionarlos, iba a demostrarles que todo se lo debían a él y que él no le debía nada a nadie. «Me voy –dijo en su despedida pública– porque ya las palabras parecen no ser suficientes y es

---

[14] *Historia de la transición*, 2.ª parte, p. 640.
[15] *Ibid.*, p. 622.

preciso demostrar con hechos lo que somos y lo que queremos.» La primera parte era cierta y la historia lo ratificaría. Pero lo demás aún está en el aire. Aquella especie de banda borracha en que se había convertido la Unión de Centro Democrático, cuya máxima aspiración era llegar a democracia cristiana italiana, un pulpo sobre la Administración, se lo debía todo al presidente Suárez. Más al presidente que a Adolfo Suárez, valga la precisión. Cuando les retiró su apoyo, dos personajes de cuento, Landelino Lavilla y Leopoldo Calvo Sotelo, se hicieron cargo de aquel buque engalanado y lleno de agujeros, y lo hundieron, convencidos de que batían el cobre cual bragados políticos.

Uno de esos tipos de la fauna política y social que llevaba años preparando una oportunidad que nunca llegaba, Carlos Ferrer Salat, llegó a decir con expresión innoble:

> Unión de Centro Democrático era un partido ideal para la Transición (...). Era tanto como trasladar el esquema del Movimiento Nacional a la democracia. Es decir, aglutinar en un solo partido todas las tendencias políticas posibles, pero la situación exigía una definición clara de ideología, el modelo y la estrategia a fin de defenderla frente a la izquierda (...)[16].

Prueba del inmarcesible talento de estos estrategas: primero le descabalgaron del caballo para aderezar la carrera y luego se quedaron sin caballo y sin carrera. Sin ellos la victoria de la otrora temible izquierda hubiera sido imposible. En su soberbia nunca admitirán que Adolfo Suárez fue el último que les permitió ganar elecciones y beneficiarse de ello. El último y el único, mientras no conste lo contrario. Aznar quedaba muy lejos.

Entre las limitaciones más llamativas de la transición y de su clase política está la ausencia de Aventino; ni como lugar ni

---

[16] Mar Díaz-Varela y Mariano Guindal, *A la sombra del poder,* Barcelona, 1990, p. 62.

como concepto entendieron que había un momento en el que los líderes fracasados debían retirarse y que ese sitio también era residencia de espera para que la sociedad pudiera eventualmente volver a llamarlos. Como demostró Adolfo Suárez, y como demostraría años más tarde Santiago Carrillo, dimitir no era más que cambiar de postura para seguir insistiendo en lo mismo. Basados en la idea de que quien se equivoca es la gente, confiaban en convencerlos con su insistente presencia. «¡Que reflexionen ellos –se dicen–! ¡Acabarán por darse cuenta de lo que pierden!»

La segunda parte de su reto de despedida, la afirmación de que él no le debía nada a nadie, no solo constituía una falsedad, sino una prueba de su incapacidad para la reflexión. Todo lo importante de su vida tenía la huella de una ayuda exterior; no hacía figura de Cid sino de buhonero, vendedor del encanto de un pasado milagrero. Mientras fue presidente del Gobierno sació la obsesión por el orden establecido que la sociedad española tenía metida en la sangre tras cuarenta años de franquismo. Una reforma desde arriba seducía a una sociedad cuyas heridas de la Guerra Civil aún estaban visibles. Esa obsesión por el orden, por la continuidad renovada, que se desplazaría del presidente Suárez al presidente González y que no pudo prender por falta de entidad en Leopoldo Calvo Sotelo.

Dimitir de la Presidencia del Gobierno no era retirarse, sino un envite supremo de obsesivo jugador de la política. Convencido que la Transición se identificaba con su persona, iba a llevarse ese capital político en la nueva andadura. A sus adversarios internos los dejaría en cueros –lo que fue realmente exacto– y él, sin hipotecas, reiniciaría la conquista del poder. Y lo haría en mejores condiciones de aquellas en las que se había visto obligado a actuar bajo la dictadura, tras la doble muerte dentro de un automóvil –que ya es casualidad simbólica– de Carrero Blanco y Herrero Tejedor, sus protectores.

Quienes dijeron que Adolfo Suárez se había retirado por miedo al inminente intento de golpe del 23 de febrero, o son ignorantes o malévolos. Hay dos cosas a las que siempre ha estado apegado desde su más tierna infancia, al valor y a la infidelidad. Su mayor ventaja fue siempre la audacia, hasta la temeridad. Su concepto de la constancia solo lo limitaba a la profesión política, el resto estaba sujeto a los imponderables. Si la situación en su partido no hubiera llegado a un punto irreversible, Suárez hubiera capitalizado el intento de golpe de estado para aferrarse al poder. Y hay que añadir, que ese gesto lo hubiera ratificado la ciudadanía por la gallardía de su actitud. En su honor hay que decir, que dejó de ser presidente al día siguiente de que unos delincuentes armados entraran en el Parlamento. Mientras duró el secuestro concentró la autoridad y la representación de la democracia. Porque hay ocasiones que son los enemigos quienes con su odio conceden las credenciales que a un presidente le hacen merecedor del cargo que ostenta.

Aquella biografía publicada en 1979 terminaba con unas palabras que desmintió el tiempo:

> La figura de Adolfo Suárez no tiene precedentes (...). Apenas tres años después de su nombramiento como presidente del Gobierno, es pronto para hacer análisis de perspectiva, aunque hay ya algunas evidencias. Sin tratarse de un hombre providencial, podría llegar a serlo con base en hacerse imprescindible. Tiene una característica que viene de sus maestros: el miedo a dimitir, lo que tomado en su sentido estricto debilita su capacidad para encajar los acontecimientos. «Solo si me matan conseguirán sacarme de donde estoy», dijo a un periodista en mayo de 1977, y por eso su persona se hace vulnerable a las crisis, a los recelos, a perder el favor real. Acaso nuestro destino durante el siglo XX sea soportar hombres providenciales para quienes dejar el poder es como una sentencia de muerte, porque el poder es el motor de su vida.

Sin embargo dimitió en 1981, dejando perplejos a amigos y adversarios. Estaba convencido de que había perdido la Unión de Centro Democrático por culpa de traidores como Herrero de Miñón, de conspiradores como Fernández Ordóñez y de maniobreros como Martín Villa. Lo único que no podía hacer era permitirles segarle la hierba bajo los pies y que vulneraran su patrimonio, ese que él creía personal e intransferible.

La mayor sorpresa, lo que parecía romper todos los análisis, era contemplar la posibilidad de un Adolfo Suárez que se iba al Aventino, al retiro, en espera de tiempos mejores. Marchar a Ávila, a su mansión adosada a la muralla, lugar inmejorable para la contemplación, la espera y el reciclaje. Después de haber estudiado al personaje, se nos aparecía bajo un ángulo nuevo. En su personalidad había un recodo impenetrable, ajeno y desconocido.

La perplejidad duró apenas unas semanas. Las que tardó en declarar sus intenciones. No se retiraba ni poco ni mucho. Antes de que fuera demasiado tarde por el desmoronamiento de la Unión de Centro Democrático se marchaba y creaba otro partido, convencido de que volvía al poder, y esta vez con la lección aprendida: nada de hipotecas del pasado franquista, ni rémoras de unos compañeros de viaje sedientos de protagonismo. Él y su Centro Democrático y Social a la reconquista fulminante del gobierno.

Demasiado soberbio para darse cuenta de que la infidelidad que había prodigado durante toda su vida política, la misma que él había ayudado a impregnar a la sociedad durante la Transición, las prácticas de consenso que habían marginado desde la actividad parlamentaria hasta la opinión pública, ahora iban a facilitar el fracaso de su aventura. Adolfo Suárez se convirtió en el ejemplar más vulgar de oportunista de cuantos representaban la nata de la clase política de la Transición. Conociéndole se hubiera podido decir que había vuelto a sus orígenes. Cambiando de aliados como quien cambia de patrono, buscando fuera del país algún éxito que ofrecer a su desolada y roma militancia, desempeñando el papel de la deslealtad personificada. Su antiguo y fidelísimo secretario político en la Presidencia tenía razones para afirmar que «la carrera política de Adolfo Suárez es un reguero de cadáveres»[17].

Sin el aura de la Presidencia del Gobierno se había quedado en un político provinciano, simpático y tramposo, que gustaba de viajar por el mundo, especialmente por América Latina, donde no necesitaba traductores y le contemplaban como el mito viviente de una Transición convertida en leyenda.

Hay gentes que no pueden ni saben ser otra cosa que políticos profesionales, y la tradición dice que un político profesional ha de estar rondando el poder, porque eso diferencia un político profesional de otro *amateur*. Y entre estos profesionales hay quienes saben retirarse para madurar y quienes el tiempo en vez de facilitarles la maduración, los pudre. Hay hombres que no saben morir a tiempo, y en política es un crimen. La historia de la Transición ofrece un plantel nada desdeñable de cadáveres que se negaron a ser enterrados y cuyas momias aún perviven.

---

[17] *Historia de la transición, op. cit.*, p. 447.

6. Formación y vocación de la clase política

La clase política de la Transición procedía del franquismo o de la oposición. Aunque las historias posteriores hayan pretendido confundirlos, los límites entre ambos eran lo suficientemente netos para no facilitar los equívocos. Una dictadura no consiente ambigüedades respecto a aquello que su maestro Carl Schmitt definió como la distinción entre «amigo» y «enemigo». Una diferencia hasta lingüística y lógica.

Dentro de cada unidad de procedencia cabía una gama bastante amplia. Del franquismo se procedía, bien de sus cuadros técnicos o del aparato político, o de entrambos. La oposición ofrecía un abanico aún mayor que iba desde algunas familias repudiadas por la dictadura –o tan solo algunos de sus vástagos–, considerados en conjunto como la «oposición tolerada», monárquica y democristiana, hasta la clandestinidad en sus diferentes grados.

Cuando se inicie propiamente el proceso de Transición muchos de los esquemas partidarios, lo que se denominaba en la jerga interna «táctica y estrategia», no sufrirán variación. Pero cuando Adolfo Suárez dimita, en enero de 1981, apenas si quedarán vestigios de esas mismas posiciones. Incluso las personalidades independientes que aún no se habían decantado, en vísperas de la muerte de Franco, por tal o cual grupo, habrán de hacerlo precipitadamente, de modo que se dará la coincidencia de que conforme la vida política se concentraba exclusivamente en los partidos, estos se encerraban en sí mismos y se sometían a un proceso de bunkerización superior al que habían vivido durante los últimos años del franquismo.

En los tres años finales de la década de los setenta, los que verán consolidarse a la clase política de la Transición, no será fácil reconocer a las fuerzas políticas de 1975. Lo único que no cambiaría serían las personas. Las señas de identidad de los grupos, construidas en circunstancias muy difíciles bajo el viejo régimen, se perderán rápidamente. Un proceso paralelo al que llevará a los instrumentos políticos llamados partidos a difuminarse ante la dominación absolutista de sus dirigentes.

La deformación política impregnaba ambas procedencias. Por obvias razones, tras cuarenta años de dictadura nadie tenía la más mínima experiencia del funcionamiento democrático. Los supervivientes del periodo republicano apenas si contaban en los partidos fuera de su carácter simbólico. Excepciones aparentes como Santiago Carrillo y Josep Tarradellas habían asumido responsabilidades durante la guerra en situaciones límite muy alejadas de lo que se puede considerar como un aprendizaje de los modos y formas de una democracia. La condición de soldado es por principio distante de la conducta cívica y más durante una Guerra Civil. La propia Transición insistiría en no identificar ningún tipo de experiencia pasada. Se cortaron todas las amarras con la tradición por muy leve que fuera, según el principio de enterrar el pasado.

La fórmula de la reconciliación iba a convertirse en una amalgama en la que nadie tenía interés en ser recordado por lo que fue, y solo por lo que aspiraba a ser. La clase política de procedencia franquista tenía la ventaja de su experiencia en los aparatos del Estado, y una querencia cuasi obsesiva por vivir en torno al poder. Era lógica dado que durante los cuarenta años pasados no había más fuente de vida política que aquella que se alimentaba alrededor de Franco. En sentido estricto se trataba de funcionarios del Estado, al que servían y del que se servían. Como llegó a definirse a uno de los prohombres de entonces, Rodolfo Martín Villa, desde que cumplió la mayoría de edad no se habían apeado del coche oficial. Por sus hábitos les caracterizaba la impermeabilidad a los cambios, la resistencia a tomar posiciones que no vinieran de la cúpula y su convicción de que quien no estaba en el Gobierno o en sus aledaños no tenía nada que hacer en política.

Formaban un sistema de castas divididas, a la vieja usanza, por sus orígenes: seuista (del antiguo Sindicato Español Universitario falangista); opusdeísta; la amplia familia democristiana, siempre mal avenida; conservadores autoritarios procedentes de la universidad... Todos tenían la certeza, más íntima que manifiesta, de que la democracia era inevitable y que, por tanto, sus objetivos no podían ser otros que prepararse para ella en cómoda relación con sus intereses y sus privilegios.

Tras varias décadas luchando por conseguirla, las fuerzas de oposición no podían considerar la democracia como inevitable. Habían vivido por su propia experiencia que se podía evitar mucho más de lo que cualquier persona racional hubiera creído posible. La democracia como objetivo significaba que toda la experiencia política había de reducirse a una lucha en condiciones desiguales contra una dictadura omnipotente.

La experiencia política de la oposición, en general, consistía en un abundante bagaje de resistencia y combate. Hasta que se entró en la transición política nadie en su sano juicio podía compaginar actividad oposicional y aspiraciones gubernamentales. Es posible que más de uno soñara algún día con ser ministro y hasta presidente de la República en el nuevo régimen, pero el sueño por muy profundo que fuera siempre sería brevísimo comparado con la realidad; el costo era tal que había de pesarle más el riesgo que la ambición. Y la ambición de las gentes de la oposición se concretaba en algo tan audaz como desempeñar un papel preponderante en derribar a un dictador implacable.

Aunque obvio, conviene repetirlo; no es lo mismo una ambición política alimentada y pagada desde el Estado, que una ambición política que se nutre de su pelea contra el Estado. Las dos exigen vocación, pero en diferente grado. Experiencia política democrática no había por ninguno de los dos bandos, pero legitimidad sí. Unos facilitaban la prolongación de la dictadura y otros trataban de acabar con ella. La gran decisión consensuada consistió en hacer tabla rasa con el pasado, y considerar la clase política como una e indivisible.

Para ello fue imprescindible el desmontaje de los referentes. La parte de la clase política que procedía del franquismo no podía hacer uso de ninguno que no entrara a su vez en contradicción con la nueva etapa que comenzaba, exceptuando la monarquía como institución. Para la oposición democrática la tarea no careció de dureza y de ciertas dosis de dramatismo. Su lucha se había saldado con una derrota, o al menos sin una victoria; lo único que tenía, a diferencia de todos los demás, era ese patrimonio de resistencia a la opresión, de vehículo de civilización frente a la brutalidad en sus diferentes grados de cuarenta años de dictadura. Ese era su referente. Por encima del fantasma de la Guerra Civil, ellos habían tratado de mantener el puente con la escasa tradición democrática española.

La victoria moral de la clase política procedente del franquismo fue conseguir la amnistía sobre su pasado a cambio de facilitar la incorporación de la oposición a la vida política real. La primera derrota ética de la oposición democrática fue considerar que la única forma de conseguir integrarse en la vida política real consistía en garantizar la impunidad sobre el pasado de la otra parte. Lo que podía haber sido un interés mutuo para aquellos que habían vivido y participado activamente en la Guerra Civil y en la primera posguerra siniestra, no lo era para las generaciones posteriores. Por citar un ejemplo, Torcuato Fernández Miranda, Santiago Carrillo, Josep Tarradellas, José María de Areilza, incluso Manuel Fraga y Adolfo Suárez, tenían compromisos con su historia que solo podían disolver con un pacto de silencio. Pero esto no tenía nada que ver con Jordi Pujol, Xabier Arzalluz, Felipe González, Julio Anguita o José María Aznar. Es significativo que a los primeros la Transición les quebrara sus carreras políticas, sin que esté claro si fue por su política, por su historia o por la conjunción de ambas que constituía su formación como profesionales.

A comienzos de la Transición se pensaba que los líderes no habían tenido ni el tiempo ni las circunstancias favorables para la formación de sus instrumentos fundamentales, los partidos. Quizá con la excepción, más aparente que real, del Partido Comunista, del resto podía decirse sin exagerar que eran círculos en torno a sus dirigentes. La diferencia del Partido Comunista respecto a los demás consistía en que el círculo era más amplio, pero por lo demás la realidad confirmaría la tónica general. No había las mejores condiciones para ir más lejos, pero con lo que ahora sabemos había también la resolución de que la mejor fórmula para adentrarse en el proceso de transición era la consolidación de fieles estados mayores y el distanciamiento respecto a las bases partidarias. Como un gesto ilustrado: vamos a concederles cosas que soliciten a condición de que tengan el sosiego de no inmiscuirse en ello*.

La formación de la izquierda durante la dictadura hubo de reducirse a una cultura de la resistencia. Es difícil en condiciones de clandestinidad precisar el tenue margen entre la retórica y la política. Cuando se hacía política era obligado introducir, incluso involuntariamente, elementos retóricos; voluntad y razón iban juntas aunque a ritmos diferentes. Los protagonistas que actúan en una desigual lucha contra una dictadura, viven en la contradicción de una muy estrecha relación entre unos pocos –los partidarios– y una muy lejana vinculación con la gente –la sociedad–. La diferencia entre los que pelean y los que contemplan, y el difícil contacto entre ellos. Se tiende a pensar que el desfase entre unos y otros no es tan grande, y que para colmarlo solo se necesita libertad y tiempo.

Sinceramente hablando la estrategia de la izquierda estaba basada más en elementos retóricos que tácticos, pues si bien es cierto que en todo planteamiento estratégico hay como una

---

* La última frase de este párrafo fue retirada por la editorial en 1991.

mezcla de voluntad y ambición, una mezcla explosiva, bastó un mes para renunciar a todo. Fue la constatación de que el desfase entre planteamiento político y realidad era abismal.

A partir del mes de enero de 1977 la izquierda empezó su fulminante conversión al «realismo» que desembocaría en las elecciones del 15 de junio. El único elemento que separa a la antigua oposición democrática de las fuerzas institucionales es el ritmo de legalización del Partido Comunista; ni tan siquiera la legalización en sí. La manipulación de la historia ha llevado a considerar la reunión del presidente Adolfo Suárez con la oposición democrática unida como un jalón en el camino de la reforma. La verdad es diferente. Adolfo Suárez recibe a dos miembros de la Comisión de los Nueve, en la que estaba representado el conjunto de la oposición a la dictadura, el 23 de diciembre de 1976. Se dice que ahí la oposición planteó la vía de la «ruptura pactada» tras el éxito que el Gobierno de Suárez acababa de tener en el referéndum para la reforma del 14 de diciembre. O todos o ninguno, poco más o menos.

Nada se cuenta del desprecio absoluto que sentía Adolfo Suárez hacia dicha comisión de los nueve o de los noventa. En primer lugar porque un miembro de la comisión –Francisco Fernández Ordóñez– le informaba puntualmente de todo lo que allí se trataba. Y lo que es más importante, porque el presidente Suárez había ido pulsando la opinión de toda la oposición, pero de uno en uno. Apenas nombrado presidente se entrevistó con los dirigentes catalanes Pallach y Trías Fargas (el 6 de julio de 1976), luego con las diferentes familias democristianas: Fernando Álvarez de Miranda (el 20 de julio), José María Gil Robles (el 12 y el 16 de julio), Joaquín Ruiz Jiménez (el 28 de julio), y por fin con el Partido Socialista, primero con el entonces miembro del Comité Ejecutivo, Luis Gómez Llorente (el 14 de julio), y por fin, cena incluida, con Felipe González (el 10 de agosto y el 2 de septiembre). Tampoco Tierno Galván dejó de asistir a otra entrevista el 4 de septiembre. Todas obviamente secretas. Con estos antecedentes cabe imaginar qué suma de desinterés y desdén acumuló el presidente Suárez hacia aquella oposición dispuesta a todo y a la que él había sobrevalorado.

La leyenda había ido construyendo una falsa realidad que se desmoronaría durante 1977. La izquierda real –Partido Comunista y Partido Socialista– se volcó en la única actividad posible: las elecciones. Dos meses para prepararlas y seis luego para valorarlas. El pretendido tejido social sobre el que se había enraizado la oposición de izquierda se redujo a un aparato electoral, con el agravante lógico de su inexperiencia.

Con un olímpico desprecio y bastante ceguera hacia la experiencia acumulada en el trabajo militante, se entendió que decir política quería decir elecciones, y quien no era candidato no era nada en política. Toda la actividad no solo se concentró en las elecciones del 15 de junio de 1977, lógico porque eran capitales e insoslayables, sino que se convirtió en la hora de la verdad absoluta; la prueba de la justeza política. En las condiciones que se producía la Transición tal prueba tenía visos de sarcasmo; echaban al traste toda una forma de analizar al régimen moribundo y a la monarquía emergente. Se despedían de los esquemas sin una palabra, con la misma superficialidad quizá con la que los habían construido.

La diferencia entre retórica y política no era tan fácil de definir. Decir que la opción entre monarquía y república debía decidirse en consulta nacional, era retórica en tanto todos los partidos políticos que lo propugnaban estaban convencidos de su escaso valor y su nula viabilidad. No era retórica, aunque pudiera ser una mala política, el decir eso mismo y arrostrar el riesgo de quedarse aislado. Ahora bien, lo que no podía hacerse sin costo evaluable a largo plazo era considerar que retórica y política eran lo mismo; formas de hacerse entender, sin ningún valor vinculante. Si el término oportunismo, tan usado por la izquierda durante el siglo XIX, hubiera tenido algún valor, no podía aplicarse ni tan siquiera a este caso. No eran oportunistas, sino unos cínicos irremisibles.

El franquismo, por su duración, facilitó la fabricación de formulaciones retóricas por las direcciones de los partidos de izquierda, y muy especialmente del más activo, el Partido Comunista. Sus bases podían estar convencidas pero sus dirigentes mantenían un escepticismo impermeabilizado por el largo exilio y la complejidad de vivir en países tan dispares como Francia y Checoslovaquia, México y la Unión Soviética. Lo que no cauterizaba el miedo lo hacía el seguidismo. El Partido Comunista pasó en el filo de 1976-1977, en menos de seis meses, de propugnar el asalto a las cárceles para liberar a los detenidos, a considerar como una provocación «ultraderechista» cualquier manifestación callejera. En menos de seis meses pasaron de insultar a una monarquía desprestigiada, a apalear a quien osara aparecer en un mitin comunista con una bandera republicana. Esto, amén de patético, habría de dejar huellas.

No se trataba tan solo de un tránsito de la retórica a la política, sino que se convertía ese mismo tránsito en pura retórica sin apenas virtualidad política. La radicalidad de las formulaciones previas a la Transición podían evolucionar conforme se introducían nuevos elementos de la realidad hasta llegar a la inevitable política de reforma. El debate no estaba pues entre reforma o ruptura, puesto que no había ya dos opciones sino tan solo una. La cuestión política estaba en cómo se pasaba coherentemente de una concepción rupturista a otra de reforma, y en qué aspectos esto obligaba al Partido Comunista y a los demás partidos a reconvertirse, hacia dentro y hacia afuera. Sin necesidad de descubrimientos, ni caídas del caballo a lo Saulo, sino sencillamente introduciendo una realidad que estaba muy lejos de ser la que se habían imaginado mucho antes de noviembre de 1975.

No hay una contradicción entre radicalidad y coherencia, sino entre coherencia y conversión. Las posiciones radicales, pueden ser coherentes o incoherentes, virtuales o fantásticas. Las conversiones por el contrario son siempre inexplicables; o apelan a motivaciones sublimes o descubren razones rastreras.

Como existía una cierta mala conciencia, especialmente en los estados mayores de los partidos, consideraron que para acallar las posibles críticas allí donde se había entendido una derrota no debía admitirse ninguna otra expresión que la de victoria. Los inventos semánticos de la Transición fueron quizá la aportación política de la izquierda más notable durante este periodo. Si hubo un tiempo en el que se hizo retórica porque la política era difícil, ahora se hacía prestidigitación verbal. Se descubrieron nuevos términos con los que vestir una situación de desamparo y desnudez. La capacidad del político para engañarse es inversamente proporcional a su éxito, de donde cabe deducir que algunos veteranos de la lucha antifranquista tenían una particular inclinación a inventarse señuelos.

Durante el franquismo varias generaciones entraron a la pelea política más que a la vida política. Lo hicieron por razones tan obviamente humanas como la responsabilidad ciudadana en una sociedad que no admitía la ciudadanía. Por razones éticas; nadie podía sin ser un cobarde o un egoísta redomado admitir impasible una dictadura. Para buena parte de ellos la brutalidad del tránsito, el paso de una cultura de resistencia a una chata política electoral facilitó eso que se habría de denominar «desencanto». El poso que deja una situación cuando existe un desfase entre lo que se ha arriesgado y lo que se admite como bueno. Pasado el efecto de las primeras elecciones democráticas de 1977, las siguientes dieron un saldo inquietante. En las generales de 1979 la abstención ascendió al 34 por 100 –12 puntos más que en las anteriores–, hecho que coincidió, para mayor escarnio, con la ampliación del voto a los 18 años. Algo grave ocurría cuando unos meses después y en comicios tan vinculados a lo inmediato de la sociedad como son las elecciones municipales aún subió más la proporción abstencionista. ¡Al 39 por 100! El argumento más pedestre para justificar la radiografía consistía en achacarlo al cuerpo social que estaba cansado tras celebrar tres elecciones en tres años. Pálido consuelo cuando se llevaban cuarenta años sin catarlas.

El modelo político que la voluntad había ido forjando durante la lucha antifranquista se reveló algo fantasmagórico. Las mismas razones éticas que habían llevado a esta lucha facilitaron, durante la Transición, un grado de distanciamiento que llegaba hasta la marginación. Ya no era necesario nada de lo que unos meses antes se consideraba capital. La pretendida «cultura» de los partidos políticos en la clandestinidad se desmoronó, o tan solo se diluyó en la carrera hacia las elecciones. Había llegado el momento de preguntarse si había habido alguna sedimentación en esa clase política salida de la ilegalidad y si el término «cultura» aplicado a los partidos no era una exageración. Se reducía a describir algunos usos y costumbres de la clandestinidad, y no siempre oro de ley precisamente.

Para la clase política no fue motivo de inquietud especial, al contrario. El dirigente socialista José María Maravall, sin rubor alguno, lo sabrá colocar en el haber del pasado dictatorial, en el del otro lado de la barricada:

> Lo sorprendente y lo preocupante también, del caso español es que este «cinismo político» se manifestara en una democracia muy joven y estaba relacionado con una visión de la política como inmoralidad que caracterizó la ideología del franquismo[21].

Contemplado el asunto con algún rigor, aunque solo fuera teórico, habrían de admitir como hipótesis de trabajo la posibilidad inversa; que la clase política había adoptado una fórmula franquista según la cual su distanciamiento de la sociedad y su endogamia revelaban su formación. Pero se ve que la historia en ocasiones deja su poso sobre los pueblos y no sobre sus elites.

Vista con un poco de perspectiva la Transición es un proceso en dos etapas en el que la clase política trata primero de

---

[1] *Sistema,* mayo de 1980.

enfrentar la radicalidad con la coherencia y luego la profesionalidad con la ética. Para no ser radicales había que abandonar la coherencia y para ser profesionales había que saber separarse de la ética. No porque fueran radicalmente diferentes, sino porque residían en mundos distintos.

La doble vía, de la derecha y la izquierda, hacia la profesionalización política tuvo escasa relevancia para la derecha. La Unión de Centro Democrático y Alianza Popular eran poco más que herederas de diversos sectores de las familias franquistas. Los residuos de la oposición liberal incrustados en la Unión de Centro Democrático no afectaban al carácter dominante que daban hombres como Adolfo Suárez, Martín Villa, Pío Cabanillas, Calvo Sotelo… La trayectoria política de la Unión de Centro Democrático permite preguntar si sería exagerado decir que exceptuadas las decisiones tomadas por Leopoldo Calvo Sotelo durante su breve mandato presidencial, la Unión de Centro Democrático no fue un instrumento político algo inane; si no llegó incluso a no ser un partido sino un revoltijo que a falta de precipitantes no alcanzó la categoría de combinación.

Las decisiones trascendentales de la Transición, de la primera etapa, las tomó Adolfo Suárez antes de que existiera la Unión de Centro Democrático. Ir a unas elecciones generales, inevitablemente constituyentes, y la legalización del Partido Comunista, sin ir más lejos. Los años de gobierno ucedeo tras las elecciones de 1977 fueron más un esfuerzo por mantenerse en el poder que por gobernar. Los Pactos de la Moncloa, considerados como máxima obra del suarismo, partían de la convicción política personalizada por Suárez y Carrillo de que ambos, sumados, daban una sólida base de apoyo y tranquilidad al régimen recién inaugurado. Pero la decisión de ir a los Pactos de la Moncloa no solo no partió de los partidos políticos, ni siquiera fue bien vista por estos, sino tan solo de los dos líderes, y posteriormente se hizo vinculante para sus «estados mayores».

Si los Pactos de la Moncloa se elevaron a la categoría de símbolos fue por varias razones, entre otras porque para las comadronas de esta primera Transición constituía el paradigma del bien hacer político: un puñado de notables representaban a un conjunto de ciudadanos inexpertos, incapacitados para entender las dificultades de la economía. Lo que enunciado por dos políticos de la formación técnica de Adolfo Suárez y Santiago Carrillo resultaba algo sarcástico. Según los expertos el valor estabilizador de estos pactos se reducía al aspecto político[2].

Los Pactos de la Moncloa son obra de la voluntad de los líderes de la Unión de Centro Democrático y del Partido Comunista, y son más importantes por sus consecuencias políticas que por las económicas. Paradójico asunto, dado que hubo unanimidad en lo económico y divergencia en lo político. Esa decisión voluntaria y empecinada de Suárez y Carrillo forzando al resto de las fuerzas políticas consagró el principio de la profesionalización; quizá más que las propias elecciones de 1977. Entre los dos controlaban la vida política, económica y sindical. Un líder de la derecha y otro de la izquierda confirmaban su nivel de estadistas. Por encima de sus intereses partidarios ponían las necesidades del país, según la eufemística y falaz fórmula que designa al hombre de Estado distinguiéndolo del hombre de partido. Tanto más eufemística y falaz tratándose de dos individuos para quienes Estado y partido no podían separarse de su carrera política, personal e intransferible.

El proceso de profesionalización en la derecha apenas si tuvo relevancia puesto que estaba ya ejerciendo funciones políticas. Para la izquierda supuso lógicamente un cambio. Pasar de la clandestinidad a la gestión pública no se hace sin errores, dificultades y rupturas. La transformación de quienes se sentían comadronas de la historia en funcionarios. De dirigentes convencidos en su soledad de que iban a dar luz a una nueva sociedad, a empleados institucionales. Un camino breve en el tiempo que

---

[2] Rafael Martínez Cortiña, *La transición económica de España,* Madrid, 1990.

precisó de dos pasos. Uno primero, en el que la política se interpretaba única y exclusivamente como instrumento de poder y otro en el que se reveló como una profesión, tan sencilla o complicada como cualquier otra, pero en la que había que garantizar su perdurabilidad. Con el agravante que daría el tiempo; en una sociedad de mercado y competencia la profesión política adquiría un carácter subsidiario. Fuera del interés crematístico, de influencia social, no ofrecía grandes atractivos. Puestos a escoger profesión segura y rentable, el mundo de la economía y las finanzas atraería pronto buena parte de los impulsos que en la primera Transición se volcaron en la actividad política.

El proceso de profesionalización de la izquierda y de acercamiento al poder como única fuente de consideración desplazaría pronto a la mayoría de esa porción de la clase política hacia el Partido Socialista. La consideración –o se hace política en la Administración o no se hace política sino verbalismo– produciría un corrimiento de las diversas opciones hacia el Partido Socialista. En sucesivas oleadas, el socialismo español se fue nutriendo de los desplazados desde su izquierda. Uno de ellos lo describió con desparpajo:

> No es condenable que en nuestra sociedad la política sea una actividad profesional, pero resulta algo ingenuo esperar que en la posmodernidad la gente afluya disciplinadamente a la militancia, en cierta medida reducida hoy día a servir de público, soporte o justificación de carreras ajenas. La fuerza de los partidos sigue dándola la gente, pero a través de los votos[3].

Con unas frases a modo de respuesta nuestra bisoña izquierda, convertida en clase política, decidía como imposible algo que estaba en la raíz de toda democracia consolidada: la posibilidad de «hacer política» sin necesidad de querer hacer «una carrera política». La diferencia obvia entre participación y pro-

---

[3] Ramón Cotarelo, *La transición española,* p. 378.

fesionalización, que no tienen por qué ser excluyentes, pero que el día que se hacen excluyentes no es fácil recuperarlos juntos. Lo único que garantiza la responsabilidad de unos profesionales políticos, su atención y su permeabilidad, es que existan amplios sectores que «hagan» política sin querer competir con ellos en la «carrera política». Solo las bases ciudadanas pueden evitar la política como negocio, como empresa; o cuando menos, atenuarla. Entre profesionales es obvio que han de regir las reglas del mercado, y el fin del mercado es el beneficio económico.

Tras las primeras elecciones de 1977 el desplazamiento de los cuadros dirigentes del Partido Comunista y de otros grupos hacia el Partido Socialista va a ser constante. La empresa prometía un mercado cada vez más amplio. Desde 1980, cuando aparezca como inevitable la victoria socialista, el trasvase se convertirá en vuelco. El profesor socialista Elías Díaz lo describió con tanta estolidez como sinceridad:

> Hay que constatar que a los años del viejo escepticismo metafísico y esencialista (1976-1978) le siguieron, solapándose con ellos y entrelazándose mutuamente (...) los años plañideros del incansable y acrítico desencanto (1978-1981...). ¡Y así nos cogió Tejero aquel 23 de febrero! Intentando animar a los macilentos y abúlicos desencantados: hubo de todos modos, filósofos, escritores y ciudadanos que solo entraron en razón cuando escucharon el bando bélico de Miláns del Bosch. ¡Bendito sea Dios![4].

Y alabado sea, cabe añadir, este nuevo profeta Elías, porque gracias a él sabemos que «entrar en razón» fue tanto como entrar en el Partido Socialista.

En el plano ideológico ese desplazamiento de la izquierda derrumbada –pues se produjo tras la conciencia del fracaso de su proyecto– hacia el Partido Socialista se caracterizaría por la

---

[4] *Ibid.*, p. 776.

marginación de la idea de progreso y su trasformación en modernidad y desarrollo. El Partido Comunista, devorador de sí mismo desde 1977, tenía sentido solo si lograba convertirse en un partido socialista, y esto era imposible porque la estructura sobre la que estaba construido, sus raíces históricas y las de sus líderes, no permitían una operación tan rápida y compleja.

Conforme avanzaba la Transición, los partidos, en vez de reforzarse se debilitaron. Bunkerizados «estados mayores» asesorando a sus líderes clarividentes. Al filo de 1981 la situación de los partidos se precipitó con la crisis de la Unión de Centro Democrático, el estancamiento crítico de Alianza Popular, la endémica sangría del Partido Comunista, sin contar fenómenos periféricos tan importantes como el fraccionamiento familiar del Partido Nacionalista Vasco, los giros suicidas del Partido Andalucista, el desligamiento del izquierdismo... Ante todo eso el Partido Socialista se ofrecía no solo como única alternativa, sino como única realidad política. Fuera de él, dificultades o desolación.

Todos los defectos de ese partido, su falta de consistencia, la fragilidad de sus líderes, la ausencia de raíces; prácticamente su historia se reducía a la refundación en el Congreso de Suresnes (1974) y una trayectoria durante el franquismo minoritaria y perezosa... estos defectos, resultaban virtudes. Le permitían abordar lo nuevo sin ataduras. En realidad el Partido Socialista era la única alternativa diferente durante la Transición; incluso la marginación a la que fue sometido por el tándem Suárez-Carrillo resultaba ahora un privilegio y no una sanción. Aunque en el contenido de su programa hubiera elementos de progreso y radicalidad que atrajeron a una parte del electorado que no era suyo, la evidencia política les llevaría a que, para ocupar todo el terreno político que los adversarios habían dejado huérfano, tenían que hacer una administración centrista.

La estabilidad del Partido Socialista, tras el intento de golpe militar del 23 de febrero y la arrolladora victoria posterior de octubre de 1982, les desplazaría hacia el centro. El lenguaje de partido, la duplicidad verbal de sus líderes –González y Guerra– no podía ocultar que el proyecto en el cual iban a meterse no partía ya de la idea de progreso –una política diferente y opuesta a la de Unión de Centro Democrático– sino de modernización. Terminada la Transición, devorados sus protagonistas, ellos iban a encargarse de construir el nuevo Estado de la monarquía parlamentaria. Lo que ocurriría luego va más allá de las fronteras de este libro.

Si el Congreso de Suresnes había sido la refundación del partido al dotarle de un nuevo equipo dirigente, la Transición sería para el Partido Socialista la segunda parte de esa refundación: su constitución en instrumento. Fue recogiendo a izquierda y derecha los retazos que la profesionalización política acelerada de los primeros años de la democracia amenazaban con dejar en el paro. Las gentes que se fueron incorporando no lo hicieron en función de un proyecto de transformación, impensable ya ante el sesgo que tomaba la vida política en España y la inclinación conservadora que se observaba no solo en la sociedad española sino en el mundo. Lo hicieron porque no había otro lugar en el que se pudiera continuar como clase política. Y esto era válido no solo para diputados, sino para profesores, asesores, publicistas... que siempre formaron el aura de lo que se puede entender, de manera amplia, como clase política.

Una simple ironía podría revelarnos ese salto; el de un partido que en 1978 podía desarrollar una campaña desaforada a la que nadie podía objetar nada –«Cien años de honradez»–, fuera de aquella *boutade,* no exenta de cierta verosimilitud, de un diputado que añadió «y cuarenta de vacaciones». Tan solo diez años más tarde, en 1988, con seis de gobierno socialista, se hubiera entendido como una bufonada contraproducente un eslogan que dijera: «Ciento diez años de honradez».

El desplazamiento de la izquierda radical hacia el Partido Socialista no partía tampoco de una evolución política, sino de la conciencia de una equivocación y una derrota. La derrota, los resultados de elección tras elección. La equivocación, la sensación de no haber apostado al Partido Socialista cuando se tuvo la primera prueba de que iba a ser hegemónico. Solo la inercia que caracteriza a todo aparato burocrático en el que está inmersa la clase política puede explicar que algunos necesitarán aún diez años para cambiar de partido.

Una prueba de que conservaban ese carácter de ocultamiento de la historia que había caracterizado su labor en la primera Transición, podría probarse con una sola muestra: ninguno fue capaz de admitir que el no haber entrado en el Partido Socialista había sido una mala apuesta. Incluso repitieron el gesto de entonces e iniciaron la tarea de ocultar su militancia pasada. La segunda parte del olvido. Si la primera había sido «el pasado anterior a 1976 no existe», ahora se reducía a un escapista «el pasado anterior a 1982 no lo recuerdo». La ironía de la historia es que a finales de la década de los ochenta se volvieron a encontrar dentro del Partido Socialista las víctimas y los verdugos, todos revueltos, de las sucesivas crisis por las que pasó la izquierda a lo largo de la Transición; expulsadores y expulsados del Partido Comunista, denunciadores del «revisionismo» y denunciados. Pero eso es ya otra historia, marginal a este texto.

Adolfo Suárez personificaba la Transición, para bien y para mal. Santiago Carrillo personificaba la política *tout court,* en el sentido que la tradición española asigna al hombre público. Ambos formaron un *pool* de talentos llamados a entenderse en lo que cada uno tenía y en la reciprocidad de lo que les faltaba. Lo que ambos consideraron como el imprescindible acoso al Partido Socialista, en el que estaban interesados por razones paralelas, se transformaría en el mejor valimiento del Partido Socialista. La actitud de automarginación y espera le permitió a este expresar con rotundidad que no estaban en aquel juego de tahúres.

Fernando Abril Martorell pudo decir con agudeza que la Transición terminó el día que el Partido Socialista sometió a Adolfo Suárez a una moción de censura. Fue en mayo de 1980 y la reflexión es aguda, porque marca el fin del consenso como chantaje. Entonces se vio a una Unión de Centro Democrático desnuda y a un Partido Comunista convertido en bisagra de una puerta que no existía. Es indudable que ahí empezaba el fin de la Transición y de sus representantes. La Unión de Centro Democrático se cuarteaba ya definitivamente y la crisis de identidad de la derecha la obligaba a una larga travesía. Cuarenta años de deformación política para la democracia no podía solventarse con tres años de audacias suaristas. Suárez representaba menos a la derecha de este país de lo que la derecha estaba dispuesta a reconocer, que era muy poco.

¿Acaso Santiago Carrillo representaba más a la izquierda de lo que Adolfo Suárez representaba a la derecha? Hay una escena que tiene un valor emblemático de la Transición, porque en ella está resumida la capacidad de simulación de la clase política. Incluso su conciencia de solidaridad en la derrota y la impostura. Tuvo lugar una tarde de octubre de 1977. La sociedad española iba a asistir a un espectáculo único. Manuel Fraga Iribarne presentaba en el Club Siglo XXI de Madrid a Santiago Carrillo. El máximo dirigente de Alianza Popular, aquel grupo en el que coexistían bajo el autoritarismo implacable de su líder la derecha montaraz y nostálgica con la conservadora a secas, presentaba en sociedad –mejor sería decir en la sociedad tradicional– al secretario general del Partido Comunista de España.

Las primeras palabras de Manuel Fraga fueron de este tenor: «Lo primero que tengo que decirles es que Carrillo es un comunista de mucho cuidado». La sala entera se conmovió entre la sonrisa y el aplauso. Era evidente que o bien Carrillo no podía ser un «comunista de mucho cuidado» porque entonces Fraga no lo presentaría, o si no lo era, Fraga tenía especial interés en aparecer presentando a un comunista «de mucho cuidado», por más que todo el mundo que estaba en el secreto sabía que era incierto. Desde un punto de vista social, estábamos ante el fenómeno de la reconciliación. Dos hombres, en los extremos del arco parlamentario, tenían la hombría de bien y el talante democrático de presentarse en sociedad juntos para escarnio de sectarios y revanchistas.

Desde el punto de vista real, es decir, político, dos hombres desempeñando papeles forzados trataban de recuperar su deteriorada imagen sabiendo que ninguno representaba aquello que decía representar, sino tan solo lo que le habían dejado. Allí estaban engañándose a ellos mismos y a cuantos fieles aceptaran la comedia, con la pretensión inútil de que alguien diera algún valor a aquella asociación coyuntural de hombres unidos por pasados intocables. Hubiera sido lo mismo contemplar a Santiago Carrillo presentando el libro de Manuel Fraga sobre Ramiro de Maeztu y diciendo entre sonrisas: «Aquí tienen ustedes a un reaccionario de mucho cuidado». Lo probable es que Manuel Fraga, profesor pedantísimo, le hubiera sugerido sustituir el «reaccionario» por «conservador», lo que de buen grado aceptaría Carrillo. Pues bien, imagínense un público mayoritariamente de izquierda escuchando lo de «aquí tienen ustedes a un conservador de mucho cuidado». Un espectáculo de pompas mutuas y fúnebres.

La amalgama de intereses de la clase política podía producir perplejidad ciudadana. Difícil que provocara participación. A esto posteriormente vendría a darle sustento una curiosa utilización de la ética. La clase política, consolidada en su profesionalización, descubría la contradicción entre la «ética de la convicción» y la «ética de la responsabilidad». Max Weber entraba tardíamente en su vida para enmascarar una realidad poco brillante.

El 28 de enero de 1919 el profesor Max Weber pronunciaba una conferencia ante la Liga de Estudiantes Liberales de Múnich. La tituló «La política como vocación». Se trata de un largo texto que publicaría más tarde y que no es fácil separar de su contexto. Considerado ya en su época como un eminente pensador no solo en el campo de la sociología, el profesor Weber es un conservador que se había comprometido a fondo en la política de guerra del Imperio alemán y que entonces se encuentra nada menos que sirviendo en diversos frentes –como jurista y como político– a la revolución alemana que ha barrido al viejo régimen. Una revolución en la que ni cree ni tiene la más mínima confianza.

La solidez del discurso weberiano sobre la política como vocación se traduce en un alegato, coherente con sus concepciones conservadoras, contra la cultura y las concepciones de los socialistas. Es tan solo en las páginas finales de la conferencia donde aparece la formulación de una «ética de la convicción» y otra «ética de la responsabilidad». Por más que pretenda que ambas éticas no son «absolutamente opuestas, sino elementos complementarios que han de concurrir para formar al hombre auténtico, al hombre que puede tener *vocación política»,* está claro que la «ética de las convicciones» es la que define al fanático en política —«quien opera conforme a una ética de la convicción no soporta la irracionalidad ética del mundo. Es un *racionalista* cósmico-ético»— mientras que la «ética de la responsabilidad» es la que caracteriza al estadista —«es infinitamente conmovedora la actitud de un hombre *maduro,* que siente realmente y con toda su alma esta responsabilidad por las consecuencias y actúa conforme a una ética de la responsabilidad»[5].

El ciclo de formación de la clase política de la Transición termina de momento encerrándose en el conservador esquema weberiano de las dos éticas. Una para hacer de oposición y otra para gobernar. Como la formulación fue enunciada por el propio presidente del Gobierno socialista Felipe González[6], en ocasión memorable, vísperas del referéndum sobre el ingreso en la Alianza Atlántica (OTAN), se puede decir que nuestra clase política, consolidada ya la democracia, se considera homologada con las del Occidente europeo. La vocación se ha convertido en profesión. Queda por saber si lo acelerado de la conversión al weberismo maduro no es, como en el pensador alemán, una última convicción dentro de una carrera de derrotas políticas, o tan solo un recurso brillante y vacuo para seguir gobernando sin convicciones y con dudoso sentido de la responsabilidad.

---

[5] M. Weber, *Escritos políticos,* México, 1982, vol. II, pp. 308 y ss.
[6] *El País,* 17 de noviembre de 1985.

7. ¿Hubo transición en la cultura?[1]

Desde la década de los sesenta la confrontación más palmaria entre la estructura oficial del franquismo y la España real se produce en el minoritario terreno de la cultura. No es extraño que la izquierda se alimentara entonces preponderantemente en los medios de la «inteligencia», de donde extraerá influencia y personal. La confrontación entre una parte de la sociedad y la dictadura tendrá como interlocutores reiterados a los intelectuales. Se podría decir que aquello que luego se entendería por transición democrática en la cultura se abrió camino mucho antes que en otros campos. Por las características específicas del medio era posible en ocasiones una cierta coexistencia, inestable y nada pacífica, entre la cultura de la Administración y la cultura de la oposición. Conviene no olvidar que se trataba de un conflicto que en el mayor de los casos afectaba a centenares de personas, ni siquiera a millares.

Siempre se ha hablado de la autonomía de la cultura, incluso en los regímenes más totalitarios. Se ha escrito menos de la extrema dependencia, incluso en aquellas obras artísticas que por su naturaleza parecen más alejadas de los compromisos con la sociedad. Por ejemplo, una de las lagunas llamativas

---

[1] La utilización aquí del término «cultura» es equívoco por múltiples razones que resultan diáfanas tras la lectura del capítulo. Sería más exacto utilizar la expresión «inteligencia», o el más pedante y devaluado de «intelectualidad». No obstante, la cuestión se volvía aún más confusa con un título que dijera «¿Hubo transición en la inteligencia?». Decidí mantener ese concepto tan amplio de «cultura» y añadir esta nota con el ánimo de que sirviera de advertencia más que de justificación.

sobre nuestro inmediato pasado cultural se refiere a la vida musical de la década de los cuarenta en España. Periodo en el que cabe contar con relevantes personalidades que sin embargo son inexplicables sin echar mano del contexto político en el que se movieron. Me estoy refiriendo a Falla, Rodrigo, Argenta, Regino Sainz de la Maza, Segovia, Sopeña... No digamos ya si hacemos referencia a la diáspora musical del exilio, en lo que tiene de contraste.

¿De qué modo afectó la transición democrática a la cultura? Si entendemos el término cultura en su sentido más abierto y genérico, los diversos mundos culturales españoles llegaron a la Transición unos –los más tradicionales– con cierto desamparo y angustia, otros con arrollador entusiasmo. Los años oscuros, para unos habían sido una oportunidad y para otros una rémora. La Transición lo único que hizo fue convertir la pobreza provocada por esos años oscuros, explicable por razones históricas, en espectáculo. Hasta entonces había, por decirlo así, pocas posibilidades para una cultura democrática que engarzara con el primer tercio de siglo; luego ninguna.

La Transición mostró que no era una exageración decir que se partía de menos que cero. Se partía de una estructura intelectual –universitaria, pedagógica, editorial...– consolidada durante cuarenta años. Remedando a J. J. Linz, la tradición totalitaria se había vuelto autoritaria y de ahí se quería ya liberal y democrática. Las evoluciones personales eran el más llamativo patrimonio de los nuevos tiempos, pero hasta eso, por razones fácilmente comprensibles, no podía ser exhibido sin perjuicio para los intelectuales. Nuestra inteligencia no podía pasar del fascismo al radicalismo democrático en apenas un lustro. Como mínimo tenían el mismo derecho que los políticos a ver reflejada su vida como una coherente trayectoria. Cada uno debía decidir dónde empezaba su pasado intelectual.

Contemplado desde hoy, parece como si la vida intelectual del tardofranquismo hubiera sido unánimemente opositora. El régimen, aislado y despreciado, por una inteligencia resuelta a terminar con la dictadura. Algo lejano de la verdad. La universidad, las publicaciones, las editoriales, hasta la suerte misma de los intelectuales estaban a merced de las decisiones del poder, y la arbitrariedad de un poder dictatorial en su periodo agónico se percibía no tanto en la exigencia de adhesiones inquebrantables –como antaño–, sino en complicidades constantes y silencios culpables.

Al Gobierno le bastaba un decreto y de un plumazo cerraba editoriales o publicaciones en cuanto creía detectar semillas de una cultura de izquierda. En 1969 clausuró cuatro minúsculas editoriales dedicadas a la edición de libros básicos para un conocimiento del marxismo y no se habló más del asunto.

Aún no sabemos qué obras editadas antes de la muerte de Franco contienen mutilaciones u omisiones a causa de la censura, y las casas editoras no parecen tener especial interés en aclararlo tratándose de textos, nacionales o extranjeros, que se reeditan con profusión. Los antiguos censores pasaron a ser promotores editoriales e incluso en algunos casos se convirtieron en responsables de la cultura o asesores experimentados de los partidos políticos.

El estudio del periodo franquista desde un punto de vista cultural e intelectual está en mantillas. Algunos textos de egregios profesores, editados en las décadas de los cuarenta y los cincuenta, han ido sufriendo un proceso similar al de sus creadores; tanto los autores cambiaban y se arrepentían de lo escrito, tanto pulían y recortaban el libro. Un fenómeno paradójico; unos libros que nacieron como elemento de apoyo a la cultura totalitaria sin embargo son contemplados hoy como retoños de liberalismo en los tiempos difíciles. Se reeditan con los mismos títulos, cuando el contenido apenas si tiene algo que ver con lo que escribieron entonces. Un ejercicio de desvergüenza intelectual tan inaudito como oculto. La inteligencia de la dictadura, que se fraccionaría a partir de 1956, apenas si ha sido estudiada en su contexto, sino a partir de un final feliz promovido por los propios protagonistas: todos en mayor o menor medida estaban situados, desde que tuvieron uso de razón política, en el campo de la democracia. Como si la cultura totalitaria española hubiera quedado arrinconada vísperas de la derrota nacionalsocialista de 1945.

La existencia de diferentes familias intelectuales durante el franquismo no niega un tronco común: el catolicismo tradicional, aunque dentro de él existieran grados y evoluciones. No hay, y esto es muy importante para la formación de nuestra inteligencia, nada que pueda no ya parangonarse sino incluso recoger o evocar un pensamiento a la vez laico y autoritario. El de Giovanni Gentile, sin ir más lejos, un totalitarismo laico y con pretensiones humanísticas está absolutamente ausente del periodo de formación de nuestros intelectuales. Existió todo lo más un laicismo emboscado, conservador y liberal, el de Ortega y Marañón, que por razones obvias no encontraba ningún lugar para manifestarse como tal.

El fascismo, triunfante tras la guerra, devino tradicionalismo católico y clases medias. Nacionalcatolicismo. Cualquier veleidad totalitaria agnóstica, laica o estetizante, quedaba condenada a la clandestinidad. La posterior evolución de las principales figuras de la época confunde a los analistas sobre la naturaleza del conflicto entre las diferentes familias intelectuales y políticas existentes durante la dictadura. Todas coincidían con un fondo cultural común.

Existían diferencias de grado y de talante intelectual, es obvio decirlo, entre el Laín Entralgo de *España como problema* y el Calvo Serer de *España sin problema;* dos libros que concitaron la atención de las ínfimas minorías de 1949. Pero no una disparidad de principios. ¡Cómo no iban a ser palpables las diferentes actitudes intelectuales con que se defendía la validez de Menéndez Pelayo entre Laín y Calvo Serer! Pero ambos exigían partir de una cierta, aunque diferente, comprensión del espíritu de don Marcelino Menéndez Pelayo; eso es lo unificador. No coexisten varias culturas durante los primeros veinte años de franquismo, como han pretendido creer los protagonistas avergonzados, sino una sola, la que procede de la tradición católica.

Tras el proceso de ruptura iniciado en 1956 afrontarán de muy diferente manera el pasado y se irán haciendo abismales las diferencias. Hasta el punto que ya no será el rasgo más llamativo la procedencia del tronco común del catolicismo tradicional, sino la diferencia entre nacionalcatolicismo totalitario y exigencia democrática. Pero la complejidad de ese proceso se nos ha hurtado y la transición a la democracia sería incapaz de abordarlo para saber de dónde partía nuestra cultura democrática y de dónde nacían también sus rémoras. Los protagonistas estaban vivos y nadie, y menos que nadie ellos mismos, como protagonistas del cambio, tenían interés en un proceso de revisión de esas características.

Contrariamente a la opinión común de que frente a las dictaduras son los intelectuales como colectivos quienes adoptan la posición más gallarda, la realidad lo desmiente. En lo que tiene de colectivo la intelectualidad se adapta y sirve al poder con mayor rigor y hasta entusiasmo que cualquier otro gremio. La brutal referencia a Goebbels ya citada evita mayores comentarios. Como tiene experiencia teórica está en mejores condiciones de aprovecharse de ella y encontrar siempre argumentos para quien los necesite. Otra cosa es tal o cual individualidad. También hay que admitir que la función social que ejerce el intelectual y de la que se siente responsable verbalmente le situaría, de ser consecuente, en una crisis permanente; no hay colectivos que puedan vivir en crisis sin aspirar a superarlas. Cuando uno ha de referirse a la «inteligencia» en conjunto durante los tiempos difíciles es inevitable una cierta dosis de complicidad y benevolencia.

La funcionarización de una parte de la inteligencia es un aspecto muy llamativo de los dos últimos siglos que tiene amplias raíces en épocas anteriores a la Ilustración y que en España, donde el Estado ha sido un instrumento antiguo y frágil, el asunto contiene elementos singulares. Hasta la década de los setenta, vísperas de la muerte de Franco, se puede decir, sin apenas correr el riesgo de equivocarnos, que ningún catedrático de universidad, por ejemplo, había llegado a la cátedra desde una cultura de oposición, sino en función de sus conocimientos y de su trayectoria en el seno de la cultura nacionalcatólica. No podía ser de otra manera en un régimen cuyas características totalitarias, atenuadas en el contexto de la década de los sesenta, consentían la no adhesión tácita, pero no el desdén explícito. Se podía no estar con el régimen, porque uno no se manifestaba a su favor, pero no se podía manifestar en contra del régimen y seguir gozando del mismo estatus que a uno le había permitido ese mismo régimen. El sistema transigía con el servidor siempre y cuando este ejerciera de tal. Bastaba incluso que tuviera conciencia de ello, que tuviera conciencia de sus límites.

A menudo se olvida que en la Italia mussoliniana, apenas instalado el fascismo y sin las secuelas de una Guerra Civil, como en el caso español, tan solo once profesores, ¡once!, del conjunto del cuerpo docente de las universidades italianas, osaron negarse a prestar el juramento de fidelidad al Fascio y a Mussolini. En nuestro caso, intelectuales de inequívoca conducta cívica contra la dictadura debieron pagar su peaje al nacionalcatolicismo. En unos casos con voluntad y en otros con resignación, desde Laín Entralgo, Maravall, López Aranguren y Tierno Galván pasando por Carlos Ollero, Fuentes Quintana, Seco Serrano y tantos otros. Intelectuales con categoría de tales, formadores de la generación que consolidaría la transición, y que no pueden ser asimilados a la caterva de los siniestros personajes del oscurantismo intelectual, los Eugenio Montes, Javier Conde, Muñoz Alonso, Jesús Fueyo, González Álvarez, Millán Puelles, Todolí, Eulogio Palacios, Corts Grau, García Escudero, Lafuente Chaos, Velarde, Calvo Serer, Jesús Suevos, López Ibor, Vigón o García Sanchiz; tan diferentes y tan similares. Estos, fuera de su contexto, no son nada; intelectualmente hicieron las veces del alquitrán, cubrieron los huecos que había dejado el exilio y la represión, y trasmitieron su mediocridad intelectual a algunos herederos. Aquellos, sin embargo, le dieron a la dictadura algo que necesita explicarse, y no me estoy refiriendo al tan mentado y gestual juramento a los Principios del Glorioso Movimiento Nacional, sino a algo más puntual y directo: a la voluntaria aceptación de la dictadura de Franco y el nacionalcatolicismo, en el proceso intelectual que les llevaría más tarde a la oposición.

Aquí se plantea la incongruencia de unas definiciones inconsecuentes o ligeras. Cuando se trata de un régimen totalitario no hay posibilidades para la autonomía, ni del pensamiento ni tan siquiera de lo cotidiano. Incluso no son fáciles las opciones voluntarias hacia la marginalidad y el aislamiento. Solo queda la «inexistencia» a efectos tanto humanos como creativos. Porque «existir» intelectualmente en un régimen de esas características no admite más que el «estar con» y el «estar contra» y ambas opciones llevan en un caso a medrar o sobrevivir, y en el otro a la desaparición. Aquellos que han hecho el esfuerzo de encontrar términos atenuantes al carácter nacionalcatólico, totalitario, del régimen, deberían explicar de qué modo aceptaron ellos el papel ideológico que desempeñaron en publicaciones, cátedras y gabinetes. De ser sencillamente un régimen autoritario –es decir, lejano a sus orígenes totalitarios– su responsabilidad intelectual habría de considerarse como mucho mayor, dado que sin apenas presiones y teniendo otras opciones, escogieron servir a la más cercana al poder dictatorial.

No es extraño por tanto que el legado de memorias que nuestros intelectuales y asimilados publicaron durante la Transición puedan catalogarse, prácticamente sin excepción, como un ejercicio de mixtificación, con algunos rasgos de desvergüenza inaudita. La cuestión, planteada de manera rotunda y nada demagógica, es esta: sin una colaboración plena y entusiasta con la dictadura no había tan siquiera la posibilidad de que a uno le ofrecieran el privilegio de jurar dichos Principios del Movimiento. Y eso hasta los años sesenta. Las memorias y reflexiones de los protagonistas nos tientan a pensar que frente al talento sutil de nuestra veterana «inteligencia», maestra en el arte de la doblez, la dictadura no eran tanto perversa cuanto constitutivamente imbécil. Lamentablemente para ellos –y nosotros– cuarenta años de poder no permiten engañarnos. Podría ser y lo fue, zafia, brutal, indolente incluso... pero la imbecilidad reiterada en cuestiones que afectaban a las instituciones del Estado le estaba vedado al franquismo por razones de supervivencia.

Bastaría citar los casos paradigmáticos de Julián Marías, Manuel Sacristán o Carlos Castilla del Pino, tres personalidades diferentes, en tres épocas diferentes y que coincidieron en su papel de radiografías del estamento universitario. No habían pagado el peaje o la pernada a las instituciones. Tuvieron el valor de competir en desigualdad de condiciones con quienes nunca les cupo la menor duda que dicho pago iba incluido en el cargo. ¿Por qué ese silencio hecho de tantas complicidades que no permite que nadie diga que los ilustres catedráticos que vencieron en dichas oposiciones no lo fueron porque tuvieran más méritos intelectuales que Marías, Sacristán o Del Pino, sino porque representaban la tradición reaccionaria que el régimen quería para la universidad, y los otros no? Así de sencillo es el asunto, independientemente de la evolución posterior de los protagonistas.

Ahora bien, la principal diferencia entre un intelectual y un filisteo no se refiere tanto al plano de la cultura sino a la formulación del discurso. Los recursos para explicar sus actos es infinitamente más complejo. No es fácil que el gremio intelectual admita que para ser catedrático de universidad, como funcionario institucional, lo mismo que para ejercer de director de un medio de comunicación, se exigía una obvia voluntad de servicio al régimen. Lo considerarán una simplificación abusiva. Cada uno tendrá una prueba de que su caso –solo el suyo– fue excepcional y se debió a una gama de concomitancias afortunadas en las que se mezcló un amigo, un familiar o un muerto. Si usted tiene la providencia de sustituir al «amigo» por una institución de tipo religioso, desde la iglesia al Opus Dei, le ayudará a comprenderlo. O si usted sustituye al presunto «familiar» por el progenitor cuyo acendrado amor al régimen y cuyos servicios al Estado fueron tales que podían ser repartidos entre sus herederos. Incluso si usted sustituye al «muerto» por la encomienda de algún prohombre, sacrificado en el altar de la patria, podría muy bien encontrar las razones por las que su consanguíneo accedió a la vicaría intelectual.

Hasta 1956 y la consiguiente ruptura con el régimen de algunos sectores procedentes del falangismo no se inicia propiamente una cultura de resistencia. Hay una cultura del exilio y la clandestinidad que son muy otra cosa. Es a partir de ahí que se va a ir formando, en condiciones muy difíciles, una «inteligencia» resistente. La dificultad de esas condiciones no venía tan solo por tener que existir bajo una dictadura implacable, sino porque se había producido algo, desde el punto de vista intelectual, gravísimo: la quiebra del proceso cultural iniciado con el siglo.

El primer tercio del siglo XX es el más vigoroso de nuestra cultura. Un proceso de desarrollo intelectual en todos los campos cuyos rasgos más sobresalientes podrían resumirse en dos: sintonía y acercamiento a lo que se está produciendo en Europa y asentamiento y continuidad de la reflexión intelectual. Esos dos aspectos no coincidían ni iban parejos desde la crisis de la contrarreforma; cuando se daba uno, se hacía imposible el otro.

Ni tan siquiera momentos cruciales en la España del siglo XX como las crisis que provocan los acontecimientos de 1917, ni la dictadura de Primo de Rivera, ni la inestabilidad de la República pudieron quebrar el desarrollo de un movimiento intelectual multiforme; desde las ciencias a las artes y no digamos a la literatura y el pensamiento. La Guerra Civil provocó su colapso, la dictadura que la siguió significó la ruptura del proceso.

Habrá que esperar hasta la década de los sesenta para poder hablar con propiedad de reanudar un mundo intelectual abierto, frente a la cultura oficial. Una reanudación en condiciones de inferioridad, marginal y subterránea, cuyos primeros apéndices aparecen después de 1956. Y que estará condicionada por ese agujero intelectual de veinte años. En términos de secuelas intelectuales veinte años suponen casi mínimo un par de generaciones.

Entretanto la cultura del exilio seguiría otros derroteros y procesos, con pocas coincidencias y muchos rechazos hacia lo que se hacía en el interior de la España franquista. De tal modo que cabe hablar de otra historia, que afecta a la nuestra, pero que debe contemplarse desde otras pautas y con otro ángulo. Hasta tal punto esto es así, que todavía hoy no puede decirse que la integración de esa cultura del exilio sea un hecho. En la literatura, nombres fundamentales, como Max Aub, pertenecen a las memorias de algunos, muy pocos. La Transición no supuso en modo alguno la integración del pensamiento de la diáspora republicana. García Bacca, el filósofo residente en Venezuela, tan solo se le recuerda en los medios académicos –en los otros no existe– por su obra primeriza y sus traducciones. Otro tanto cabría decir de Eugenio Imaz o Eduardo Nicol. Y es significativo que del grupo postorteguiano, haya sido María Zambrano quien gozó de alguna resonancia en vísperas de su fallecimiento, ya terminada la Transición, y ¡en función de sus calidades poéticas!

El franquismo no tiene comparación, en cuanto se refiere a cultura e intelectualidad, con otros fenómenos que políticamente estuvieron cercanos, como el fascismo italiano o el nacionalsocialismo alemán. Si bien ambos también significaron pretendidas rupturas con los procesos anteriores, no solo los puntos de partida eran diferentes sino también los de llegada. Intelectualmente el franquismo es como tal un páramo, pero ninguno de sus gemelos alemán e italiano pueden considerarse tan sumariamente. Sí puede hablarse con propiedad de una cultura fascista o nazi, cosa impensable en el franquismo; el más longevo de los regímenes.

Ahora resulta casi un tópico señalar que la mayor ventaja del franquismo, sobre sus parientes primigenios, consiste en su escaso interés por desarrollar una cultura. Es falso, y quizá se trate de una teoría construida por algunos de quienes fracasaron en su intento de elaborarla. Porque sí hubo una pretensión cultural franquista: tradicional, católica y excluyente. La cultura totalitaria franquista existió y lo empapó todo, lo que ocurre es que fue tan pobre y vicaria del pasado que sus propios protagonistas tienden a difuminarla.

Sobre este marco los adversarios del régimen habían de optar entre una cultura de resistencia o una cultura de oposición. En la perspectiva que hoy tenemos, pensar que había capacidad para la opción es una ingenuidad, porque de lo que se trataba era de crear una cultura antifranquista, una «creación» que habría de partir ineludiblemente por la recuperación de aquella eclosión intelectual interrumpida por la Guerra Civil y la dictadura. Sin continuidad no hay solidez. En el campo cultural era algo tan forzoso como en el más obvio terreno de la política.

En una «cultura de resistencia» está implícito siempre un planteamiento a corto plazo, donde van parejos riesgo y clandestinidad. Una cultura instrumental, agresiva, escasamente interesada en construir puentes sino en ir rellenando huecos. Todo en función de la previsión general: una dictadura agotada que no podría dar mucho más de sí. No se puede sin grave riesgo pretender una cultura de resistencia durante décadas.

Una «cultura de oposición» suponía partir de ese profundo bache de los primeros veinte años de la dictadura, e ir con mayor aliento y menos ambiciones, más lentamente por tanto, en la perspectiva de que una cultura democrática no puede desarrollarse, ni apenas coexistir bajo un régimen totalitario, más que en la medida de hacerse marginal y a largo plazo. Es obvio que cuando lo primordial estaba dictado por la necesidad de combatir la dictadura y la esperanza de derribarla se optó por la primera alternativa; la resistencia. Quizá tampoco había otra más plausible. El peso de los partidos clandestinos facilitaba esa opción. Responsablemente no podía quizá plantearse de otro modo sin ser interpretado como escapismo o simple cobardía. Fue un precio que se debía pagar a la coherencia. Había salidas individuales solo en función de traicionar las colectivas.

La vinculación entre el Partido Comunista y la «cultura de resistencia» fue dominante y debe ser considerado como parte de un patrimonio digno de ser valorado. Nada casualmente coincide en cada jalón del proceso de lucha contra la dictadura. La crisis universitaria de 1956, el arropamiento de las luchas obreras de 1962, las conmociones de 1968 en Francia y Checoslovaquia, el agotamiento del franquismo a partir de 1970 y la ambición de ir más rápido, las experiencias de Chile y Portugal... Demasiado largo para una «cultura de resistencia». Nadie podía soportarlo sin pagar el constreñimiento intelectual de la provisionalidad. Porque prácticamente toda la cultura que podía hacerse frente al régimen tenía la impronta de lo provisional, de lo que necesitaba luego, en libertad, de su consolidación.

Una cultura no se reedifica solo como oposición a algo, pero debe afirmarse frente a algo. La elección del adversario venía dada por las circunstancias. La paradoja empezaba en que nuestra reciente historia no encuentra otro adversario digno que el pensamiento de Ortega y Gasset. Una oposición forzada, porque el complejo discurrir del mundo orteguiano no era precisamente representativo del enemigo al que se combatía. Una minucia más en una cadena de miserias. El adversario sobre el que había que batallar ni tan siquiera estaba a la altura del Ortega que instrumentalizaban de vez en cuando, sino al de unos mediocres personajes salidos de seminarios y canongías, o del frente de batalla, llamados Muñoz Alonso, Jesús Fueyo, González Álvarez, el Padre Ramírez, Calvo Serer, Fernández de la Mora..., conversos retorcidos como Eulogio Palacios, Javier Conde, García Valdecasas, Gómez Arboleya..., residuos de lo peor de otra época como Eugenio d'Ors o Montes, cuando no unos muertos seculares como Jaime Balmes, Donoso Cortés, Menéndez Pelayo o, en el colmo de la modernidad del siglo, un arribista de tan escasa entidad como Ramiro de Maeztu.

Se podría hablar de la fragilidad del referente orteguiano para una izquierda abocada entonces al marxismo. Pero qué decir de la escolástica incrustada en la soberbia de aquellos profesores cuya obra se reducía a la gestión y manumisión de los conciliábulos universitarios, cursillos espirituales y demás siniestreces de la larga noche. La superficialidad de la cultura radical durante la dictadura, de los esbozos de una cultura democrática normalizada, estaba ya en la ausencia de adversarios de entidad. No puede nacer tampoco una cultura de oposición sólida con unos enemigos deleznables tanto desde el punto de vista intelectual como humano. La ausencia de tradición que no fuera la herencia reaccionaria obligó a la importación; era mucho más fácil, desde una cultura nacionalcatólica, mezclar a Heidegger y Carl Schmitt y luego a Althusser y Della Volpe, que aventurarse en procesos de reflexión sobre la libertad o de revisión marxista, que es lo que estaba en cuestión en la Europa de las décadas de los cincuenta y los sesenta.

El drama intelectual de la cultura de oposición o de resistencia en la España franquista consistía en que los mismos que habían participado en la creación del pozo cultural se encontraban ante el deber moral de llenarlo. Independientemente de sus intenciones, incluso de su buena disposición, no era posible sin grandes dosis de esquizofrenia. Del clásico principio de enseñar aprendiendo, ellos fueron aprendiendo mientras enseñaban. La herencia que dejaría el periodo franquista a la Transición en el terreno de la cultura y el pensamiento sería el autodidactismo. Generaciones enteras con profesores a los que no podían considerar como maestros.

La tradición no se puede inventar sin adulterar la verdad. Esa generación llamada a colmar como podía el propio hueco que ella había ayudado a crear, tenía como herencia genuina, auténtica, su victoria en la Guerra Civil. Una victoria, fundamentalmente entonces, contra el liberalismo en todas sus gamas, incluidos los que ellos consideraban sus descendientes, como el marxismo. Salió de ahí un régimen orgulloso de sus orígenes y concomitancias nazifascistas. Luego resultó que estos perdieron y hubieron de adaptarse a otro mundo. Pero no iniciaron su adaptación hasta que fueron conscientes del significado de esa derrota, que no fue precisamente inmediato, sino tan lento como esos veinte primeros años de dictadura. Afirmación que es válida incluso para toda la generación falangista, desde Dionisio Ridruejo hasta Laín Entralgo, pasando por Maravall, Torrente Ballester, Rosales, Vivanco... una generación que habría de desempeñar un papel importante en la recuperación de la conciencia democrática a partir de 1956.

La cultura de resistencia se asentó sobre una inexistente tradición liberal y un fuerte poso falangista, cuando no en el autodidactismo más atrabiliario. Tras aquellos veinte años de nacionalcatolicismo con apenas fisuras, hubo que dar paso a mundos culturales que se habían combatido aunque se desconocieran. Así es como surgieron curiosos fenómenos de invención intelectual. Surgió un marxismo de maceta, doméstico y para regar a mano; un mayo del 68 que nunca existió para nosotros; una «década prodigiosa» plagada de catástrofes. Eso unido a la perplejidad porque hombres como Salvador de Madariaga o Claudio Sánchez Albornoz se mantuvieran en el bando de los derrotados resultaba evidente si no teníamos en cuenta que el franquismo había arrasado la tradición liberal, incluso la que correspondía al pensamiento de Melquiades Álvarez y hasta el del conde de Romanones. En definitiva, los valores que habríamos de afrontar intelectualmente en la Transición venían impostados por toda una tradición falseada.

La radicalidad de la inteligencia española en gran parte de la década de los setenta es asombrosa. No se trata solo de casos de fuste como el de Manuel Sacristán, sino el de los «clérigos» de la «práctica teórica», que pasarán en menos de tres años de la defensa de la dictadura del proletariado a la derecha de la socialdemocracia. Fernando Claudín, paradigma de este proceso, defendía aún en 1977 las concepciones leninistas de partido y la dictadura del proletariado[2].

La quiebra de esta inteligencia radical parte de su inconsistencia, es decir, de la ausencia de ejercicio en su papel como inteligencia y la asunción de una función publicística. No había obra, no había reflexión, había aprendizaje. De nuevo nos encontrábamos con unos sectores que aprendían en función de tener que refutar a sus adversarios. En este sentido, la izquierda radical, más aún que la izquierda oficial militante en el Partido Comunista, es hija putativa del dogmatismo escolástico de posguerra y de su desprecio por la coherencia, la reflexión intelectual y la ética. Posteriormente buena parte daría el salto del maoísmo a la socialdemocracia sin despeinarse un pelo, con la misma impavidez con la que recibieron la primera comunión. El desencanto no fue un sentir de la intelectualidad antifranquista, sino un fenómeno sociológico más amplio, vinculado a la vida y las ambiciones de las militancias de los partidos y sus entornos. La quiebra de la inteligencia radical está ligada a un análisis objetivo, quizá el más objetivo que hicieron nunca: consolidar un prestigio frágil y vulnerable solo se puede hacer pactando con el poder. Aumentarlo, exigió participar en él.

Al iniciarse la transición la inteligencia española se encontraba limitada por la inanidad de la derecha y la superficialidad de la izquierda. Pudieron entonces cruzarse y entenderse, convivir sin influirse, perdonarse mutuamente porque conocían sus identidades. En muchos casos sus troncos comunes. Aunque se trate de un hecho reciente merece la pena recordarlo. España es quizá el país europeo donde menos eco encontró el libro del chileno Víctor Farías sobre Martin Heidegger y el nazismo[3]. No

---

[2] *El Viejo Topo* 4, pp. 9-13.
[3] Víctor Farías, *Heidegger y el nazismo,* Barcelona, 1989 (1.ª ed. en francés, 1987).

se vio aquí al cuerpo académico cerrando filas frente al intruso «tercermundista». Se consideró despreciable un trabajo de esa naturaleza hasta el punto que, sin leerlo, ya sabían no solo lo que contenía sino lo que debían responder con curiosa unanimidad. Desde López Aranguren hasta cualquier desertor de seminario de escolástica todos coincidieron en la banalización de esa investigación. Tengo para mí que la razón habría que buscarla más en Freud que en Heidegger. ¿Quién con autoridad y sin riesgo podía evaluar el nazismo en otros si no osaba hacer lo propio con su falangismo, su opusdeísmo o su restacuerismo político? Una comentarista de un diario conservador lo expresó magistralmente: «criticar el nazismo de Heidegger está al alcance de cualquiera, analizar su pensamiento solo en el de unos pocos (…)». Una idea que obligaría consecuentemente a preguntarse cómo un pensamiento tan selecto llegó a ponerse al servicio de cualquiera. Pero es lo de menos, en España todos parecían saber todo de Heidegger, lo que no es probable, sin embargo les bastaba con querer saber poco de sí mismos.

Se desprecia lo que se ignora, es una de nuestras tradiciones culturales. Antonio Machado la mencionó en uno de sus versos. Los funcionarios de la filosofía son maestros en la elaboración de ungüentos amarillos que los hacen invisibles a los ciudadanos. Lo que más llama la atención de nuestra penuria intelectual es su autoconcepción de grandeza. Son como los hidalgos antiguos; cuanto más faltos, más compiten en ignorancia y vanidad. Quizá la inexistente polémica española sobre el alcance y las limitaciones del libro de Víctor Farías no reflejaba su inquietud por la participación del filósofo alemán en la experiencia criminal del nazismo, sino que afecta más allá. El papel de una filosofía como trasmisora de elementos del mundo cultural nacionalsocialista. Si se decide que tales análisis no son posibles, y que no cabe buscar lo que no debe ser encontrado, se cubre con un velo de impunidad todo lo que a un nivel de mayor simpleza y zafiedad hicieron ellos mismos durante los desoladores años de la dictadura.

Esto ayuda a entender en cierto modo la vuelta y recuperación de Xavier Zubiri como cima del pensamiento filosófico durante el periodo de posguerra. También conservadores y progresistas se sintieron extasiados ante «el último metafísico», como lo llamó admirado López Aranguren. Sus libros, que respondían a una reflexión de décadas anteriores, se convirtieron en éxitos de venta. Se puso de moda *Inteligencia sentiente* (1980) hecho sin precedentes en la menguada historia del pensamiento español. El filósofo vasco pudo contemplar poco antes de morir como el gremio filosófico en su conjunto, casi sin excepciones, se inclinaba ante su magisterio. Todos, desde sus sibilinos adversarios, otrora del Opus, hasta el catolicismo más comprometido con la modernidad, se declaraban sus discípulos. La misma Universidad que le había desdeñado se inclinaba circunspecta y la sociedad, alumnos incluidos, se quedaban perplejos contemplando aquella beatería cuya jerga les queda lejísimos. Quizá muchos pensaran que recuperando a Xavier Zubiri ensalzaban lo menos vergonzoso de sí mismos.

España ha hecho una curiosa aportación a la cultura europea: la separación drástica entre el hombre y su obra. Quizá esté en nuestra tradición la escasa inclinación hacia el género memorialístico o las biografías concienzudas. Ningún creador ha osado inclinarse por la reflexión sobre su propio pasado; el escultor Jorge Oteiza es una de las escasas excepciones, y ha pagado tal alto costo que resulta estremecedor. Periodo de pertinaz sequía ha sido el que va del tardofranquismo a la consolidación de la Transición. Cuando aparecen, no hay tanto memorias cuanto justificaciones. Hay épocas que tienden a la redacción de memorias porque estas permiten un margen mucho mayor para exponer la vida conforme a esa intersección entre lo que uno hubiera querido vivir y lo que uno desea que perdure. Después de la muerte de Franco fue más necesario que nunca insistir en la radical disociación entre el creador y su contexto, de tal modo que la obra de hombres como Camilo José Cela, Delibes, Gil de Biedma, Hierro, Tàpies o Saura, por citar solo los más sobresalientes y consagrados, consienten ser analizadas como productos celestes, o tertuliares; o proceden del seráfico cielo o de los grupos de amigos reunidos en los cafés. Obra y contexto, hombre y sociedad, son términos que solo generaciones futuras tendrán el derecho de analizar.

Intelectualmente la Transición exigió durante sus primeros momentos un incremento en las formulaciones radicales, en relación inversa, se podría decir, al de la abstención o el compromiso hacia el régimen dictatorial. Revistas como *El Viejo Topo* (1976-1980) se convirtieron en fascinantes espejos en los que se contemplaba el elenco de la radicalidad. En apenas dos años bascularán ante el impulso arrollador de la socialdemocracia vencedora en otoño de 1982. El fin de la Transición marcará también el final de la cultura radical. Fue una integración sin esfuerzo, casi un tránsito en el que convertidos a la moral del éxito no podía menos de quedar rendidos ante aquel derroche triunfal.

Esa posterior evolución de la cultura radical, desde la muerte de Franco hasta la victoria socialista de 1982, y que partía de esa debilidad congénita, su ligereza, estaría en inmejorables condiciones para desarrollar el tipo representativo de los nuevos tiempos: el intelectual mediático. Un hombre de la cultura con atención y condiciones para comunicar. En un texto de María Zambrano sobre Séneca, editado en 1987 con cierto olor a naftalina, la que fuera breve y conflictiva discípula de Ortega, escribía que el ideal del intelectual consiste en su papel de mediador[4]. Mediador entre el poder y la sociedad. También entre la cultura y la sociedad.

Sin necesidad de conocer el texto de María Zambrano buena parte de la inteligencia radical se adaptó a la aspiración que

---

[4] «Séneca es un patrón para el intelectual que aspira a un puesto en la mesa del poder (...), para el que no queriendo volver la espalda a la razón, quiere participar en la acción, en la historia (...). Séneca fue el primer intelectual moderno (...)», M. Zambrano, *El pensamiento vivo de Séneca,* pp. 17 y 33.

ella había extraído de la figura de Séneca. Convertirse en la era de la comunicación en un equivalente del mediador clásico. Mudarse en intelectual mediático. Es lógico que proliferaran entonces –aún hoy– la publicación de libros que no eran sino la recopilación de artículos ya publicados. El trabajo en los medios de comunicación se hacía «obra». Una tradición orteguiana, por otra parte. Lamentablemente la experiencia del vídeo-libro no estaba suficientemente desarrollada como para colocar en el mercado las apariciones estelares de la inteligencia en los medios audiovisuales. Inevitablemente la «inteligencia» hubo de frivolizarse, quizá porque lo necesitaba o porque había renunciado a un papel más riguroso y menos rentable, o sencillamente porque le gustaba.

Como por ensalmo se disolvieron las dificultades que cabría plantearse del tránsito entre una sociedad impermeable, como la dictadura, a una sociedad abierta. Se anuló la posibilidad de adaptar una cultura de resistencia a una cultura de oposición, en este caso, incluso de alternativa. De la resistencia se saltó, nunca mejor dicho, al espectáculo. Por su carácter dependiente de los medios de comunicación esta inteligencia mediática exigía rapidez, reflejos, audacia, brillantez, comunicabilidad... Condiciones no necesariamente vinculadas a la inteligencia.

Como símbolos mediáticos de esa transición en el campo de la inteligencia quedarían, tras una discreta competición, dos figuras emblemáticas. José Luis López Aranguren y Fernando Savater. Lo más consecuente de la veteranía y lo más flamante de la modernidad. Ambos curiosamente con evoluciones invertidas, de la derecha nacionalcatólica a un cristianismo teñido de laicidad y compromiso; del acratismo más insolidario al individualismo a secas.

¿Qué proceso de decantación se produjo en la sociedad española para que estos dos pensadores tan distintos como personas y como obras consoliden en la Transición su figura de intelectuales mediáticos? La obra de Aranguren está prácticamente acabada a la muerte de Franco, mientras que la de Savater apenas apunta. Es curioso sin embargo que la concepción de «obra» tanto en uno como en otro, pese a las diferencias generacionales, esté entretejida entre una actividad académica –secundaria– y una labor como conferenciante, articulista o cursillista, que será siempre el aspecto principal, al que deben su prestigio y su influencia.

Incluso señalando cierta desproporción entre la obra de Aranguren y la de Savater –no se trata de comparar sus pensamientos– absolutamente dispares por formación, estilo y generaciones, lo que los unifica es su imagen; su categoría de símbolos, tanto entre la inteligencia como en la sociedad. La fertilidad de ambos es considerable. Aranguren ha publicado innumerables libros, sin contar conferencias, artículos e introducciones, y Savater, a sus 44 años en 1991, sobrepasa ya los veinte volúmenes, entre ensayos y novelas, amén de dos obras teatrales, y atiende sin desmayo todo tipo de prólogos, artículos y apariciones.

Las primeras elecciones democráticas de 1977 cogieron al profesor Aranguren con 68 años recién cumplidos. Su trayectoria intelectual es la más vistosa quizá de la generación que hizo la guerra en el bando victorioso. Sus primeras obras están consagradas a dos aspectos del pensamiento católico, el misticismo de san Juan de la Cruz y la impronta reaccionaria derivada fundamentalmente del ultracatolicismo francés en el pensamiento de Eugenio d'Ors.

A partir de la década de los cincuenta no habrá iniciativa intelectual de algún interés en el adocenado catolicismo español que no tenga la participación entusiasta de Aranguren. Vinculado tardíamente a la corriente falangista que representa Ridruejo, Laín, Tovar... conseguirá la cátedra de Ética y Sociología –unificadas– durante el periodo de Ruiz Jiménez en el Ministerio de Educación y Laín Entralgo en el rectorado de la Universidad de Madrid. Hecho que provocará todo tipo de malevolencias y soterradas denuncias, muy de la época, por parte de las corrientes opusdeísticas que aspiraban a controlar, de la manera absolutista que ellos defendían en todo, hasta en política, la escasa vida intelectual del momento. Hombre que había hecho estudios de Derecho, se le achacaba en los ámbitos del Opus Dei –que monopolizaba el sanctasantórum de la filosofía y sus aledaños en los diversos institutos del Consejo Superior de Investigaciones Científicas– la inexistencia de una titulación en Letras, lo que alimentó durante años las maledicencias de la charca universitaria. Su abundante obra posterior daría al traste con la estupidez del «titulismo» que caracterizaba y quizá sobreviva aún en los ambientes académicos.

Lo que hace más representativa la figura intelectual de Aranguren es su permanente reflexión sobre el fenómeno del catolicismo y su confrontación con el protestantismo y otras corrientes del pensamiento de la época. En una intelectualidad anclada sin excepciones en la iglesia católica –algunos eran agnósticos en su casa y con la rigurosa obligación de cumplir sus compromisos públicos con el catolicismo– seguir la evolución del pensamiento de Aranguren es recoger los mejores alientos de una generación que habrá de romper con el nacionalcatolicismo y asumir todos los riesgos intelectuales y personales que eso significaba.

A efectos de este trabajo no es cuestión de entrar en su obra abundantísima. Contemplada con cierta perspectiva sus trabajos más atractivos los elaborará durante los años que median entre las dos décadas –1955-1965–. La búsqueda de una ética de integración de los pensamientos cristianos, católicos y protestantes. Aún más valiosa su categoría de promotor intelectual y su capacidad didáctica, infrecuente entonces, que le consiente la aureola de haber sido uno de los pocos profesores respetados de la época. Su compromiso cívico, por el que será desposeído de su cátedra, y su inclinación, entre seductora y enfermiza, por ser y estar entre los jóvenes, ya fueran del 56, del 68, del 75 o del 92; en Madrid o en San Francisco.

Su obra, que parecía anclada en un periodo muy concreto de nuestra miseria intelectual, se vería desbordada en los años que siguieron a la muerte de Franco; más de un libro al año, en general compilaciones de artículos y conferencias, y una actividad pública en los medios de comunicación que demostraba la atención de la sociedad hacia el Aranguren intelectual cívico y quizá ajena ya al Aranguren como intelectual creativo. Desde su categoría de oponente a todo marco de oficialidad y academicismo se convertiría en la muestra más notoria de la disensión. Este aspecto a la larga e independientemente de la voluntad del protagonista derivará en una forma de chato prestigio académico, sustentado exclusivamente en su valor de representación. Ya no cuenta su obra, su capacidad de reflexión, sino lo que su figura es a los ojos de la sociedad.

Ningún otro como Aranguren confirmaba, aun sin quererlo, lo más salvable del viejo cuerpo académico. Aquel que había ocupado de forma irregular, como la época, el establecimiento universitario. Nadie representaba tan dignamente como él las taras de un mundo intelectual resucitado en 1939, pero que había sabido evolucionar en las difíciles condiciones del franquismo y con la enemiga de buena parte de sus colegas que ahora se sentían virtualmente encarnados en su persona. Admirado por unas generaciones más jóvenes ansiosas de tener algún sitio donde mirar sin avergonzarse. Le contemplaban menos como el honorable e interesante producto de una época que como el prototipo de la inteligencia ética.

Hombres como Aranguren, o Laín Entralgo, en tantas cosas similar, llegaban a la Transición con un bagaje rico y contradictorio. Para las generaciones autodidactas que siguieron a la España de la Guerra Civil ya era bastante con estudiarlos sin excederse en la búsqueda de su magisterio. Porque no había magisterio posible, en lo intelectual, sin una perfecta asunción del pasado. La ausencia de rigor quedaría patente en el aspecto más llamativo de su producción intelectual; conforme su pensamiento evolucionaba sometían sus obras más antiguas a un proceso de depilación ideológico de dudosa eticidad. El contraste entre obras como la *Filosofía de Eugenio d'Ors* de Aranguren o *La generación del 98* de Laín, en sus primeras ediciones, y lo que hoy se reedita con idénticos nombres es un ejercicio que sume en la perplejidad. Es imposible estudiarlas hoy en el contexto en el que se produjeron por la simple razón de que sus autores han borrado los trazos del pasado. En vez de hacerlas comprensibles han tenido la pretensión de rejuvenecerlas tanto que son más triviales que entonces. Todo hombre retoca su obra, pero cuando el giro o la evolución es radical, un mínimo de probidad intelectual obligaría a considerarla como una etapa, un jalón. Todo menos esa especie de calceta –tejer y destejer– en que se han convertido tantos libros del periodo 1939-1956.

El Aranguren que adviene durante la Transición en figura estelar de la inteligencia española es un hombre de casi 70 años, que ha dado lo mejor de sí mismo en otro periodo radicalmente distinto. En el momento en que habría que debatir sobre si se trata de un derroche en nuestra historia intelectual o una historia intelectual derrochada, su involuntaria conversión en símbolo impide cualquier revisión de nuestro inmediato pasado cultural. Incluso del papel sobresaliente desempeñado por el profesor Aranguren en él. Beatería y ocultamiento, a eso se reduce la estructura construida sobre nuestra cultura. El día que se desvele, las nuevas generaciones pensarán que nuestra capacidad oscilaba entre la ignorancia o la ingenuidad, o ambas.

La figura de Fernando Savater responde a otras coordenadas. Es un producto genuino de la Transición. Sus posiciones ácratas le marginarán durante un periodo de la vida académica, pero con la Transición, en su exacto lapso de tiempo, llegará a ejercer un cierto mandarinato intelectual. Ejercicio que para consolidarse va siempre parejo a una actitud benevolente con el poder.

Su ponencia en el XIII Congreso de Filósofos Jóvenes (abril de 1976) tiene un título que evita comentarios: «Notas para la negación de la política». Franco había muerto hacía pocos meses y Carlos Arias Navarro presidía en la vorágine, cuando nuestro hombre iba legítimamente contra la corriente. Lo normal entonces eran las exégesis postalthusserianas y las preparaciones para el asalto del poder. Él titulaba sus reflexiones: «La política, como opio del pueblo» y «La anarquía, refugio de pecadores». Su texto más sonado fue *Panfleto contra el Todo.*

Para un país como el nuestro que no tuvo a Alain, ni a Cocteau, sino sucedáneos, una figura como Fernando Savater es difícilmente encasillable. Escritor brillante, profesor de filosofía con abundantes conocimientos literarios y con seductora capacidad expositiva, en un mundo académico donde se le reprochó durante décadas a Ortega que escribía «demasiado bien» para ser un pensador. Atento seguidor de Cioran cuando su nombre, como el de Berdiaev, sonaba entonces como un disparo reaccionario. Amante del hipódromo, veleidad crematística que ni el citado Ortega contaba entre sus inclinaciones. Nadie podía estar en mejores condiciones para convertirse en símbolo de una inteligencia que venía a sustituir a la que había quebrado durante la Transición. Era ajeno a los viejos debates sobre la coherencia, el posmarxismo y el papel de los intelectuales en una nueva sociedad. Laico intransigente, tampoco estaba en las cosicosas teleológicas sobre la trascendencia de una obra pensada y necesaria. Quizá fue de los primeros en ser consciente de que estábamos en una nueva sociedad, o que no había más nueva sociedad que la existente. «El ideal ético consiste en articular y reconciliar todo aquello que el hombre quiere»[5]. Un anarquista radical madura quizá convirtiéndose en un escéptico conservador especialista en paradojas. Si además escribe bien, y es divertido, eso hemos ganado.

Aranguren y Savater son lo que son y además lo que aparentan, no por su experiencia académica, ni por su obra creadora, sino por su comprensión del papel del intelectual en los medios de comunicación. Es cierto que los historiadores de la filosofía desdeñan las actividades de Hegel como director de periódico,

---

[5] F. Savater, *Invitación a la ética,* 1982, p. 64.

pero salvando las distancias, nadie que atienda a Aranguren o Savater podrá no tener presente tal o cual posición presentada en un artículo o en una comparecencia televisiva.

En definitiva figuras intelectuales y mediáticas como Aranguren y Savater, de generaciones y formaciones distintas, conviene repetirlo, tienen en común la sobrevaloración de su imagen pública por encima de su talento o su capacidad creativa de un discurso intelectual. Permiten explicar y captar que la elaboración de un prestigio depende de elementos que no están directamente ligados a su obra como intelectuales. Hasta el punto de que a veces la situación que vivimos simula la de otras épocas, cuando hombres como el hoy justamente olvidado Federico García Sanchiz había entrado en el catálogo de «pensadores» por su profundidad como charlista. O Eugenio Montes por su densidad de reflexión; su anunciada obra sobre Leibniz, que era la comidilla de sus amigos, y que nunca vería la luz, por suerte para el prestigio de ambos –filósofo y articulista–, tenía anhelantes a ínclitos profesores universitarios de los años más negros de la dictadura... A menudo se olvida que don Ramón de Campoamor, el poeta de las «doloras» y «humoradas» en los abanicos de las damas, quería ser recordado como filósofo y a tal fin escribió, entre otras, una obra de enjundia –*Lo Absoluto* (1865)–. Alabadísima en su época.

Somos resultado de la pertinaz sequía intelectual del franquismo y esclavos de prestigios adquiridos por procedimientos que nadie se ha preguntado nunca: así Juan José Linz es por antonomasia «la sociología»; José Antonio Maravall «la historia»; Aranguren «la ética»; López Ibor «la psiquiatría»; Carlos Ollero «el derecho político»... y así sucesivamente. La Transición hizo de esta esclavitud norma de conducta, quizá porque no había carrera académica, en el gremio que fuera, sin admitir esta verdad de fe. Los tribunales de oposiciones se lo hubieran hecho pagar caro a cualquier osado iconoclasta.

El procedimiento se ha ido deteriorando en cascada y de los prestigios adquiridos con base en interrogantes que nadie ha querido preguntar, se ha pasado a prestigios adquiridos con base en complicidades que nadie debe desvelar si no quiere ser trasladado al limbo de lo inexistente. Esa misma Transición que trajo escepticismo hacia la política, aportó sin embargo una credulidad social hacia las figuras consagradas de la inteligencia a prueba de adhesiones inquebrantables. Mientras no conste lo contrario, y de momento no consta, la generación que surge a la vida política y social durante la Transición es la primera generación quizá de nuestra historia que no derriba nada, sino que acepta e incluso consolida lo existente.

Bajo el franquismo se fue creando una variedad de intelectual muy peculiar. De claro compromiso político o ético. Gentes de notable brillantez expositiva; verbal siempre. Sin obra escrita más allá de informes, cartas o panfletos, era un hecho ampliamente reconocido que su obra de madurez habría de esperar a la conquista de la libertad, una vez superadas las trabas achicadoras de la censura y la represión. La Transición no hizo otra cosa que consagrar esta figura. El intelectual animador. Un producto con rasgos típicamente carpetovetónicos, rastreables en las referencias de Unamuno sobre José María Soltura o las de Ortega sobre Fernando Vela, pero cuyos antecedentes podían también buscarse en áreas más cosmopolitas. En la deslumbrante biografía sobre *Madame Récamier,* escrita por Françoise Wagener (París, 1985), se puede seguir la peripecia personal y el encantamiento social que caracterizaban a esta mujer antes, durante y después del Imperio napoleónico. Reunió en torno suyo a buena parte de la elite política e intelectual. No los retuvo, sencillamente estuvieron junto a ella, e incluso alguno, como Chateaubriand, se sintió tan cómodo en aquel ambiente creativo que se demoró hasta el fin de sus días.

La labor intelectual de estos «animadores» ha estado casi siempre vinculada a la conversación, las gestiones, la asesoría amistosa. Relacionados con el mundo editorial, gente sabia por enterada, de prosapia, brillante y un tanto ociosa, comentaristas de lujo, cuyos ejemplares más relevantes crearían su propio halo: Javier Pradera y Jesús Aguirre*.

El primero, editorialista influyente, mientras el otro gozaba del doble privilegio de ser duque consorte de Alba y académico de la Lengua sin haber escrito más que algún prólogo, lo que no es algo que, dicho con sinceridad, desentone en tan docta casa. No son asimilables al papel del antiguo consejero áulico, ni al de moderno asesor político. Ni Eckermann en Weimar, ni Schlesinger en la Casa Blanca; exclusivamente gente divertida y brillante, fabricantes de amigos, prestigios y análisis. Parcos de escritura fuera del género epistolar y epigramático. Más cercanos, por tanto, a esa Julieta Récamier en cuyo entorno se gestó buena parte de la vida cultural, social y política de la Francia posrevolucionaria. Ella no creó cultura, pero sí facilitó un ambiente. Sin Madame de Staël, ni Benjamin Constant, ni Chateaubriand, ni tantas otras figuras menores, los salones no hubieran tenido la trascendencia que hoy les damos. ¿Acaso es de poca monta facilitar que las gentes se encuentren, charlen y se sientan a gusto? Si de ahí no sale fuerza creadora la culpa no es de la anfitriona. Pues igual aquí. El «animador» no sustituye a nadie, en el mejor de los casos ayuda, pero el único sustituible es él.

Si la inclinación de la inteligencia hacia los medios de comunicación es una característica general, en España, por la escasa consistencia del mundo cultural, la tendencia se convirtió en obsesión. Buena parte de la intelectualidad universitaria entendió que el tiempo dedicado a los artículos en la prensa redundaba en beneficios académicos bastante más notables que la actividad docente o investigadora. Para quien aspiraba a desempeñar algún papel en el mandarinato cultural se hacía imprescindible la condición de hombre de la comunicación.

---

* Del que hablo profusamente en *El cura y los mandarines (Historia no oficial del Bosque de los Letrados). Cultura y política en España, 1962-1996*, Madrid, Akal, 2014.

En mayor medida cuando dichos medios se convirtieron en los auténticos promotores de los gustos; no se limitaban a recoger, aspiraban a crearlos. En una sociedad donde los intelectuales históricamente han vivido más del artículo que de la cátedra, la pendiente estaba suficientemente aceptada como para que el deslizamiento fuera rapidísimo.

La ingenuidad que hacía imaginar que el fin de la dictadura iba a sacar a flote las obras de autores que aún no habían dado lo que prometían, fue una ilusión, alimentada quizá por algunos afectados y por la legítima aspiración de muchos creyentes. En la historia de la cultura no se había dado nunca, ni siquiera en regímenes tan opacos y represivos como el estaliniano. La capacidad de agostamiento de un régimen dictatorial se manifiesta muy especialmente en la cultura y en cuanto afecta a la inteligencia.

¿Acaso no sería una crueldad referirnos a los prestigios creados en la novelística durante el franquismo, tanto en la literatura oficial como en la cultura de resistencia? Además del primer Cela y de la continuidad narrativa de Delibes, poco permanece. El drama intelectual y humano de las promesas de la época –Grosso, Ferres, García Hortelano, Sastre…–. El recurso obligado a los autores malogrados, Martín Santos, Miguel Espinosa… El olvido del fecundo exilio exterior –Max Aub, Dieste…– o interior –Gil Albert, Bergamín…

Sin embargo, la Transición propiamente dicha provocó en la cultura un fenómeno inquietante que habrá de cuestionar muchas valoraciones construidas durante la dictadura. Fue el descubrimiento tardío de autores ajenos a esos círculos creadores de reputaciones, marginados voluntaria o involuntariamente de los ambientes capitalinos de Madrid o Barcelona. Mientras se había ensalzado obras de menor cuantía, de personajes incrustados en los aledaños del poder –el grupo Escorial sin ir más lejos, y la poesía de Ridruejo, Panero, Vivanco o Rosales– otros trabajaban concienzudamente en una obra que ahora fascina. Es el caso de poetas tan diferentes como Gamoneda, García Baena, Álvarez Piñer, Pino... Algo querrá decir el que unos personajes marginales hayan necesitado llegar a la ancianidad, o casi, para traspasar el muro iniciático, mientras el fantasma de Rafael Alberti recorre el mundo y las voces afónicas de algunos moribundos ya no convocan a nadie. Para más de uno, la concesión del premio Nobel a Vicente Aleixandre en 1977 –ayuno ya de todo– ha sido interpretada como una especie de redención de las miserias históricas de un gremio que llegó a la Transición hecho unos zorros.

Una continuidad con lo existente, eso fue también la Transición para la cultura. Quedó fuera, o marginado, el largo exilio. Perdido para gran parte de la España real. A riesgo de ser injusto con la honrosa ancianidad, habría que decir que cuando se ha tratado de recuperar una parte de esa cultura del exilio primero se ha comprobado si estaba desarmada. Personajes como Rosa Chacel, María Zambrano o Francisco Ayala, fueron promesas brillantísimas de la década de los treinta, y consumaron lo mejor de su obra en la de los cincuenta. Volvieron tras un duro exilio con dignidad, pero sin fuelle. No es extraño que la Transición los acogiera como lo que nunca fueron y ya no podían intentar ser.

Para la cultura la Transición no existió; ni como reforma ni como ruptura. Permaneció impertérrita ante la nueva situación convencida de que el pasado había quedado enterrado mucho antes y los nuevos tiempos confirmaban sus anhelos. Asearon la paramera intelectual de antaño con algún detalle decorativo, un cactus aquí, un bonsái allá. Lo nuevo, como revulsivo, es un fenómeno que no es posible allí donde se han roto las raíces del proceso de continuidad con una cultura consolidada, la del primer tercio de siglo. Lo único que estaba entonces en nuestras manos, era hacer una revisión crítica y empezar a trabajar.

Se necesitaban valor y medios. Los medios estaban en poder de quienes cumplían la misión de que nada fundamental fuera revisado hasta sus raíces, radicalmente. Y el valor, aquel que sobrevivió al franquismo, fue elemento expresamente extirpado en aras del consenso y la estabilidad. La máxima aspiración intelectual de la Transición consistió en considerarnos irremediablemente mediocres, pero tranquilos; paso imprescindible para ser feliz, aunque desazonado. Se interpretó como el precio que hubo de pagar la inteligencia a la libertad otorgada y a los pasados inescrutables.

8. Universalidad y particularismo del modelo español

La capacidad de encantamiento de toda transición pacífica desde una dictadura hasta una democracia procede de algo tan llamativo como que las víctimas consientan olvidar a los verdugos. Cuanta mayor haya sido la crueldad de los verdugos más admiración habrá de causar la tranquilidad de las víctimas.

Mientras los procesos de transición partieron de las dictaduras de derecha el fenómeno consistía, para los estudiosos, en delimitar, primero, la naturaleza siempre atípica del autoritarismo precedente. Segundo, el consenso social favorable a una democracia denominada «de corte occidental» y tercero, el ritmo de integración en el contexto internacional. De tal modo que a grandes rasgos, en la primera parte del análisis el pasado quedaba preparado para su recuperación. En la segunda, la madurez de la sociedad alcanzaba el grado idóneo para olvidarse de mirar atrás y observar tan solo el futuro inmediato. Y por último, la estructura internacional ayudaba a ese retoño a un nacimiento doloroso aunque sin fórceps.

Mientras los procesos de transición partieron de esas dictaduras de derechas los analistas comprendieron que el carácter episódico, incluso trivial en términos de perspectiva histórica, de los totalitarismos fascistas o neofascistas, quedaba confirmado en la facilidad con que se convertían luego en democracias. En la década de los setenta se venía a cerrar un debate abierto entre las dos guerras mundiales cuando una parte importante de la inteligencia cultural y política, de signo conservador, consideraba que los movimientos parafascistas no eran más que un episodio en la inevitable vuelta a una democracia renovada. Por supuesto que nadie tuvo la osadía de mentarlo, pero en el aplomo de los panegiristas de las transiciones latía la convicción de que sus antecesores tenían razón cuando consideraron que Mussolini y Hitler, entre otros, no eran más que epifenómenos necesarios para frenar la revolución de las masas populares, la oleada izquierdista. Había tenido su costo, brutal, y su duración, excesiva en el caso del franquismo, pero al final se asentaba un sistema parlamentario prácticamente sin oponentes, fuera de alguna minoría en el País Vasco y residuos de los viejos aparatos del pasado. Un británico, Charles T. Powell, escribe en la introducción a la más acabada manipulación de nuestra historia de la transición,

> los especialistas en transiciones a la democracia se muestran unánimes a la hora de definir el proceso español como uno de los de más éxito de los casi veinte procesos de democratización que se han dado en el mundo entre 1974 y 1988[1].

El que un análisis de este tipo pudiera ser virtualmente aceptado, aunque no se hiciera de manera explícita, confirmaba la hegemonía conservadora. Pero además marginaba aquello que constituía el patrimonio progresista de este país, su capacidad de resistencia. La izquierda no tuvo históricamente mucho talento, y las circunstancias tampoco lo favorecieron. No contó con unos instrumentos políticos –partidos– que pudieran facilitar una acción o una reflexión enriquecedora. Ahora bien, sin la erosión de una resistencia democrática, perseguida y sacrificada, el franquismo no hubiera dejado jirones de sí mismo en el largo camino hacia su muerte. La victoria de ese esquema analítico conservador no era otra cosa que la trivialización de las responsabilidades históricas frente a las dictaduras.

---

[1] Charles T. Powell, *El piloto del cambio. El Rey, la Monarquía y la transición a la democracia,* Barcelona, 1991, p. 16.

Cuando a finales de la década de los ochenta fueron cayendo las dictaduras del Este europeo, prototipo del totalitarismo de izquierda, la complicación de los mecanismos analíticos adquiridos hasta entonces fue total. Había un principio básico nacido de la teoría de Linz sobre el «autoritarismo versus totalitarismo»; la existencia de un determinado grado de libertad entre las familias que constituían el sistema autoritario. O al menos de diversidad. Lo que a la larga facilitaría las diversas salidas del atolladero dictatorial. Eso lo diferenciaba del totalitarismo comunista.

La caída del Este confirmaba que también en un régimen de férrea censura, poder omnímodo de la «nomenklatura» del partido dominante, existían no solo familias, sino curiosamente partidos —cosa impensable en los autoritarismos de derechas occidental— que hacían de envilecidos compañeros de viaje del totalitarismo. De esos partidos saldrían en ocasiones incluso los líderes de las transiciones a la democracia en los países llamados del «socialismo real».

La incógnita que acababa de abrirse fue abordada a la manera académica: estudiosos de todo el mundo iniciaron la elaboración de análisis sociopolíticos comparativos donde cada caso era único. Si usted analiza minuciosamente un fenómeno histórico acaba por complejizarlo tanto que se convierte en único. O se admitía que todos eran autoritarios —incluidos los comunistas— o se volvía al término de totalitarismo colectivo, del Este y de una parte del Oeste; capitalista unos y socialista los otros. Esta última alternativa cuestionaba la política exterior norteamericana en el momento que sus éxitos la enseñoreaban con la idea hegeliana del fin de la historia. Se optó por transigir con la tradición y dejar las cosas como estaban, sin entrar en laberínticas definiciones. Si el enemigo comunista dejaba de existir, dejaba de tener interés la precisión metodológica entre autoritarios de derechas y totalitarios de izquierda.

La situación alcanzó grados alarmantes cuando muchos países del Este consideraron la experiencia española como un modelo a seguir para salir de su dictadura comunista. Desarrollar esto llevaba a una fórmula que era difícil de plasmar en los papeles. Si se partía de la convicción de que la figura del rey Juan Carlos era condición *sine qua non* para servir de puente entre el pasado totalitario y el presente democrático, ¿qué equivalencia habría de encontrarse en las dictaduras del Este? No había otra que el propio Partido Comunista.

Los partidos comunistas del Este –cada uno con su peculiar denominación– harían en los países del socialismo real un papel equivalente al del rey Juan Carlos de Borbón. Una vez comprendido que el viejo régimen no era sino una fuente de estancamiento que podía provocar una revolución, buena parte de la «nomenklatura» comunista entendía que había llegado el momento de capitanear la transición para que esta fuera pacífica. Lo peligroso del paralelismo es que se consideraba ofensivo para todos los protagonistas por igual, y que los diversos contextos obligaban a forzar situaciones muy diferentes.

Lo que sí resultaba incontrovertible era aquello que más se quería ocultar durante nuestro fenómeno de la transición, su carácter de clase. La mecánica del poder podía cambiar de manos, pero el poder propiamente dicho no. El profesor de la Universidad de Chicago, Adam Przeworski, escribió pasmado,

> un rasgo notable de la transición española es que el sistema político se ha transformado sin afectar de manera apreciable las relaciones económicas. Es sorprendente comprobar que los que estaban satisfechos con el régimen de Franco parecen estarlo con el nuevo gobierno democrático[2].

La misma clase política del Este se reconvirtió con rapidez en todo lo contrario que venía defendiendo durante cuarenta años. Lo confirmaban los advenimientos democráticos en los

---

[2] Adam Przeworski, *Transiciones desde un gobierno autoritario,* Buenos Aires, 1988, vol. III.

países comunistas. De lo que había sido «nomenklatura», sectores dominantes de los regímenes del «socialismo real», salían los líderes económicos y políticos de la nueva situación. Adulterando un tanto el análisis de Gramsci sobre «el príncipe político», tendríamos que dicho príncipe, ejecutor de la política de futuro, estaba desempeñado en España por el rey Juan Carlos, símbolo de unos sectores sociales fortalecidos por el viejo régimen y deseosos de sobrevivir a él. Y en los países del Este el príncipe no era otro que los diferentes partidos comunistas nacionales y sus compañeros de viaje; ambos componían la clase política que ejecutaría la transición, prácticamente con escasas novedades.

El caso español perdía su excentricidad para limitarse a ser un prototipo. El análisis del modelo hispano permitía ocultar el carácter de clase, de dominación, puesto que consentía en dar el papel protagonista de esa transición a la democracia a quienes le debían el liderazgo a la dictadura, lo que no era óbice para ser avalados por las fuerzas que luchaban en la clandestinidad contra el régimen totalitario. Este galimatías devenía una feliz paradoja y hacía del modelo español el paradigma de las transiciones.

> Parecería que España fuera el país que más merece ser estudiado, ya que la democracia fue instaurada ahí sin ruptura de las fuerzas armadas, sin una purga siquiera de la policía política, sin un grado evidente de politización, y con dos grandes partidos que surgieron casi de la noche a la mañana[3].

El desmontaje de las dictaduras del Este atenuó ese carácter paradigmático y reveló que si cambiaba las relaciones de fuerza internacionales cualquier sociedad podía iniciar la transición a la democracia sin guerra civil. Los conflictos interétnicos o nacionalistas vendrían después, pero es algo accesorio en cuanto

---

[3] *Ibid.*

al análisis general. Incluso España con el caso vasco no era más que una prueba que atestiguaba ese carácter colateral.

Se resaltaba, no obstante, el papel de los ejércitos. La dependencia de las fuerzas armadas de los dos centros de poder, norteamericano y soviético, permitía deducir que siempre que ellos aprobaran la transición a unos regímenes más abiertos, sin ruptura de los equilibrios, dichas fuerzas armadas servirían incluso como elemento estabilizador de los nuevos regímenes.

No sé hasta qué punto cuando se dice que la sociedad española estaba madura para la democracia, no puede aplicarse el mismo esquema a las sociedades del Este. Los sectores dirigentes nunca están maduros para iniciar ese tránsito mientras no haya una sociedad que lo demande. Es obvio que contaban y mucho los desfases lógicos entre sociedades como España, más desarrolladas económica y culturalmente, y otras, como Rumanía, a caballo de la edad media y la industrialización forzada de un comunismo de guerra.

Cuando se sobrepasen varias décadas de estas experiencias fallidas apenas iniciadas es probable que esa clase dirigente incrustada en la cúpula de los tejidos económicos y políticos decida revisar la historia, atenuar los juicios críticos, defender eso que se denomina objetividad. En una palabra, adecentar el pasado. Incluso ellos tendrán una ventaja sobre el modelo español; la de achacar a la Unión Soviética toda la basura acumulada durante sus años de oprobio. El espíritu nacional quedará a salvo, porque los servidores del centro moscovita aparecerán como hamletianos personajes que debían decidir entre colaborar para salvar la patria o dejarlo todo en manos de los ocupantes rusos.

El caso de Franco, mal que pese a muchos, era una anomalía de Occidente, o más bien la anomalía más persistente. El mundo occidental tenía un concepto de Franco y de su dictadura basados en hechos tan incontrovertibles como su filiación natural con Hitler y Mussolini, la larguísima permanencia en el poder, y un desprecio incontestable hacia el personaje que había hecho de la mediocridad una virtud de gobierno. Incluso contenía sus dosis de mala conciencia por no entender cómo un tipo así podía durar tanto gozando de un poder omnímodo, al que ellos alimentaban. Desde el final de la Segunda Guerra Mundial había usurpado la identificación entre Occidente y democracia, comprometiéndola, desvelando con su sola existencia la proporción de falacia que llevaba implícito ese esquema.

Desde que se inició la Guerra Fría, Occidente llegó a un *modus vivendi* perfecto con el general Franco; él garantizaba que España era un baluarte incontaminado de izquierdismo y un aliado incondicional, mientras ellos hacían ojos ciegos a todo lo demás. Hasta que la muerte volviera a unirlos de nuevo. Cuando el sociólogo Juan José Linz desarrolló su teoría sobre la diferencia entre los totalitarismos —nazifascistas y comunistas— y los autoritarismos de derechas, como el régimen español, hizo un servicio a la causa de Occidente. En palabras gruesas, no era otra cosa que la adaptación al campo de la ciencia política de la expresión del viejo presidente Roosevelt sobre la diferencia entre los hijos de perra en general y «nuestros hijos de perra» particulares.

La pretendida universalidad de la Transición española parte de considerar que el pasado fue necesario para que el presente fuera modélico. Una variante de teoría reaccionaria; la larga dictadura franquista fue el correctivo necesario para que los españoles aprendiéramos a convivir sin poner jamás en riesgo la estabilidad institucional.

El general Franco y su entorno habían previsto unos mecanismos sucesorios que se cumplieron, solo que la primera tarea de todo príncipe es garantizar su permanencia. Exactamente lo que realizaría Juan Carlos de Borbón al ser designado rey. La suerte del monarca consistió en que su futuro, desde el primer momento de la Transición, estuvo ligado a la democracia. Aunque tuviera sus reticencias y gustara de marcar ciertas distancias que permitieron a algunos creer que se podía cabalgar aún entre el viejo y el nuevo régimen. Porque de algún modo era verdad. En la base de ello estará el intento de golpe de Estado del 23 de febrero de 1981; mientras el rey no se decantara, la ilusión de una vuelta atrás estaba en la imaginación de importantes sectores involucionistas. Había que ir más despacio y consolidar el reasentamiento de los poderes fácticos. Aprovecharon la oportunidad y el rey entendió que su papel como monarca solo tendría futuro en la democracia y no fuera de ella.

Por más que sea exactamente al revés de como se explica, la verdad del modelo de transición hispano consiste en entender que el rey garantizaba su estabilidad y su descendencia tan solo a partir de la democracia. La dictadura en sus múltiples variantes no le traía más que inseguridad. Si en algo tiene valor político el monarca es en haber entendido que solo las fuerzas democráticas podían servir de base social estable del nuevo régimen, de la monarquía parlamentaria, mientras que los sectores monárquicos del viejo régimen estrangulaban su futuro. Se consolidó la institución monárquica, no la democracia. La identificación de ambas a todos los efectos es aleatoria, porque un incremento de la primera no corresponde a un desarrollo de la segunda. El enraizamiento de la monarquía en estos años está en desproporción con el desarrollo de la democracia. Logró asentar una monarquía sin monárquicos; un régimen basado en lo menos conflictivo, lo más cercano, lo más idóneo para él y para una generación políticamente agotada tras una travesía del desierto de cuarenta años de represión y clandestinidad. Aceptaron las condiciones de Adolfo Suárez, pero con lo que hoy sabemos podemos afirmar que hubieran aceptado las de otro cualquiera.

La transición española es un modelo de improvisación a partir de una consideración principal. La monarquía y cuanto la sustenta es intocable, el resto es mejorable. Nadie tenía en su cabeza la idea de una Constitución –y si la tenía alguno se cuidaba muy mucho de no decirlo–, pero tras las primeras elecciones la dinámica social y política lo hizo perentorio. Si hubo de hacerse por consenso no es tanto por deferencia de unas fuerzas políticas hacia otras, sino porque la base de sustentación del régimen era tan frágil, estaba tan implícita en el mal menor, que la propia clase política se constituyó en garante del sistema. Ellos y poco más.

Lo atípico y no señalado de la transición a la democracia es que se trata de un proceso de captación de base social. Algo insólito al referirnos al paso de una dictadura a una democracia. ¿Eso quiere decir que la sociedad no ansiaba la democracia? No, solo quiere decir que la sociedad no identificaba del todo el proceso de la transición con una democracia real. Lo seguía, lo apoyaba, pero con la doble distancia que marcaban la clase política de un lado y una ciudadanía marginada.

Solo si quitamos a la transición política española sus particularidades se podría universalizar. ¿Qué particularidades? Las previas. El carácter de la dictadura de Franco, su larguísima continuidad, su imbricación como dictadura totalitaria en el Occidente europeo, el agotamiento de la izquierda en la década de los setenta... Si alguien se atreviera a hablar con propiedad de «fenómeno único y sin precedentes» sería porque esas particularidades marcan su huella de tal modo que para un analista internacional, poco familiarizado con la vida cotidiana bajo la dictadura franquista, le parece milagroso que tantas fuerzas acumuladas, tantos errores arrastrados, tanta sangre vertida, tanto esfuerzo, diera como resultado una transición a la democracia que no costó más violencia que la provocada por la extrema derecha –una docena– y el trágico goteo de ETA, que es muy otra historia.

De ahí que sea muy importante situar cronológicamente el final de la Transición en la victoria del Partido Socialista. Octubre de 1982. En apariencia, la España de 1982 empalmaba con lo mejor del periodo republicano. Pero nada que ver. El Partido Socialista de los ochenta no conservaba del pasado más que el nombre; todo en él respondía a otro mundo; de ahí su victoria y de ahí también el carácter de fin de etapa. El final de la Transición coincidía, como no podía ser menos, con la consolidación de un determinado modelo de tránsito; nada auténtico, pero el que se había ido explicando como genuino.

Un grupo político sin patrimonio y sin historia se hacía cargo de la democracia parlamentaria. La Transición había terminado. La izquierda retiraba en las urnas la hegemonía a la derecha. Una clase política iba a ser obligada socialmente a retirarse, mientras que otra, sin memoria y sin mala conciencia tampoco, se hacía cargo de las instituciones. No quiero decir que tal o cual dirigente no tuviera su patrimonio y su historia, sino que como cuerpo social habían nacido a la vida política vísperas del 15 de junio de 1977; las primeras elecciones democráticas. Eso hace posible que el principal historiador socialista de la transición, José María Maravall, escribiera a modo de colofón dos nuevas verdades que incluir en los manuales. La primera, que «los partidos de izquierda condicionaron doblemente a la monarquía» antes de aceptarla. La segunda, un pequeño autorretrato espiritual de esa clase política que ocupaba el poder: «las elecciones generales de 1982 fueron una columna miliaria en la historia electoral de Europa»[4].

El Partido Socialista, que había ganado en las urnas su derecho a escribir la historia, acababa de decidir hacer uso de sus prerrogativas. Iban a gobernar con la satisfacción de no haber renunciado a ningún principio ni estrategia y con la convicción de que el mundo los contemplaba con el mismo arrobo con el que aún hoy se mira la columna de Trajano.

---

[4] *Op. cit.,* 1988, vol. I, pp. 135 y 152.

Epílogo
Veinticinco proposiciones
para el *Manual de las transiciones políticas*

1.ª Todo proceso de transición pacífica de una dictadura a una democracia exige de sus dirigentes un grado de doblez personal muy superior al de la clase política habitual. Y en este aspecto –solo en este aspecto– pueden considerarse hombres de Estado. Jamás darán pista alguna sobre los pasos a seguir si no es para confundir. Su obsesión consistirá en tranquilizar, nunca inquietar. Para arrinconar lo viejo, el procedimiento más cómodo se reduce a mantenerlo adormilado. Aunque se vaya de prisa sería peligroso que alguien lo notara. Por principio, todo líder político de un proceso de transición es esencialmente un tramposo de tal envergadura que el mayor riesgo que corre es desacreditarse pronto.

2.ª El lenguaje político por excelencia es rotundo cuando se aspira a gobernar y ambiguo cuando se está gobernando. En las transiciones debe unirse ambos lenguajes porque se trata de asumir al mismo tiempo lo que va a dejarse y lo que se ambiciona a alcanzar. El doble lenguaje debe convertirse en ley. Depende de la talla de los líderes que pueda ser triple o cuádruple.

3.ª Nada más fácil de rehacer que el pasado. Para unificar los criterios respecto al pasado la primera sugerencia consiste en tomarse eso que se denomina distancia de los hechos vulgares y contemplar entonces «las grandes líneas generales». Por muy malo que sea un régimen siempre habrá un ángulo interesante. La autenticidad del pasado se adultera conforme decaen sus víctimas; los verdugos son longevos y por principio sobreviven a ellas. No es cierto que el tiempo borre los recuerdos, sencillamente los unifica en función generalmente del más viejo. Un ejemplo: en vida, el último Franco provocaba repulsión; en el recuerdo, acongoja.

4.ª Carecer de sentido del ridículo es fundamental para muchas profesiones. Durante una transición sus protagonistas deben estar blindados a este respecto. Nada debe arrebolar sus mejillas; ni siquiera alguna bofetada. Inmunes al temor de que alguien les desconcierte con una referencia de anteayer o un dato biográfico desconcertante. El desdén es la fórmula mágica, al que debe colaborar un buen equipo de periodistas alquilados.

5.ª Todo hombre que asuma un proceso de transición tiene la obligación de conocer a Popper sin apelar a nada más. Olvidarse incluso de pedantes referencias a Leibniz, al Pangloss volteriano, o incluso al demasiado sensible Raymond Aron. Alfalfa de profesores. Esto no quiere decir que el líder deba sufrir veleidad intelectual alguna ni que dedique horas a su lectura. Basta con una sumaria explicación de sus tesis fundamentales y muy especialmente de su manera de afrontar el mundo. El resto es tarea de rumiarlo. El principio consiste en que ha de ser un pesimista autocomplaciente, sin eso es difícil resistir las dificultades y las incomprensiones de un proceso como el de la transición.

6.ª Las condiciones objetivas óptimas para entrar en la transición con buen pie y garantías de éxito no deben referirse nunca en términos de clases sociales, salvo en aquello de las estadísticas. Se debe hablar de sociedad. Una sociedad con conciencia de sí misma es la manera más sencilla de convertirla en defensora de lo que tiene y aspirante a mejorar. En este sentido es paradigmática la frase «la sociedad española sentía como un corsé la falta de libertades y exigía de sus dirigentes una vida económica, social y cultural acorde con su entorno europeo».

7.ª La escolástica comunista ha hecho una aportación notable al terreno analítico al considerar, en su justa separación y término, las condiciones subjetivas inmediatamente después de las objetivas. Subjetivamente el espíritu de la transición pacífica de una dictadura a la democracia viene dado por la convicción de que la gente –término equivalente a «sociedad» en lo que se refiere a «condiciones objetivas»– desea cambiar, pero no tanto que no se reconozca a sí misma. La fascinación de la gente, primero por Adolfo Suárez y después por el rey Juan Carlos es porque subjetivamente se parecían a ellos mismos; o por mejor decir, era la representación de lo que ellos querían hacer y decir, aunque carecieran de la capacidad para explicarlo.

8.ª Con mayor razón que Erasmo a propósito de la idiotez, cabría hacer un elogio de la inconsecuencia. Sin ella no sería posible la transición; ninguna transición. El éxito del proceso de cambio de una dictadura a una democracia obliga a ser cada vez más inconsecuente hasta el final. El peligro es que una clase política se habitúe y convierta en norma lo que no es más que una obligación circunstancial y limitada en la historia.

9.ª Solo los locos y los literatos viven y sufren de la memoria. Y no todos, solo los auténticos. Los historiadores en el mejor de los casos viven a costa de ella. En los procesos de transición es imprescindible iniciar un proceso, lo más incruento y discreto posible, de extirpación del órgano de la memoria. Recordar, vuelve a la gente escéptica y vengativa, melancólica y angustiada. Memoria histórica es la que se refiere al pasado sufrido; esa es la peligrosa. El resto no es más que nostalgia, y la nostalgia siempre es benigna.

10.ª La resignación ha estado ligada, por razones de formación, al Kempis. Una resignación sombría de pietista alemán. Toda transición obliga a un ejercicio de resignación. Hay que resignarse a perder, a seguir siendo un derrotado, a que nada salga conforme a lo previsto, a olvidar ilusiones y afrontar realidades… Es por tanto una tarea capital de las instituciones abordar una resignación social sin el Kempis, si no entusiasta –que sería pedir demasiado– al menos benévola y sonriente.

11.ª El cinismo puede ser una virtud pública. Al menos a él se debe que el proceso de transición se haya producido con escasos traumas personales y sin que los más afectados se dieran cuenta hasta bien avanzado el proceso. Además se puede apelar a los ilustres antepasados de la filosofía, a quienes una querencia escolástica fue deteriorando ante la opinión pública. Ser un filósofo cínico fue en su tiempo signo de vida ejemplar. ¿Por qué no podría conseguirse con el actual cinismo que fuera considerado como una virtud pública en los procesos de transición?

12.ª La importancia de la decoración en el arte de la segunda mitad del siglo XX es capital. Si el arte enseña a la vida, es indudable que lo decorativo es una pieza clave en una transición política. Una transición bien llevada exige el mínimo de emblemas posible. Nada debe quitarse, solo retocar los viejos símbolos hasta que el tiempo exija de ellos un aseo: se optará por arrumbarlos o remozarlos. Las dictaduras están, por el contrario, preñadas de efigies y hay que dar tiempo a que el polvo y las condiciones atmosféricas los cubran de una pátina que las haga inocuas. No es verdad que la gente no pueda convivir con monstruos, al contrario, los necesita, y si es posible decorativamente disecados.

13.ª Al mismo tiempo que se alcanza la nominal igualdad ante la ley propia de una democracia hay que tender a la igualdad ante el pasado; tan nominal como la primera, pero igualmente imprescindible para la estabilidad social. Uno de los recursos que facilita esta tarea se reduce a la búsqueda de antecedentes democráticos en la familia, cercana o allegada. Ni una familia sin demócratas. En el caso de aquellas de rancio abolengo autoritario el procedimiento puede salvarse apelando a la ayuda al demócrata perseguido. Es decir, memorialización de las ocasiones en que alguien de la familia facilitó ayuda a algún represaliado por la dictadura.

14.ª Conforme la marcha hacia la democracia se va consolidando conviene profundizar en el estudio de la ética. Más la democracia se consolida, más apelación a la ética. En el campo del pensamiento siempre se tratan más las ausencias que las presencias. De algún modo se está sembrando para cuando en el futuro haya que justificarse.

15.ª Contemplado desde el simplificador ángulo de la estrategia militar, toda transición debe saber convertir las derrotas tácticas en victorias estratégicas y las victorias estratégicas en derrotas tácticas. No tiene nada que ver con el arte militar, sino con la necesidad de satisfacciones colectivas. Aquellos que han sido derrotados deben albergar la convicción de un éxito, y los vencedores la discreción de no haber caído en la maximización del triunfo. La base sólida de una transición exitosa consiste en que nadie esté absolutamente a disgusto. La aspiración a la felicidad caducó como ambición, nada casualmente, al final de la transición española.

16.ª Toda transición para tener éxito debe suponer un triunfo de Ignacio de Loyola sobre Nicolás Maquiavelo. El poder es el que otorga la virtud y si tenemos en poco el objetivo de la virtud acabaremos despreciando el poder. Mal asunto para la estabilidad de un sistema. La cuestión no está en la tarea del príncipe para conservar y aumentar su poder, sino en la ignaciana misión de crear un príncipe. No es tanto conservar el Estado, sino dominarlo. Ninguna jactancia hacia las sucias maniobras que se exigen para alcanzar los objetivos, sino una firme impenetrabilidad. El mundo ha de conocer nuestras obras, no nuestros procedimientos.

17.ª El valor de la palabra verdad o mentira debe quedar en suspenso durante los periodos de transición. Ocurren fenómenos de tal complejidad cuya traslación semántica obliga a buscar recursos menos drásticos, más abiertos. Es posible –incluso condición necesaria– saber no decir la verdad sin por ello estar mintiendo.

18.ª La medida de toda actividad política viene determinada por las coordenadas espacio y tiempo. El lugar que uno ocupa en el tiempo; su ampliación o su reducción. En este mismo sentido, puede considerarse como una premonición del comienzo del fin de una carrera política cuando un adversario señale que estás haciendo una política inteligente. Desde ese momento todo profesional debe entender que estás derrotado. Sin percibirse de ello has roto tu coordenada de espacio y tiempo y has quedado reducido a nada.

19.ª Todos los eslóganes publicitarios o lemas políticos durante las etapas de transición deben tener un periodo de caducidad muy rápido. De no ser así podrían ser utilizados en contra de sus creadores. Cuando sea imposible calibrar esa caducidad y se corra el riesgo de lo intemporal, en ese caso se optará por la ambigüedad. Los historiadores futuros considerarán como una prueba de perspicacia los eslóganes del Partido Socialista respecto a la Organización del Atlántico Norte (OTAN). «De entrada, no.»

20.ª Acabado, de momento, el ciclo revolucionario en nuestra área de civilización, se puede afirmar que nunca hay una situación que por mala que sea no soporte una demora o incluso un empeoramiento. Esto es muy útil a la hora de afrontar las diversas etapas de una transición. Frente a los sociólogos que sostienen la creencia de que los tiempos calmos podrían ser fermento de rebeliones, las transiciones convierten a las gentes en moderadas.

21.ª No hay ningún problema por impenetrable que sea que no acabe por ser horadado por el tiempo. Esto es válido para las instituciones más correosas, tipo Ejército, Magistratura, etc. La tarea política durante la transición consiste en favorecer tan solo los factores generacionales y crear cordones de aislamiento y contención a los coletazos de lo viejo. A la larga los aspirantes acabarán arrinconando a sus superiores.

22.ª Toda transición debe concentrar sus papeles en el menor número de actores posibles. Debe evitarse concienzudamente los protagonismos sociales colectivos o gremiales, incluso partidarios. Todo conviene personalizarlo; facilita la comprensión y evita la confusión. En este sentido cabría decir que lo opuesto a un proceso revolucionario, que genera inevitablemente la dispersión y el voluntarismo, las transiciones deben estar regidas por la concentración y la ausencia de celo.

23.ª Las inevitables reacciones a favor de una vuelta al viejo régimen, de un retroceso al punto de partida, deben ser tratadas de la manera más personal e individualizada. Hay miembros distorsionados, pero los cuerpos deben permanecer intactos, o al menos debe darse esa impresión. El tiempo, y por tanto la biología, desempeñan un papel preponderante como agentes consolidadores de las transiciones. Sucede como en las burocracias; toda posibilidad de hacer un corrimiento en la escala jerárquica vuelve a los funcionarios serviciales.

24.ª Los dos personajes bíblicos que toda transición que se precie de tal debe considerar como más inquietantes son Jeremías y Job. El primero porque representa el valor de la palabra y la impertinencia de unas reflexiones inútiles y a destiempo. Job porque la paciencia es la única concesión que hacen quienes vencen a quienes son vencidos.

25.ª El segmento humano con el que habrá mayor dificultad para explicar la transición no serán los resentidos, ni los envidiosos, ni los perdedores, ni los violentos, ni los extranjeros. Serán los niños. No es fácil hacer pedagogía con la transición. Primero habrá que explicarles los personajes, luego las situaciones y, por fin, el resultado. Corremos el riesgo de que o no lo entiendan o se ofendan. Se necesita edad para comprender la transición. Lo idóneo es la ancianidad porque permite ese bello tono distante que empieza siempre diciendo «... si yo te contara...».

Cronología básica de la Transición

1968

Enero. Juan Carlos de Borbón, casado con Sofía de Grecia en mayo de 1962, tiene su primer hijo varón, Felipe. Las familias más influyentes del régimen ven en el alumbramiento una prueba de que Juan Carlos ya está en posesión de la doble ventaja; ser al mismo tiempo heredero del régimen de Franco y enlace con la tradición dinástica. La viuda de Alfonso XIII, Victoria Eugenia, le dirá entonces al Generalísimo, «ahora ya puede usted escoger entre el abuelo, el hijo y el nieto».

1969

Enero. Arrecia la presión de varios sectores del régimen por convencer a Franco para que designe a Juan Carlos como sucesor. A este fin hará el propio príncipe unas declaraciones de absoluta adhesión al dictador y a los entonces llamados Principios del Movimiento Nacional. Tendrían un triple efecto. En su padre, don Juan, de indignación; en Franco, de satisfacción; y en las instituciones del franquismo de expectación.

Junio. Franco designa a Juan Carlos de Borbón su sucesor a título de rey.

Octubre. Crisis de Gobierno. Entre otros cambios, sale Fraga Iribarne del Ministerio de Información y Turismo y entra Torcuato Fernández Miranda como ministro secretario general del Movimiento Nacional.

1971

Mayo. El cardenal Vicente Enrique y Tarancón sustituye en la Presidencia de la Conferencia Episcopal al fallecido integrista Casimiro Morcillo.

Julio. Decreto por el que el príncipe Juan Carlos sustituirá al jefe de Estado en los casos de enfermedad o ausencia del territorio nacional.

1972

Marzo. La nieta de Franco, Carmen Martínez Bordiú, contrae matrimonio con Alfonso de Borbón Dampierre, primo carnal de Juan Carlos. Era hijo del segundo de los herederos de Alfonso XIII, don Jaime, quien había renunciado a sus derechos por su condición de sordomudo.

1973

Junio. Nuevo gobierno, con el almirante Luis Carrero Blanco ostentando la Presidencia, responsabilidad que existía por primera vez en la historia del franquismo.

Diciembre. Muere en atentado el presidente del Gobierno, almirante Carrero Blanco.

1974

Enero. Carlos Arias Navarro, ministro de la Gobernación (Interior) en el anterior gabinete de Carrero Blanco, nombrado nuevo presidente del Gobierno.

Julio. Franco ingresa en un hospital a causa de una flebitis. Por primera vez en la historia del régimen no asiste a un Consejo de Ministros. La recepción habitual en memoria del «18 de julio de 1936», está presidida por Juan Carlos de Borbón, quien asume poderes interinos de jefe de Estado durante 45 días.

En París se presenta ante la opinión pública la Junta Democrática, capitaneada por Santiago Carrillo, secretario general del Partido Comunista, y por diversas personalidades como Rafael Calvo Serer y Antonio García Trevijano.

Septiembre. Franco decide, rápida e inesperadamente, recuperar los poderes que había cedido al príncipe Juan Carlos.

1975

Enero. Manuel Fraga, embajador de España en Londres, llega a Madrid para organizar Reforma Democrática, una asociación política que agrupe a todos los sectores dispuestos a reformar el régimen desde dentro. Se le suma José María de Areilza, Alfonso Osorio y Pío Cabanillas, entre otros.

Marzo. El arzobispo de Madrid, Enrique y Tarancón, reelegido presidente de la Conferencia Episcopal.

Julio. El ministro del Movimiento Nacional, José Solís, designa a Adolfo Suárez presidente coordinador de la Unión del Pueblo Español, asociación política de carácter marcadamente continuista.

Septiembre. Son fusilados 5 antifranquistas acusados de actividades terroristas.

Octubre. Gran concentración de los partidarios del régimen en la plaza de Oriente como respuesta a la protesta, internacional e interior, por los fusilamientos.
A mediados de mes se agrava el estado físico de Franco y ante la presión del presidente Arias Navarro el príncipe Juan Carlos asume los poderes de nuevo «interinamente».

Noviembre. Muere Franco y Juan Carlos es nombrado rey de España tras prestar juramento ante las Cortes: «Juro por Dios y sobre los Santos Evangelios cumplir y hacer cumplir las Leyes Fundamentales del Reino y guardar lealtad a los principios que informan el Movimiento Nacional».

La primera audiencia del nuevo monarca es para la Hermandad Nacional de Combatientes, que preside Girón de Velasco, defensora a ultranza del inmovilismo. «He querido, después de la ceremonia del juramento en las Cortes Españolas, recibiros a vosotros gloriosos excombatientes. Los servicios que habéis prestado a la patria os hacían acreedores de ello.»

Algo menos de mil personas se manifiestan junto a la cárcel madrileña de Carabanchel solicitando la amnistía para los presos y exiliados políticos.

Cesa el presidente de las Cortes, Rodríguez de Valcárcel, una vez cumplido el tiempo de su mandato, y es sustituido por Torcuato Fernández Miranda.

Diciembre. Primer Gobierno del rey. Continúa Arias Navarro como presidente. Entre los nuevos ministros están Manuel Fraga, Adolfo Suárez, José María de Areilza, Rodolfo Martín Villa, Antonio Garrigues, José Solís, Alfonso Osorio y Leopoldo Calvo Sotelo. Sabino Fernández Campo es nombrado subsecretario de la Presidencia.

1976

Enero. Se prorroga la legislatura de las Cortes franquistas hasta junio de 1977.

Febrero. El secretario general del Partido Comunista, Santiago Carrillo, empieza a vivir clandestinamente en España.

Marzo. En una entrevista al *Corriere della Sera* Santiago Carrillo enuncia por primera vez el término «ruptura pactada» como fórmula para alcanzar la democracia.

Abril. El rey Juan Carlos y Torcuato Fernández Miranda acuerdan secretamente apostar por Adolfo Suárez como el hombre llamado a suceder al presidente Carlos Arias Navarro en el momento oportuno.

Se constituye en París el organismo Coordinación Democrática en el que están la mayor parte de las fuerzas opositoras a la dictadura, desde personalidades independientes hasta grupos democristianos, así como el Partido Comunista, el Partido Socialista Obrero Español, y organizaciones maoístas. Al mismo tiempo en Madrid, el sindicato socialista Unión General de Trabajadores celebra legalmente su XXX Congreso.

El ministro de Gobernación (Interior), Manuel Fraga Iribarne, se reúne con el secretario general del ilegal Partido Socialista, Felipe González, en casa del dirigente socialista Miguel Boyer.

Mayo. Aparece el diario *El País*.

Adolfo Suárez, ministro secretario general del Movimiento Nacional, gana las elecciones en el interior del Consejo Nacional del Movimiento, contra un candidato tan significativo como el yerno de Franco, Martínez Bordiú, marqués de Villaverde. (El citado marqués ya había perdido otra votación en enero de este mismo año frente a Antonio García-Rodríguez Acosta.)

Junio. El rey Juan Carlos viaja a Estados Unidos e interviene en el Capitolio, ante el Congreso y el Senado, para explicar la futura reforma política española.

Adolfo Suárez hace su primer discurso político en las Cortes al proponer una nueva Ley de Asociaciones.

Julio. El rey Juan Carlos cesa a Arias Navarro y designa presidente a Adolfo Suárez. El nuevo presidente del Gobierno nombra a Carmen Díez de Rivera, directora de su Gabinete político. El Consejo de Ministros, presidido por el rey, concede una ley de amnistía.

Agosto. El presidente Adolfo Suárez se reúne secretamente con el secretario general del Partido Socialista, Felipe González.

Septiembre. El Gobierno español ratifica el tratado de amistad con Estados Unidos.

Dimite el general De Santiago como presidente primero del Gobierno y se le sustituye por el general Gutiérrez Mellado.

Diciembre. El Partido Socialista celebra su XXVIII Congreso en Madrid, aunque no está legalizado aún como tal partido. Asisten líderes socialdemócratas de todo el mundo, Willy Brandt, Olof Palme, Michael Foot, Pietro Nenni, entre otros.

Santiago Carrillo, secretario general del Partido Comunista, convoca clandestinamente una rueda de prensa en Madrid. Unos días después es detenido.

Referéndum sobre la reforma política promovido por el Gobierno Suárez. Los votos afirmativos alcanzaron el 94,2 por 100 de los sufragios emitidos.

1977

Enero. Semana trágica en Madrid. Mueren dos manifestantes, un grupo de abogados laboralistas son asesinados por la ultraderecha y la organización de extrema izquierda GRAPO mata a tres policías y secuestra al general Villaescusa.

Abril. Adolfo Suárez decide legalizar al Partido Comunista, organización política aún fuera de la ley. Dimite el ministro de Marina, almirante Pita da Veiga.

Mayo. Don Juan de Borbón cede los derechos dinásticos a su hijo el rey Juan Carlos de Borbón.

Junio. Primeras elecciones democráticas en 41 años. La Unión de Centro Democrático que preside Adolfo Suárez obtiene el 35 por 100 de los votos (165 diputados), seguido del Partido Socialista, con el 29 por 100 (118 diputados), y el Partido Comunista, con el 9 por 100 (20 diputados). Los conservadores de Alianza Popular algo más del 8 por ciento (16 diputados).

Octubre. A propuesta del partido en el Gobierno, la Unión de Centro Democrático, y con el apoyo explícito del Partido Comunista, el arco parlamentario aprueba los Pactos de la Moncloa. Dichos pactos constaban de un «acuerdo económico» y de otro «político». Con grandes reticencias de las centrales sindicales el «acuerdo económico» fue firmado por todos. El «acuerdo político» quedó arrinconado desde el primer momento y la conservadora Alianza Popular ni siquiera lo firmó. El presidente de la Generalitat, en el exilio Josep Tarradellas, regresa a Cataluña a propuesta del Gobierno de Adolfo Suárez.

1978

Abril. El Partido Comunista celebra su IX Congreso, en el que su secretario general, Santiago Carrillo, decide abandonar el «leninismo» y aceptar los símbolos de la monarquía.

Diciembre. Referéndum sobre la nueva Constitución con aprobación mayoritaria.

1979

Marzo. Elecciones generales. La Unión de Centro Democrático aumenta a 168 diputados. El Partido Socialista, beneficiándose también de la integración del Partido Socialista Popular de Tierno Galván, asciende a 121. El Partido Comunista a 23. Desciende la conservadora Alianza Popular («Coalición Democrática») a 9 diputados. La abstención alcanza al 32 por 100.

Abril. Primeras elecciones municipales democráticas.

Mayo. En el XXVIII Congreso del Partido Socialista, su secretario general, Felipe González, decide no presentarse a la reelección mientras no se abandone el «marxismo». Será reelegido.

Octubre. Referéndums de autonomía en Cataluña y País Vasco.

1980

Marzo. Primeras elecciones a los parlamentos del País Vasco y Cataluña.

1981

Enero. Adolfo Suárez dimite como presidente del Gobierno y como presidente de la Unión de Centro Democrático.

Febrero. Intento de golpe de Estado militar. Sofocada la intentona, Leopoldo Calvo Sotelo, es elegido nuevo presidente del Gobierno.

1982

Junio. España se integra en la Alianza Atlántica (OTAN) tras la solicitud del presidente Leopoldo Calvo Sotelo.

Octubre. Elecciones generales. El Partido Socialista Obrero Español obtiene la mayoría absoluta con 10.000.000 de votos. La abstención desciende al 20 por 100.

Índice onomástico

Abril Martorell, Fernando 181-183, 205
Aguirre y Lecube, José Antonio 8
Aguirre Ortiz de Zárate, Jesús 235
Ajuriaguerra Ochandiano, Juan 19
Alain, Émile Chartier, *conocido como* 232
Alba, María del Rosario Cayetana Fitz James Stuart y Silva, duquesa de 235
Alberti, Rafael 237
Alfonso XIII 22, 77, 141, 142, 147, 257, 258
Almodóvar Caballero, Pedro 13
Alonso, Dámaso 133
Alonso, José Ramón 173
Alonso Martínez, Manuel 17
Althusser, Louis 221
Álvarez, Carlos Luis véase «Cándido»
Álvarez, José Luis 53
Álvarez, Melquíades 222
Álvarez de Miranda Torres, Fernando 16, 194
Álvarez Piñer, Luis 237
Anguita, Julio 192
Ansón, Luis María 134
Aranda, Pedro Pablo Abarca de Bolea, conde de 164
Aranguren, José Luis López 214, 224-225, 227-233
Areilza, José María de 16, 41, 52-54, 61, 63, 73, 101, 180, 192, 259-260
Argenta, Ataúlfo 210
Arias Navarro, Carlos 43, 51, 54, 87, 100, 103, 124, 155, 156, 170, 231, 258-261
Arias-Salgado Montalvo, Fernando 134
Arias-Salgado Montalvo, Rafael 85
Ariza, Julián 59
Armada Comyn, Alfonso 33, 145, 158-162, 176
Aron, Raymond 250
Arrarás, Joaquín 110
Arzalluz, Xabier 22, 192
Assía, Felipe Fernández Armesto, *conocido como* Augusto 173
Aub, Max 218, 236
Augusto, Cayo Julio César Octavio 53
Austria, los 142
Ayala, Francisco 237
Azaña, Manuel 76, 178
Aznar López, José María 184, 192
Aznar Zubigaray, Manuel 88, 110, 119

Balbo, Italo 116
Balmes Urpiá, Jaime 110, 119, 221
Bardavío Oliden, Joaquín 96-98, 176
Barril i Cuixart, Joan 13
Batista i Viladrich, Antoni 13
Bécquer, Gustavo Adolfo 110
Ben Ami, Shlomo 102
Berdiaev, Nikolái 232
Bergamín, José 236
Berlinguer, Enrico 75
Böll, Heinrich 132
Bonito, Giuseppe 120
Borbón y Battenberg, Jaime de 258
Borbón y Battenberg, Juan de 41-42, 44, 126, 131, 143, 145, 147, 183, 257, 262
Borbón y Borbón, Alfonso de 147-148
Borbón y Dampierre, Alfonso de 26, 39-40, 134, 258
Borbón Dos-Sicilias, María de las Mercedes de 147
Borbón y Grecia, Felipe de 34, 257
Borbones, los 142-143, 148-149

265

Borchgrave, Arnaud de 155-156
Boyer Salvador, Miguel 10, 261
Brabo Castells, Pilar 9
Brandt, Willy 262
Brézhnev, Leonid Ilich 75

Cabanillas Gallas, Pío 40, 52-53, 73, 93, 199, 259
Caetano, Marcello 45
Calderón de la Barca, Pedro 109
Calvo, Luis 89
Calvo Serer, Rafael 128, 212, 214, 220, 259
Calvo-Sotelo Bustelo, Leopoldo 16, 53, 184-185, 199, 260, 264
Cambó, Francesc 22
Campo Urbano, Salustiano del 113
Campoamor, Ramón de 233
Camps, Victoria 139
«Cándido», Carlos Luis Álvarez, *conocido como* 172
Cánovas del Castillo, Antonio 17, 118, 166
Carabias, Josefina 178
Cardín Garay, Alberto 13
Carlos I de España y V de Alemania 34, 142
Carlos III de España 120
Carlos IV de España 143
Carol i Pañella, Màrius 13
Carr, Raymond 97
Carrero Blanco, Luis 25, 28, 31, 39, 51, 96, 101, 126, 135, 145, 149-150, 157, 185, 258
Carrillo, Santiago 9, 16, 19, 22, 28, 30, 32, 38, 55-58, 67-68, 70, 73, 75, 79, 83, 101-103, 138, 175, 178, 180-181, 185, 190, 192, 199-200, 205-207, 259-260, 262-263
Castilla del Pino, Carlos 216
Cebrián, José Luis 89
Cebrián, Juan Luis 52, 89, 93
Cebrián, Vicente 93
Cela, Camilo José 225, 236
César, Cayo Julio 15
Chacel, Rosa 237
Chateaubriand, François René 101, 234-235

Churchill, Winston S. 17, 52
Ciano, Galeazzo 116
Cid, Rodrigo Díaz de Vivar, *conocido como* el 185
Cierva Hoces, Ricardo de la 48, 93, 111, 172-174
Cioran, E. M. 232
Cisneros, Gabriel 53, 134
Claudín, Fernando 223
Clausewitz, Karl von 28
Cocteau, Jean 232
Comín, Alfonso Carlos 56
Conde, Javier 109, 112, 214, 220
Conesa, Roberto 91
Constant, Benjamin 235
Copérnico, Nicolás 173
Corts Grau, José 214
Cotarelo, Ramón 86, 201
Crozier, Brian 111

Dahrendorf, Ralf 117
Delibes, Miguel 93, 225, 236
Della Volpe, Galvano 221
Díaz, Elías 130, 202
Díaz-Varela, Mar 184
Dieste, Rafael 236
Díez-Alegría Gutiérrez, Manuel 38
Díez de Rivera, Carmen 31, 175, 261
Disraeli, Benjamin 101
Domènech, Antoni 85
Domínguez, Jesualdo 134
Donoso Cortés, Juan 110, 119, 221
Dostoyevski, Fiódor Mijaílovich 78

Echeverría Álvarez, Luis 47
Eckermann, Johann Peter 235
Elorriaga, Gabriel 134
Enrique y Tarancón, Vicente 258-59
Escobar, José Ignacio 132
Eslava, Hilarión 110
Espinosa, Miguel 236

Falla, Manuel de 210
Farías, Víctor 223-224
Felipe II 34, 142
Fernández Campo, Sabino 33, 159, 260
Fernández-Miranda Hevia, Torcuato 18, 22, 28, 30-33, 61, 70, 73, 79,

97-98, 102-103, 138, 145-147, 157, 161, 175-179, 192, 257, 260
Fernández de la Mora, Gonzalo 131, 150, 220
Fernández Ordóñez, Francisco 52, 187, 194
Fernando VII de España 24, 34, 72, 118, 143
Ferrer Guardia, Francesc 48
Ferrer Salat, Carlos 184
Ferres, Antonio 236
Florida, marqués de la 49
Fontán, Antonio 145, 157
Foot, Michael 262
Fraga Iribarne, Manuel 16, 22, 26, 31, 41, 50-53, 58, 73, 83-84, 92-93, 101-102, 113, 135, 150, 170, 176, 180, 192, 206-207, 257, 259-261
Franco Bahamonde, Francisco 9, 14, 15, 22, 24-26, 28, 29, 31, 37-44, 46-49, 51, 53-55, 58-71, 76, 81, 82, 85, 88, 89, 91, 94, 98, 99, 104, 110, 111, 113, 115, 116, 118-121, 123-127, 130, 134-137, 141-146, 149-154, 160, 166, 189, 190, 211, 214, 215, 225-227, 230, 231, 242, 244, 245, 247, 250, 257-259, 261
Franco Pascual de Pobil, Nicolás 67, 134
Freud, Sigmund 224
Fuente y de la Fuente, Licinio de la 41
Fuentes Quintana, Enrique 112, 113, 171, 214
Fueyo Álvarez, Jesús 214, 220
Fusi, Juan Pablo 119, 121, 123, 135, 144

Galileo, Galileo Galilei, *conocido como* 173
Galinsoga, Luis de 111
Gamoneda Lobón, Antonio 236-237
García, Alejo 47
García, Cristino 65
García Bacca, Juan David 218
García Baena, Pablo 237
García Escudero, José María 214
García-Fajardo, José Carlos 134
García Hortelano, Juan 236
García Palencia 134

García Pérez, José 182
García-Rodríguez Acosta, Antonio 261
García Sanchiz, Federico 214, 233
García San Miguel, Luis 57, 118
García Trevijano, Antonio 259
García Valdecasas, Ángel 220
Gardner, Ava 53
Garrigues Díaz-Cañabate, Antonio 54, 260
Garrigues Walker, Antonio 13-14, 125
Gaulle, Charles de 160-161
Gavilanes, Antonio 134
Gentile, Giovanni 110, 212
Gil Albert, Juan 236
Gil de Biedma, Jaime 225
Gil Robles, José María 22, 194
Giménez Fernández, Manuel 22
Girón de Velasco, José Antonio 51, 260
Goebbels, Joseph 128, 213
Gómez Arboleya, Enrique 220
Gómez Llorente, Luis 194
González Álvarez, Ángel 214, 220
González Márquez, Felipe 192, 194, 208, 261, 263
González Ruano, César 89
González Seara, Luis 89
Gorbachov, Mijaíl 75
Gracián, Baltasar 151
Gramsci, Antonio 243
Grass, Günter 132
Grimau, Julián 65
Grosso, Alfonso 236
Guerra González, Alfonso 34, 57, 204
Guindal, Mariano 184
Gutiérrez Mellado, Manuel 147, 160, 162, 262

Halbwachs, Maurice 74-75
Hassan II de Marruecos 41, 43
Hegel, Georg Wilhelm Friedrich 232
Heidegger, Martin 221, 223-224
Hernández, Abel 173
Herrero y Rodríguez de Miñón, Miguel (Miguel Herrero de Miñón) 183, 187
Herrero Tejedor, Fernando 28, 41, 185
Hierro, José 225

Hills, George 111
Himmler, Heinrich 116
Hipócrates 60
Hitler, Adolf 95, 131, 132, 240, 244
Hobbes, Thomas 140
Hussein de Jordania 155

Ibárruri, Dolores 75
Ignacio de Loyola, san 253
Imaz, Eugenio 218
Irala Estévez, Xabier de 7-8
Irala e Irala, Antón de 8

Jeremías (profeta) 255
Job (personaje bíblico) 255
Jovellanos, Gaspar Melchor de 164
Juan Carlos I, rey de España 18-19, 26-27, 31, 33-34, 37-45, 49, 61, 68, 71, 75, 77, 97, 121, 134, 141-151, 154-157, 242-243, 245, 251, 257-262
Juan de la Cruz, san 8, 228

Kaganovich, Lázar Moisavich 116
Kempis, Thomas Hemerken, *conocido como* Tomás de 251
Kramer, Stanley 131-132
Kruschev, Nikita 75
Kundera, Milan 106

Lafuente Chaos, Alfonso de 214
Laín Entralgo, Pedro 128, 212, 214, 222, 228, 230-231
Laína, Francisco 159
Largo Caballero, Francisco 56
Lavilla Alsina, Landelino 176, 184
Leal, José Luis 178
Leibniz, Gottfried Wilhelm 233, 250
Leka de Albania, los 149
Linz Storch de Gracia, Juan José 112-120, 210, 233, 241, 245
Liñán, Fernando de 134
Lipset, Seymour Martin 113
Llorca Vilaplana, Carmen 175
López Amo, Ángel 144
López-Cirera, Ginés 134
López-Ibor Aliño, José Luis 214, 233
López Rodó, Laureano 16, 51, 101
Luis XIII de Francia 177

Machado Ruiz, Antonio 224
Machado Ruiz, Manuel 110
Madariaga, Salvador de 222
Maeztu, Ramiro de 109, 207, 221
Malefakis, Edward 119
Malló Vilaplana, Oriol 13
Mann, Golo 128-129
Mao Tse-Tung 8, 62, 64
Maquiavelo, Nicolás 37, 62, 140, 253
Marañón Posadillo, Gregorio 31, 212
Maravall Casesnoves, José Antonio 214, 222, 233
Maravall Herrero, José María 57, 85-86, 198, 248
Marías, Julián 77, 110, 178, 216
Martín Santos, Luis 236
Martín Villa, Rodolfo 16, 28, 54, 73, 134, 176, 187, 190, 199, 260
Martínez de Campos, general 145
Martínez Cortiña, Rafael 200
Martínez Esteruelas, Cruz 134
Martínez-Bordiú Franco, María del Carmen 258
Martínez Reverte, Jorge 58
Mata Gorostizaga, Enrique de la 134
Mateos, Abdón 58
Maura Montaner, Antonio 22
Mazarino, Giulio 177
Medina, Ismael 112
Melià Pericàs, Josep 16, 182
Menéndez Pelayo, Marcelino 212, 221
Menéndez Pidal, Ramón 173
Mercalli, G. 113
Miguel, Amando de 112, 135, 175
Miláns del Bosch y Ussía, Jaime 12, 158, 160, 202
Milián Mestre, Manuel 53
Millán Puelles, Antonio 214
Mirabeau, Honoré Gabriel Riqueti, conde de 101, 179
Mola Vidal, Emilio 160
Molière, Jean-Baptiste Poquelin, *conocido como* 21
Montes, Eugenio 214, 233
Morcillo, Casimiro 258
Morodo, Raúl 58, 70, 85
Mullor, Ángel 7-9
Münchausen, barón de 45
Muñoz Alonso, Adolfo 214, 220

Mussolini, Benito 77, 95, 214, 240, 244

Napoleón I Bonaparte 143
Narváez, Ramón María 118
Navarro, Eduardo 31, 134
Navas, José Luis 134
Negrín, Juan 22
Nenni, Pietro 262
Nicol, Eduardo 218
Nietzsche, Friedrich 78

Ollero, Carlos 214, 233
Ónega, Fernando 47-48
Orbe, Rafael 134
Oreja Aguirre, Marcelino 53, 134
Ors, Eugenio d' 220, 228
Ortega Escós 134
Ortega y Gasset, José 92, 129, 179, 212, 220, 226, 232, 234
Ortega Spottorno, José 92-93
Osorio García, Alfonso 16, 53-54, 73, 176, 259-260
Oteiza, Jorge 225
Otero Novas, Manuel 16

Pablo, apóstol 196
Pablo VI, papa 47
Palacios, Eulogio 214, 220
Palme, Olof 47, 262
Pallach, Josep 194
Panero, Leopoldo 236
Papell, Antonio 12, 174
Papen, Franz von 116, 131
Paramio, Ludolfo 58
Pemán, José María 47, 151
Pérez Díaz, Víctor 76, 80-81
Pérez Embid, Florentino 145
Pérez de Lama, Ernesto 134
Pérez-Llorca y Rodrigo, José Pedro 178
Pino Gutiérrez, Francisco 237
Pita da Veiga, Gabriel 262
Plauto 53
Pokrovski, M. N. 27, 122
Polanco, Jesús 92
Popper, Karl R. 250
Powell, Charles T. 12, 97, 240
Pozuelo, Vicente 120, 136, 137, 154
Pradera, Javier 235

Prieto Tuero, Indalecio 22
Primo de Rivera y Orbaneja, Miguel 22, 24, 76, 102, 118, 217
Primo de Rivera y Sáenz de Heredia, José Antonio 62, 115, 128
Przeworski, Adam 242
Pujol i Soley, Jordi 52, 192
Punset, Eduard 178

Ramírez, Santiago 220
Ranke, Leopold von 98
Récamier, Julieta 234-235
Regalado, Daniel 134
Reguera Guajardo, Andrés 134
Riba, Ramón de la 134
Richter, Ch. F. 113
Ridruejo, Dionisio 127-128, 222, 228, 236
Robles Piquer, Carlos 92
Roca i Junyent, Miquel 22
Rodrigo, Joaquín 210
Rodríguez, Carlos E. 47
Rodríguez, Pedro 47-48, 172
Rodríguez de Valcárcel, Alejandro 51, 61, 124, 260
Romanones, Álvaro de Figueroa y de Torres, conde 222
Romero, Emilio 47, 88-89, 93, 134, 145
Roosevelt, Franklin D. 245
Rosales, Luis 222, 236
Rosenberg, Alfred 110
Rosón Pérez, Juan José 53
Ruiz Gallardón, Rafael 134
Ruiz-Jarabo, Manuel 134
Ruiz-Jiménez Cortés, Joaquín 63, 73, 127, 194, 228

Saavedra Fajardo, Diego de 31
Sacristán, Manuel 174, 216, 222
Sainz de la Maza, Regino 210
Salazar, Antonio de Oliveira 45, 62, 64
Saliquet, Andrés 160
Sánchez Albornoz, Claudio 222
Sánchez Pintado, Emilio 134
Sánchez-Terán Hernández, Salvador 16
Sancho Rof, Jesús 134
Sanjurjo Sacanell, José 160
Santiago *el Mayor,* apóstol 46

Santiago y Díaz de Mendívil, Fernando de 262
Sastre, Alfonso 236
Saulo; *véase* Pablo, apóstol
Saura, Carlos 225
Savater, Fernando Fndez. 227-228, 231-233
Schlesinger, James R. 235
Schmitt, Carl 112, 189, 221
Schüler, doctor 136
Seco Serrano, Carlos 146, 157, 178, 214
Segovia, Andrés 210
Séneca 226, 227
Serna, los de la 93
Serrano Suñer, Ramón 115
Silva Muñoz, Federico 51, 101
Simeón de Bulgaria 149
Snyders, Frans 120
Sofía de Grecia, reina de España 49, 257
Solchaga Catalán, Carlos 9-10
Solé Tura, Jordi 55
Solís Ruiz, José 259-260
Soltura, José María 234
Sopeña, Federico 210
Sotelo, Ignacio 164
Staël-Holstein, Germaine Necker, baronesa de 235
Stalin, Iósiv Vissariónovich Dzhugashvili, *conocido como* 62-64, 75
Suárez González, Adolfo 10, 13, 16, 18, 22, 26-27, 30-31, 45, 53-54, 73, 75, 79, 85, 93, 97, 102, 138, 147, 156, 160-161, 169-189, 192, 194-195, 199-200, 205-206, 246, 251, 259-264
Suárez González, Fernando 45
Suevos Fernández, Jesús 214
Swift, Jonathan 95

Talleyrand-Périgord, Charles Maurice de 101, 165
Tamames Gómez, Ramón 56
Tàpies, Antoni 225
Tarradellas i Joan, Josep 16, 19, 28, 73, 160, 190, 192, 263
Tejero Molina, Antonio 12, 159-160, 202

Terencio 53
Teresa de Jesús, santa 46
Tezanos, José Félix 118
Tierno Galván, Enrique 16, 54, 73, 194, 214, 263
Tiziano Vecellio 34
Todolí Duque, José 214
Tomás de Salas, Juan 178
Toquero, José María 12
Torrente Ballester, Gonzalo 222
Tovar, Antonio 128, 131, 228
Trajano, emperador 248
Trías Fargas, Ramón 194
Tusell, Javier 105, 118, 120-121, 174, 178

Umbral, Francisco 174
Unamuno, Miguel de 20, 234
Urbano, Pilar 106, 159, 161, 172
Utrera Molina, José 16

Valera, Juan 110
Valle-Inclán, Ramón María del 136
Vallina, Juan Luis de la 134
Vázquez Montalbán, Manuel 175
Vela, Fernando 234
Velarde Fuentes, Juan 112, 113, 214
Victoria I de Inglaterra 141
Victoria Eugenia de Battenberg, reina de España 147, 257
Vigón Suerodíaz, Juan 214
Vilallonga, José Luis de 175
Villaescusa Quilis, Emilio 262
Villalar, Pedro; *véase* Papell, Antonio
Villaverde, Cristóbal Martínez-Bordiú, marqués de 136, 261
Villoria, Enrique 134
Vivanco, Luis Felipe 222, 236

Wagener, Françoise 234
Weber, Max 114, 207, 208

Ybarra, Fernando de 134

Zambrano, María 218, 226, 237
Zdanov, Andrei Alexandrovich 116
Zorrilla, José 110
Zubiri, Xavier 225

Índice general

Prólogo. Veinticinco años después 7

Introducción 15

1. Tal como éramos 37

2. La constitución en reino de desmemoriados 71

3. Modos y maneras de enterrar el fantasma 109

4. Dificultades para la adhesión institucional 139

5. Adolfo Suárez revisitado 169

6. Formación y vocación de la clase política 189

7. ¿Hubo transición en la cultura? 209

8. Universalidad y particularismo del modelo español 239

*Epílogo. Veinticinco proposiciones para el «Manual
de las transiciones políticas»* 249

Cronología básica de la Transición 257

Índice onomástico 265